诚信为本

操守为重

坚持准则

不做假账

——与学习会计的同学共勉

高等职业教育财经类专业群 **智慧财经** 系列教材

高等职业教育财务会计类专业 **"岗课赛证"** 融通教材

iCVE 智慧职教 高等职业教育在线开放课程新形态一体化教材

财经大数据技术应用基础

中国职业技术教育学会智慧财经专业委员会　组编

孙万军　主编

刘双灵　张文利　副主编

▎大数据与会计
▎大数据与财务管理
▎大数据与审计
▎会计信息管理
▎财税大数据应用

中国教育出版传媒集团

高等教育出版社·北京

内容提要

　　本书是高等职业教育财经类专业群智慧财经系列教材之一，也是高等职业教育财务会计类专业"岗课赛证"融通系列教材之一。

　　"大数据技术应用基础"是高等职业院校大数据与会计、大数据与财务管理、财税大数据应用等专业的一门专业基础课程。本书贯彻落实立德树人根本任务，注重学生职业素养提升，以《职业教育专业目录（2021年）》中财务会计类专业内涵建设为目标，以计算机Python语言相关知识为前提，对标企业财会类工作岗位的新要求和数智化时代企业的数字化转型，搭建起一座横跨在IT岗与财会岗之间的沟通桥梁。本书兼顾大数据及数据分析理论，但更加突出Python用于财经大数据处理的操作和实践。

　　本书围绕大数据技术在财经领域中的应用场景设计6个教学单元、22项工作任务，以固定资产折旧计提、房贷计算、个人所得税计算及数据采集、数据预处理、数据分析与可视化等常见的工作场景设计教学案例，教学内容针对性强，"岗课赛证"融通一体化设计，便于学生理解Python在财经领域中的实际应用，并提供了相当数量的、有针对性的实训练习。

　　本书内容新颖、知识全面、应用性强，还配备了完整的教学资源，可以作为高等职业教育专科、本科及应用型本科院校、中等职业院校财务会计类、金融类等专业教材，也可以作为会计从业人员自主学习参考用书。

　　本书提供教学课件等相关教学资源，具体获取方式请见书后"郑重声明"页的资源服务提示。

图书在版编目（ＣＩＰ）数据

　　财经大数据技术应用基础 ／ 中国职业技术教育学会智慧财经专业委员会组编 ； 孙万军主编. -- 北京： 高等教育出版社，2024.1
　　ISBN 978-7-04-060473-3

　　Ⅰ. ①财… Ⅱ. ①中… ②孙… Ⅲ. ①经济－数据管理－高等职业教育－教材 Ⅳ. ①F208

　　中国国家版本馆CIP数据核字(2023)第079075号

财经大数据技术应用基础
CAIJING DASHUJU JISHU YINGYONG JICHU

策划编辑	武君红　马　一	责任编辑	马　一	封面设计	李树龙	版式设计　马　云
责任绘图	杨伟露	责任校对	高　歌	责任印制	田　甜	

出版发行	高等教育出版社	咨询电话	400-810-0598
社　　址	北京市西城区德外大街4号	网　　址	http://www.hep.edu.cn
邮政编码	100120		http://www.hep.com.cn
印　　刷	北京市白帆印务有限公司	网上订购	http://www.hepmall.com.cn
开　　本	787mm×1092mm 1/16		http://www.hepmall.com
印　　张	23.5		http://www.hepmall.cn
字　　数	380千字	版　　次	2024年1月第1版
插　　页	2	印　　次	2024年1月第1次印刷
购书热线	010-58581118	定　　价	49.80 元

本书如有缺页、倒页、脱页等质量问题，请到所购图书销售部门联系调换
版权所有　侵权必究
物 料 号　60473-00

前　言

随着经济的发展和新一代信息技术的不断升级，数字经济成为推动中国式现代化的重要力量。在大数据时代如何对企业的财务数据进行深入、有效的分析，并从中获取重要的决策信息，成为当前财务领域重要的研究方向。

为全面贯彻《中华人民共和国职业教育法》，加快推进《职业教育专业目录（2021年）》《职业教育专业简介（2022年修订）的实施，满足全国各地高等职业院校财务会计类和财政税务类专业实施新版人才培养方案的教学急需，中国职业技术教育学会智慧财经专业委员会组织全国高职院校和行业企业百余名专家，依据有关专业基础课和专业核心课的教学改革新要求，编写了本套高等职业教育财经类专业群智慧财经系列教材。本书是该系列教材之一，是按照其专业基础课程"大数据技术应用基础"的教学需求，而编写的通用教材。

本书以培养学生财经大数据技术应用基础能力与职业素养为目标，以财经大数据技术应用基本理论和大数据技术在财经场景中的应用为重点，引入企业常见的工作任务、规范的业务流程、科学的管理制度，构建了情境真实、业务典型的教学任务，注重培养学生数据采集、数据预处理和数据分析等大数据处理基本技能。本书主要内容包括财经大数据认知、Python程序设计基础、SQL应用、数据采集、数据预处理、数据分析与可视化六个单元，每个单元由一系列的学习任务组成。全书力求体系完整、框架清晰、层次分明，内容由浅入深、由易到难、循序渐进。

本书力求突出以下主要特色：

1. 贯彻党的二十大精神，坚持为党育人、为国育才

本书在培养学生财经大数据技术应用能力的同时，融价值塑造、知识传授与能力培养于一体。在各单元的学习过程中，通过素养目标、"职业素养提升"栏目及单元学习评价全方位融入数据思维以及数据安全意识，坚持辩证思维、秉承爱岗敬业，坚持职业准则、做到迎难而上，坚持系统观念、发扬工匠精神，注重团队协作、坚持

诚实守信，强化责任意识、坚持守正创新等职业素养、职业精神与职业道德培养。

2. 深化职业教育改革，体现"岗课赛证"融通综合育人

本书适应新技术、新业态、新制度的要求，紧跟财务数字化、智能化转型发展新趋势，精准对接财会类岗位新要求，深度融合1＋X智能财税职业技能等级证书标准的有关要求，全面引入全国职业院校技能大赛业财税融合大数据应用、会计实务赛项规程中的有关大数据技术技能范围，充分体现"岗课赛证"融通综合育人。

3. 符合任务驱动教学需要，突出职业教育类型特色

本书采用真实的企业应用案例，按照任务驱动的教学理念，构建了从Python程序设计基础、SQL应用、数据采集、数据预处理，到数据分析与可视化等一系列工作任务，每个单元的工作任务均包括任务描述、相关知识、任务实现、拓展学习等内容。

4. 配备丰富数字资源，实现线上线下融合互动

本书采用纸质教材与在线开放课程一体化建设的方式开发，教材可与"财经大数据技术应用基础"在线开放课程配套使用，教学资源包括情境动画、工作任务、相关知识讲解、操作演示视频、学习评价表等，并精选部分资源以二维码的方式呈现，便于读者随扫随学，能够满足线上线下混合式教学的需求，能够实现"教"与"学"有机结合、"线上"与"线下"融合互动、"纸媒"和"数媒"无缝切换。

本书由中国职业技术教育学会智慧财经专业委员会组编，由北京财贸职业学院孙万军教授任主编，由中联集团教育科技有限公司刘双灵、张文利任副主编，由孙万军、刘双灵、张文利、范享玖、袁霞、张艳霞、王美芬等共同编写。在本书编写过程中得到了中联企业管理集团、高等教育出版社等单位的大力支持。

限于作者的水平、实践经验和时间有限，书中难免存在疏漏和不足之处，敬请广大读者批评指正，以使本书日臻完善。

编者

2023年10月于北京

主编简介

孙万军　北京财贸职业学院教授、北京市首批高层次创新创业领军人才。获国家级教学成果奖一等奖一项、二等奖两项。主持研究20多个省部级及以上项目，主编40多本教材，其中首届全国教材建设奖全国优秀教材一等奖1部，普通高等教育 "十一五"国家级规划教材4部、"十二五"职业教育国家规划教材6部，"十四五"职业教育国家规划教材5部。

国家级精品课程和国家级精品资源共享课"会计岗位综合实训"课程负责人、国家职业教育大数据与会计专业教学资源库建设项目"会计综合实训"课程负责人、国家示范性职业学校数字化资源共建共享计划立项课题（一、二期）会计电算化专业精品课程建设项目负责人、全国职业院校技能大赛首届高职组业财税融合大数据应用赛项（教师赛）合作企业首席专家。

目　录

财经大数据认知

知识目标

◆ 了解大数据的含义、特征、类型和应用范围；

◆ 了解财务大数据的含义、作用、价值，以及对财务工作带来的挑战；

◆ 了解 Python 的含义、发展历程和主要特点。

技能目标

◆ 能够正确安装 Python 工具包；

◆ 能够正确通过 Anaconda 安装 Python；

◆ 能够正确使用 Jupyter Notebook 集成环境。

素养目标

◆ 通过本单元学习，领悟财经大数据的应用价值，强化数据思维的
培养；

◆ 应用财经大数据时，树立数据安全的观念，培养维护国家数据安
全、保护个人信息和商业秘密的意识。

思维导图

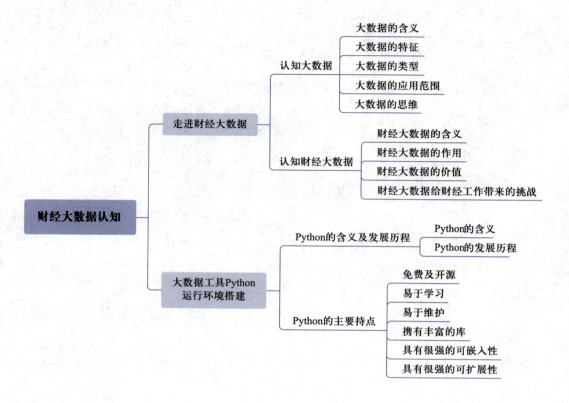

职业素养提升

重视数据要素，保障数据安全

　　进入信息社会，数据对生产、分配、流通、消费和社会服务管理等各环节产生了重要影响。数据成为新型生产要素，是数字化、智能化的基础，深刻改变着生产方式、生活方式和社会治理方式。数据的爆发增长、海量集聚蕴藏了巨大的价值，带来了新的发展动能，蕴含着新的竞争优势。党的二十大报告指出，"推动战略性新兴产业融合集群发展，构建新一代信息技术、人工智能、生物技术、新能源、新材料、高端装备、绿色环保等一批新的增长引擎。"《数字中国建设整体布局规划》指出"建设数字中国是数字时代推进中国式现代化的重要引擎，是构筑国家竞争新优势的有力支撑。"2021 年 11 月，财政部印发《会计改革与发展"十四五"规划纲要》提出了"以数字化技术为支撑，以推动会计审计工作数字化转型为抓手，健全完善各种数据标准和安全使用规范，形成对内提升单位管理水平和风险管控能力、对外服务财政管理和宏观经济治理的会计职能拓展新格局"的总体目标。大数据时代，财经人员应培养数据思维，发掘和释放财务数据要素价值，推动会计数字化转型，更好地服务数字中国建设。

同时，作为财经工作者，在运用 Python 等大数据工具获取数据及应用时应以维护国家数据安全、保护个人信息和商业秘密为前提。按照《中华人民共和国数据安全法》规定，"开展数据处理活动，应当遵守法律、法规，尊重社会公德和伦理，遵守商业道德和职业道德，诚实守信，履行数据安全保护义务，承担社会责任，不得危害国家安全、公共利益，不得损害个人、组织的合法权益。"因此，我们应当遵守相关法律法规，更好地保护个人和组织的合法权益，维护国家和企业的数据安全。

任务一　走进财经大数据

【任务描述】

信合资产有限责任公司是国家创新型企业、国家技术创新示范企业、国家火炬计划重点高新技术企业，是集中药、化学药品、生物制品研发、生产、销售于一体的大型综合制药集团。公司成员企业包括七家子公司。现有员工 19 000 余名，年产值达 100 亿元。公司坚持以"保持化学制药优势，大力发展中药，做强生物制药"为目标，以治疗心脑血管、肿瘤、感染性疾病等严重危害人类健康、严重威胁公共卫生体系的常见病和多发病作为主要研究方向，开发出更多具有自主知识产权的创新药物。

随着数字经济的快速发展，数据已成为企业的重要资产。尤其在近几年，大数据等新一代信息技术和数据资产在多个领域的创新应用，使企业有效拓展了市场空间、提升了经营业绩。

财务部员工小李听说 Python 是当下非常流行的大数据技术，与财务的关系也日益紧密，于是决定通过学习 Python 来增强自己的职业技能，以提高自身的职场竞争力。

进入企业调研或阅读大数据相关资料，体验财经大数据应用场景。

【相关知识】

大数据开启了一次重大的社会转型，它正在改变人们的生活、工作以及理解世界的方式，大数据已经渗透到各行各业的业务领域，逐渐成为重要的生产要素和数据资产。作为一名新时代的大学生，要懂得大数据，用好大数据，增强利用数据推进各项工作的本领，不断提高对大数据发展规律的把握能力，使大数据在各项工作中发挥更大作用。

一、认知大数据

（一）大数据的含义

大数据（Big Data）是指具有体量巨大、来源多样、生成极快且多变等特征，并且难以用传统数据体系结构有效处理的包含大量数据集的数据。大数据也是海量数据、源头多样化、实时生成且高速增长、瞬息变化的数据资产，需要新处理模式才能具有更强的决策力、洞察力和流程优化能力，它是大量数据集与现代化信息技术环境相融合的结果。

从众多来源中采集庞大的数据集形成大数据，以多元形式存在，往往具有实时性。例如，在企业销售大数据中，由用户基本数据、商品销售数据、用户反馈信息等组成的数据集，可能来自社交网络、电子商务网站、顾客来访记录等，它们以二维表格、文字、图像、视频等多种形式呈现，并且可能随时都在变化。

大数据源于互联网、移动互联网、物联网、人工智能及云计算等新一代信息技术的发展和应用。如今大数据已在市场经济调控、社会舆论监督、灾难预警等方面取得杰出表现，但就其效果和深度而言，大数据应用尚处于初级阶段，根据大数据分析预测未来、指导实践的深层次应用将成为发展重点。大数据治理体系尚未形成，特别是隐私保护、数据安全与数据共享利用效率之间还存在明显矛盾，这些矛盾成为制约大数据发展的主要短板，各界已经意识到构建大数据治理体系的重要意义，相关的研究与实践将持续进行；并且现有大数据理论与技术远未成熟，难以满足社会对规模高速增长的数据应用需求，未来信息技术体系将需要颠覆式创新和变革。

（二）大数据的特征

一般认为，大数据具有数据量大（Volume）、多样性（Variety）、速度快（Velocity）、多变性（Variability）4个基本特征。

（1）数据量大（Volume）：构成大数据的数据集的规模。大数据的特征首先就是数据量大，包括数据采集、存储和计算的量都非常大，数据量的存储单位从过去的 GB、TB，发展到 PB（1 024TB），甚至 EB（1 024PB）或 ZB（1 024EB）级别。

大数据的特征

（2）多样性（Variety）：数据可能来自多个数据仓库、数据领域或多种数据类型。大数据时代的数据类型包括文本、图片、音频、视频、网络日志、地理位置信息等。

（3）速度快（Velocity）：单位时间的数据流量。数据生成速度快，处理速度快，能够满足实时数据分析需求。速度快是大数据区别于传统数据的显著特征。

（4）多变性（Variability）：大数据的体量、速度和多样性等特征都处于多变状态。

除上述 4 个基本特征外，价值密度低（Value）也是大数据的主要特征之一。随着物联网的广泛应用，信息感知无处不在，信息量大，但价值密度较低，存在大量不相关信息。以视频为例，比如警察在破获案件时，需要查看的视频量很大，但可能有价值的信息只有几秒钟，因此可以说视频数据的价值密度很低。虽然单位数据的价值密度在不断降低，但是数据的整体价值在提高。

（三）大数据的类型

数据来源的广泛性，决定了数据类型的多样性。大数据的类型主要有结构化数据、非结构化数据和半结构化数据。

1. 结构化数据

结构化数据是指具有统一的数据结构，一般用关系型数据库表示和存储，可以通过固有键值获取相应信息，表现为二维形式的数据，叫作二维表。比如企业的财务系统数据、信息管理系统数据、客户关系管理数据、订单数据等。

2. 非结构化数据

非结构化数据是指数据结构不规则或不完整，没有以一个预先定义的方式来组织，不方便用二维表来表现的数据。在存储非结构化数据时，网络附属存储（Network Attached Storage，NAS）和对象存储（Object Storage Service，OSS）是目前两个主要的选择。比如视频、图片、音频、邮件、办公文档等。

3. 半结构化数据

半结构化数据是指介于结构化数据和非结构化数据之间的数据。半结构化数据，属于同一类实体可以有不同的属性，即使它们被组合在一起，这些属性的顺序并不重要。比如 XML 文件、HTML 文件、JSON 文件等。

（四）大数据的应用范围

大数据价值创造的关键在于大数据的应用。随着大数据技术飞速发展，大数据应用已经融入各行各业。大数据产业正快速发展成为新一代信息技术和服务业态，即对数量巨大、来源分散、格式多样的数据进行采集、预处理、存储和关联分析，并从中发现新知识、创造新价值及提升新能力。

大数据已经与人类日常的生活密不可分，其应用无处不在，比如大数据帮助政府实现市场经济调控、公共卫生安全防范、社会舆论监督、精准扶贫等；帮助城市预防犯罪、提升紧急应急能力、提高交通通行效率实现智慧交通等；帮助医疗机构建立患者的疾病风险跟踪机制，进行临床决策支持，如药品不良反应、疾病并发症、疾病诊断与预测等；帮助银行等金融机构实现精准营销、降低金融风险等。

（五）大数据的思维

随着大数据技术的发展，很多大数据的技术专家、战略专家、未来学者等开始提出、解读并丰富大数据思维概念的内涵和外延。总体来说，大数据的思维包括从抽样思维转向全样思维、从精确思维转向容错思维和从因果思维转向相关思维三种类型。

1. 从抽样思维转向全样思维

抽样又称取样，是从准备研究的全部样品中抽取一部分样品单位，其基本要求是要保证所抽取的样品单位对全部样品具有充分的代表性。抽样的目的是从被抽取样品单位的分析、研究结果来估计和推断全部样品特性，是科学实验、质量检验、社会调查普遍采用的一种经济有效的工作和研究方法。

抽样在一定的历史时期内极大地推动了社会发展，在数据采集难度大、分析和处理困难的情况下，抽样则是一种非常好的方法。抽样的好处显而易见，坏处也很明显。抽样保证了在客观条件达不到的情况下，可能得出一个相对靠谱的结论，让研究有的放矢。抽样同时也带来了新的问题，首先抽样是不稳定的，从而导致结论与实际情况的差异可能非常明显。在很多情况下，不能抽样。例如国家为了在制定政策、方针时更加符合时代要求，需要获得中国的精准人口数，这种情况下基本不会采用抽样，而是采用人口普查。所谓人口普查，就是获得中国所有人的样本，计算中国的精确人口数。

大数据与"小数据"的根本区别在于大数据采用全样思维方式，"小数据"强调抽样。抽样是数据采集、数据存储、数据分析、数据呈现技术达不到实际要求，或成本远超过预期情况下的权宜之计。随着技术的发展，不可能获取全样数据、不可能存储和分析全样数据的情况都将一去不复返。

2. 从精确思维转向容错思维

由于抽样从理论上讲结论就是不稳定的。一般来说，全样样本数量比抽样样本数量多很多倍，因此抽样的一丁点错误，就容易导致结论的"失之毫厘，谬以千里"。为保证抽样得出的结论相对可靠，人们对抽样的数据精益求精，容不得半点差错。

这种对数据质量近乎疯狂的追求，是"小数据"时代的必然要求。这样，一方面极大地增加了数据预处理的代价，一大堆的数据清洗算法和模型被提出，导致系统逻辑特别复杂。另一方面，不同的数据清洗模型可能会造成清洗后数据差异很大，从而进一步加大数据结论的不稳定性，而且现实中的数据本身就存在异常、纰漏、疏忽，甚至错误，所以将抽样数据进行极致清洗后，很可能导致结论反而不符合客观事实。这也是为什么很多"小数据"的模型在测试阶段效果非常好，一旦到了实际环境效果就非常差的原因。

大数据时代，因为采集了全样数据，而不是一部分数据，数据中的异常、纰漏、疏忽和错误都是数据的实际情况，没有必要进行任何清洗，其结果是最接近客观事实的。

3. 从因果思维转向相关思维

在"小数据"时代，人们总是相信因果关系，而不认可其他关系。但是因果关系是一种非常不稳定的关系，"有因必有果"的结论也非常武断，在大部分情况下这种关系是错误的，或不合时宜的。

因果关系根源于数据抽样理论，是一种非常脆弱的关系，只要存在一个反例，因果关系就失败。在大数据时代，不追求抽样，而追求全样。当全部数据都加入分析的时候，由于只要有一个反例，因果关系就不成立，因此在大数据时代，因果关系变得几乎不可能。而另一种关系即"相关关系"的研究进入大众视野。小数据时代的相关关系存在于两种现象之间，当其中一种现象发生变化时，另一现象也会随之发生相应的改变。例如，很多人去超市买了饮料后会顺便买纸巾，但不是买饮料就一定买纸巾。因此，饮料和纸巾的关系不能算因果关系，而只能是一种相关关系。

二、认知财经大数据

（一）财经大数据的含义

面向企事业等单位财务应用，采用专门的会计方法，由财务会计和管理会计及财经相关信息的数据集组成的大数据称为财经大数据。财经大数据贯穿企业采购、生产、销售等各阶段，体现经营项目的申请、审批、交易、报账、支付、核算、报告等各环节，能够快速进行财务信息的归档、存储、核算和使用等服务，全面分析财务管理相关指标，帮助企业进行营运管理、投资决策、风险预警和成本管控等管理活动。

财经大数据主要包括来自企业 ERP 系统或会计信息系统中的业务财务等企业内部数据，以及国家有关行政管理部门的统计数据、公开网站发布的财务报告和商业数据库等外部数据。

相比于传统的财经数据，财经大数据更细致、更多维、更多元，这也是财经大数据与传统财务数据相比具有的主要特征。

（二）财经大数据的作用

1. 促进财经部门职能转变

大数据时代，财经部门从传统核算类工作转向管理类工作。传统财经人员职责定位是整理凭证、管理账目、编制报表、档案归档等核算类工作；大数据时代财经人员职责定位是利用大数据核算业绩、监察内控、管理预算、管理投资等管理类工作。财经数据类型也不仅仅局限于历史的、结构化的报表数据，而大量的是非结构化、碎片化的外部数据，尤其是与管理决策密切相关的非财经数据。

2. 模糊财经部门与业务部门的界限

在大数据技术的应用下，企业各职能部门之间的"信息孤岛"将被打破，建立互联互通的内部数据共享中心，企业将拥有更多样、更全面的数据来源，实现业财一体化。一方面，财务成本核算数据、消费者调查数据、竞争对手数据等可以支撑业务更好发展；另一方面，了解业务部门的商业逻辑和生产、销售的具体流程，便于财经部门更好地为企业战略管理服务。

3. 使财经部门从后端走向前端

传统模式下财经部门主要起到总结作用，即对企业过去一年的利润情况和资产负债情况进行盘点与分析，主要解决信息不对称的问题，对企业未来发展作用不显著；大数据时代财经数据更加广泛、及时，财经部门开始成为"探照灯"，利用大数据为企业洞察和预测未来，支撑战略层面的管理决策。

（三）财经大数据的价值

1. 提高财经工作效率

在大数据背景下，企业可以共享强大的数据库，财经信息可以实现共享与互通，数据的采集、处理和分析速度不断加快，信息处理效率得到提升，财务管理工作能够实现精准化与高效化地开展，工作效率大大提高。

2. 提高预算管理质量

在人工智能、云计算和大数据等新一代信息技术的支撑下，通过大数据对各项业务进行事前预测、事中控制和事后分析，能够使财经人员充分了解企业运行状况，更精准地制订预算管理，从而提高企业的财务预算管理质量，帮助企业实现稳步发展。

3. 提高财务管理维度

大数据时代，企业信息来源不再局限于企业内部经营记录，更多的是来自公开网站的行业数据、宏观经济数据等外部数据，分析国家政策等外部因素对企业的影响，且可以将企业数据与行业数据和标杆企业数据进行对比分析，发现企业与行业和标杆企业之间存在的差距，提高财务管理的维度，进一步为企业决策提供更加全面的信息保障。

4. 强化风险防范能力

在大数据背景下，企业实现信息资源共享，能够及时为企业财经人员提供准确且全面的信息，帮助企业及时发现并规避因信息不对称等原因造成的潜在风险因素，从而强化企业的风险防范能力。

（四）财经大数据给财经工作带来的挑战

1. 对财经人员的专业度要求更高

大数据时代，要求财经人员能够运用大数据、人工智能等新一代信息技术进行数据采集、数据处理、数据分析及数据呈现，但财经人员的综合素质参差不齐，信息素养相对较低，缺乏应用新一代信息技术的能力和经验。

2. 给企业财经安全管理带来考验

企业财经信息化发展依赖于信息化技术，网络平台的开放性使财经信息暴露于互联网环境下，管理稍有不慎，在互联网运行的智能系统就会被外部黑客攻击，导致企业信息被盗取，且企业财经人员缺乏新一代信息技术素养，进一步给财经安全管理带来了风险。

3. 对会计信息化系统数据接口的兼容性要求更高

大数据时代，各种信息平台资源丰富，但各平台之间的接口兼容性不足，仍存在功能上不关联互助、信息不共享互换，以及信息与业务流程和应用相互脱节的计算机应用系统，从而导致"信息孤岛"现象仍然存在，在一定程度上降低了财经工作的效率。

4. 对企业的数据存储空间提出了更高的要求

伴随着大数据时代的到来，财经工作发展过程中需要覆盖丰富的数据信息，计算机储存模式被普遍应用，核算单位以 TB、PB 甚至 EB 或 ZB 进行记录。在这种情况下，企业的数据存储空间将面临巨大挑战。

【任务实现】

进入企业体验财经大数据应用场景或通过网络阅读财经大数据具体案例，制作财经大数据应用案例 PPT。

一、财经大数据应用现状调研

按照编制调研计划、进行调研实施、完成调研分析等步骤开展财经大数据应用调研工作。选择一家熟悉的企业，通过现场参观、专家访谈或网络查阅资料，了解企业财经大数据的主要内容和用途等。具体调研内容可参考如图1-1所示的有关内容，分析该企业采用大数据相比于传统方式的优势。

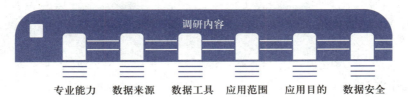

图1-1　财经大数据应用调研参考内容

二、财经大数据应用场景体验

深入企业，在指导教师和相关专家的指导下，进行财经数据采集、数据处理、数据建模与分析、数据可视化呈现等相关操作，真实体验财经大数据应用场景。常见的财经大数据应用场景示例如图1-2所示。

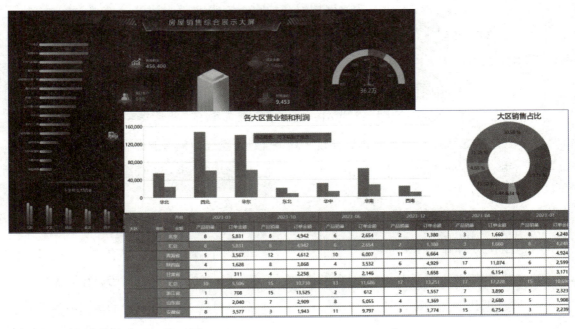

图1-2　财经大数据应用场景示例

三、制作财经大数据应用案例PPT

根据上述调研和体验，编写一个财经大数据应用案例，内容包括但不限于调研内容、体验内容，利用电子演示文稿软件制作PPT并分组进行展示与汇报。

【任务测试】

任务1.1测试

【拓展学习】

大数据技术在税收领域中的应用

2021年以来，税务部门不断深化税收大数据应用，服务税收改革发展大局。运用大数据技术，持续丰富自然人"一人式"税收档案，全面汇集自然人涉税信息，为综合所得申报纳税提供数据支撑；运用互联网技术，搭建了与海量自然人纳税人的高效渠道，尤其通过个人所得税APP实现了自然人缴纳个人所得税主要高频业务的掌上办理；运用人工智能技术，实现了线上征纳互动和数据智能服务，优化完善实名认证登录、申报预填服务、智能退税审核、在线征纳互动等一系列服务创新，进一步提高了征管效率、降低了征纳成本。

"大数据时代，税务精准监管要义就在于以税收大数据为驱动，强化数据赋能，对纳税人实施分类分级监管，真正践行'无风险不打扰、有违法要追究、全过程强智控'的精准监管要求。"随着金税四期的上线，税务部门将充分利用大数据优势，加强数据共享，拓展数据应用领域，畅通产业链供应链，使企业更多的数据被税务局掌控，对纳税人的监管也是全方位、全业务、全流程、全智能的监控，从而为服务政府部门决策和市场主体发展释放更强劲能量。

任务二 大数据工具 Python 运行环境搭建

【任务描述】

随着数字经济的快速发展，数据已成为企业的重要资产。信合资产有限责任公司希望通过落实数字化转型，挖掘数据应用价值，有效促进企业主营业务的增长。通过大数据等新一代信息技术和数据资产的创新应用，有效拓展企业市场空间、提升经营业绩。为此公司要求财务部员工小李为公司构建财经大数据运行环境，为实施财经大数据数据预处理、数据分析和可视化打下基础。

任务布置：

构建财经大数据分析环境，完成大数据工具 Python 的下载与安装，以及 Python 的启动运行和 Python 分析工具的配置。

【相关知识】

企业通常运用 Python、Wyn Enterprise、Power BI 等工具按照数据采集、数据预处理、数据建模与分析、数据可视化呈现与应用等工作流程进行大数据处理，如图 1-3 所示。

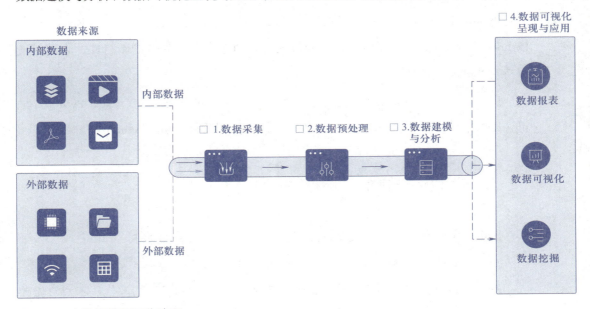

图 1-3 大数据处理工作流程

本书主要介绍 Python 在财经大数据中的应用。

一、Python 的含义及发展历程

（一）Python 的含义

Python 是于 1989 年发明的一种面向对象的解释型计算机程序设计语言。Python 语法和动态类型，以及解释型语言的本质，使它成为多数平台上写脚本和快速开发应用的编程语言，随着版本的不断更新和语言新功能的添加，逐渐被用于独立的、大型项目的开发。

Python 可以运行在 Windows，Linux，FreeBSD，Solaris 等几乎所有的计算机系统中，也可以运行在手机中，支持 Java 和 .NET 语言。Python 语言使用方便，不需要进行复杂的编译，用途非常广泛，可以进行各种软件的开发，比如：网站、图形界面、网络编程、数据库编程、图形图像处理、科学计算、手机编程等。

（二）Python 的发展历程

1991 年，第一个 Python 编译器诞生，基于 C 语言实现，并能够调用 C 语言的库文件。后面经历版本的不断革新换代，2004 年的 Python 2.4 诞生了目前最流行的 WEB 框架 Django，六年后发展到 Python 2.7，这是目前为止 Python 2 中最新且较为广泛使用的版本。

Python 2.7 的诞生不同于以往 Python 2 的垂直换代逻辑，它是 Python 2 和 Python 3 之间过渡的一个桥梁，以便最大程度上继承 Python 3 的新特性，同时尽量保持对 Python 2 的兼容性。

Python 3 在 Python 2.7 之前就已问世，从 2008 年的 Python 3.0 开始，Python 3 呈迅猛发展之势，版本更新活跃，一直发展到 2023 年即将发布的 Python 3.12。

二、Python 的主要特点

Python 语言已经成为最受欢迎的程序设计语言之一，其主要特点如下：

（一）免费及开源

Python 的使用者可以自由地发布这个软件的拷贝、阅读它的源代码、对它做改动、把它的一部分用于新的软件中。

（二）易于学习

Python 语言结构简单，语法清晰，学习起来比较简单。

（三）易于维护

Python 的编程语法类似于英文语法，非常易于维护。阅读一个 Python 程序就感觉像是在读英语一样。它使你能够专注于解决问题而不是去搞明白语言本身。

（四）拥有丰富的库

Python 拥有 Numpy、Pandas、Python 图像库等丰富的库，且为主要的商业数据库提供了接口，Python 的大部分库可以与 UNIX、Windows 和 Mac OS 等系统兼容。

（五）具有很强的可嵌入性

可以把 Python 嵌入 C 或 C++ 程序，从而向程序用户提供脚本功能。

（六）具有较强的可扩展性

如果需要一段关键代码运行得更快或者希望某些算法不公开，可以部分程序用 C 或 C++ 编写，然后在 Python 程序中使用它们。

本书采用 Python 3.10.5 作为教学蓝本，将 Jupyter Notebook 嵌入财经大数据技术应用基础课程教学平台，便于 Python 程序的创建，支持实时代码、可视化和共享程序文档等功能。

【任务实现】

Python 的开发环境比较简单，用户可以直接登录官网网站下载 Python 的程序包进行安装。Python 自带的 IDE（Integrated Development Environment，集成开发环境）功能十分有限，不适合开发 Python 工程项目。目前比较流行的开发环境是 PyCharm 和 Anaconda，这两种开发环境下载和安装都比较方便，不需要进行复杂的环境配置。由于本书教学内容是基于财经大数据技术应用基础教学平台，在配置 Python 开发环境时主要以 Anaconda 中自带的 Jupyter Notebook 为主，因此本书主要介绍直接下载安装 Python 和通过 Anaconda 安装 Python 进行环境搭建。

一、直接下载安装Python

直接下载安装 Python 的操作步骤如下：

（1）下载 Python 安装包。登录官方网站，单击"Download Python 3.10.5"按钮，即可下载 Python 安装包，如图 1-4 所示。

图 1-4　下载 Python 安装包

（2）双击 Python 的安装程序图标，进入安装界面。Python 安装程序提供了两种安装方式："Install Now"和"Customize installation"。"Install Now"方式按默认设置安装 Python，记住默认的安装位置，在使用 Python 的过程中可能访问该路径。"Customize installation"为自定义安装方式。用户可以设置 Python 安装路径和其他选项。以默认方式为例，单击"Install Now"按钮，执行安装程序。

（3）完成安装。成功安装后，单击"Close"按钮，即可关闭安装程序。

（4）打开 Python3.10.5，编写一个简单的 Python 程序。在程序编辑区输入"print（'欢迎学习财经大数据应用基础课程'）"，运行结果如图 1-5 所示。

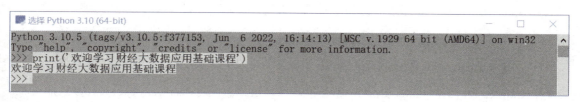

图 1-5　Python 运行界面

二、通过Anaconda安装Python

通过 Anaconda 安装 Python 的操作步骤如下：

（1）登录官方网站，单击"Download"按钮下载 Anaconda 安装包，如图 1-6 所示。也可以从清华大学开源软件镜像站下载 Anaconda 安装包。

图 1-6　下载 Anaconda 安装包

（2）双击安装程序进行安装，打开 Anaconda 安装导向，在安装导向界面单击"Next"按钮，进入协议选择界面，单击"I Agree"按钮。

（3）选择安装类型。在选择安装类型界面中，"Install for: All Users（requires admin privileges）"表示安装的 Anaconda 可以为当前计算机上的所有用户使用，"Install for: Just me（recommended）"表示安装的 Anaconda 仅供当前计算机上的当前用户使用。本书选择"All Users（requires admin privileges）"，单击"Next"按钮。

（4）选择合适的安装路径，单击"Next"按钮，进入"Advanced Installation Options"界面，选择"Register Anaconda3 as the system Python 3.10"，然后单击"Install"按钮安装 Anaconda。

（5）在 Anaconda 安装成功界面单击"Next"按钮，在弹出的界面中继续单击"Next"按钮，弹出安装导向的最后一个界面，然后单击"Finish"按钮结束安装程序。

（6）安装完成后，在开始菜单中找到"Jupyter Notebook（Anaconda3）"的运行文件，启动 Jupyter Notebook 环境，在启动 Jupyter Notebook 环境的过程中，会弹出

一个黑色的启动窗口，按照启动窗口中的提示在浏览器中打开 Jupyter Notebook 的主界面。

（7）单击主界面右上角的下拉按钮"New"，选择"Python"，Jupyter 将打开一个可编辑 Python 程序代码的新 Notebook 页面，如图 1-7 所示。

图 1-7　打开 Jupyter Notebook 页面

可以通过菜单栏中的功能操作 Jupyter Notebook，从而实现对程序代码的编辑和运行等，工具栏中的工具按钮均来自菜单栏，工具栏是菜单栏中使用非常频繁的菜单项的列示区域。在实际运用中，可以使用工具栏中的工具按钮，也可以使用菜单栏中的菜单项进行操作。

（8）编写一个简单 Python 程序。在代码编辑区输入"print（"欢迎学习财务大数据分析课程"）"，运行结果如图 1-8 所示。

图 1-8　Jupyter Notebook 运行界面

三、使用财经大数据技术应用基础课程平台Jupyter Notebook集成环境

为了便于使用，开发人员开发了数据集成环境，即嵌入式和数据分析等工具的

结合。有效地将数据分析等工具与应用软件进行无缝集成和对接，使用户可以在日常的业务系统中直接调用数据分析等工具，从而提高应用软件的综合价值和用户粘性。集成环境功能强大，不需要单独安装，使用方便快捷，有利于减少失误，节省时间和精力，且为使用者建立了统一的标准，便于管理。

财经大数据技术应用基础课程平台集成了 Jupyter Notebook 环境，院校师生无须下载 Python 开发环境，便可直接在线编写代码。

【任务测试】

任务1.2测试

【拓展学习】

PyCharm 的安装

PyCharm 是一个适合用于开发的多功能 IDE（集成开发环境），可下载免费社区版。PyCharm 常用功能包括：代码分析与辅助功能，拥有补全代码、高亮语法和错误提示；项目和代码导航，专门的项目视图，文件结构视图和文件、类、方法等的快速跳转；支持网络框架：Django，Web2py 和 Flask；集成 Python 调试器；集成单元测试，按行覆盖代码；集成版本控制系统，为 Git，Subversion 和 CVS 提供统一的用户界面，拥有修改以及合并功能。PyCharm 安装操作步骤如下：

（1）下载 PyCharm 安装包。登录官方网站，单击 Community 下的"Download"按钮，下载 PyCharm 安装包，如图 1-9 所示。

（2）双击 PyCharm 执行程序，进入欢迎安装 PyCharm 界面，单击"Next"按钮。

（3）选择安装路径，建议选择默认，可根据需要修改安装路径，单击"Next"按钮。

（4）设置安装选项。可选是否添加到桌面快捷方式，可选是否设为 .py 文件为默认打开方式，单击"Next"按钮。

图 1-9　PyCharm 下载界面

（5）添加到开始菜单，选择"Install"按钮，如图 1-10 所示。

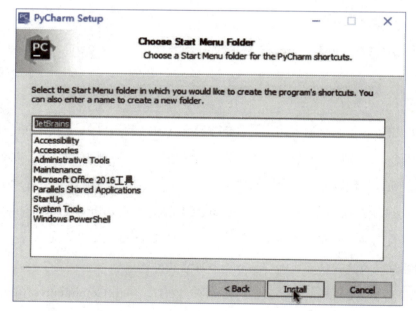

图 1-10　选择开始菜单文件夹

（6）安装完成，单击"Finish"按钮，完成安装，如图 1-11 所示。

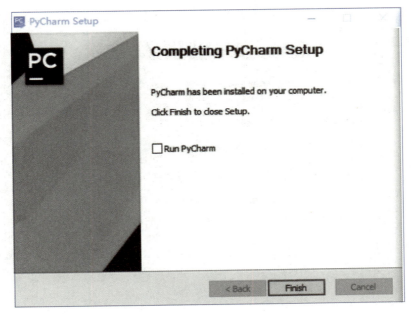

图 1-11　完成安装

单元学习评价

　　按照表 1-1 财经大数据认知学习评价表的考核内容分别评价各项内容的完成度并计算得分，按考核项目的权重计算本单元的总分。

表1-1　财经大数据认知学习评价表

考核项目	权重 /%	考核内容	分值	得分
知识	60	按时完成认知大数据、认知财经大数据相关知识的阅读或听讲	30	
		按时完成Python的含义及发展历程、Python的主要特点相关知识的阅读或听讲	20	
		积极参与走进财经大数据和大数据工具Python运行环境搭建的讨论与交流活动	10	
		正确完成走进财经大数据和大数据工具Python运行环境搭建的线上、线下测试与作业	40	

考核项目	权重 /%	考核内容	分值	得分
技能	20	完成Python的本地化安装	25	
		完成通过Anaconda安装Python	25	
		正确使用Jupyter Notebook集成环境	25	
		完成本单元规定的社会实践活动	25	
素养	20	完成本单元规定的职业素养培养基本要求	50	
		结合本单元实例，完成有关培养数据思维，保障数据安全等职业素养的讨论或撰写心得感悟短文	50	
总体评价			100	

Python 程序设计基础

知识目标

◆ 理解变量的含义、命名规则及赋值方法；

◆ 理解基本的数据类型及数据类型转换方法；

◆ 掌握程序的顺序结构、分支结构及循环结构；

◆ 理解列表、元组、字典、集合的含义及其操作方法；

◆ 掌握函数及模块的基本使用方法；

◆ 理解类与对象的含义及创建和使用方法。

技能目标

◆ 利用 Python 的赋值运算符，能够正确完成各类变量的赋值；

◆ 利用 Python 基本数据类型，能够正确完成简单的数值计算；

◆ 能够正确设计顺序结构、分支结构、循环结构的 Python 程序；

◆ 能够正确设计列表、元组、字典、集合等 Python 程序；

◆ 能够正确设计函数及调用、模块及调用的 Python 程序；

◆ 能够正确设计类与对象调用的 Python 程序。

素养目标

◆ 通过本单元学习，在进行 Python 程序设计的同时，培养逻辑思维，以及通过采用科学的逻辑方法，准确而有条理地表达自己思维过程的能力；

◆ 在进行 Python 程序设计时，培养爱岗敬业、严谨细致的职业素养。

思维导图

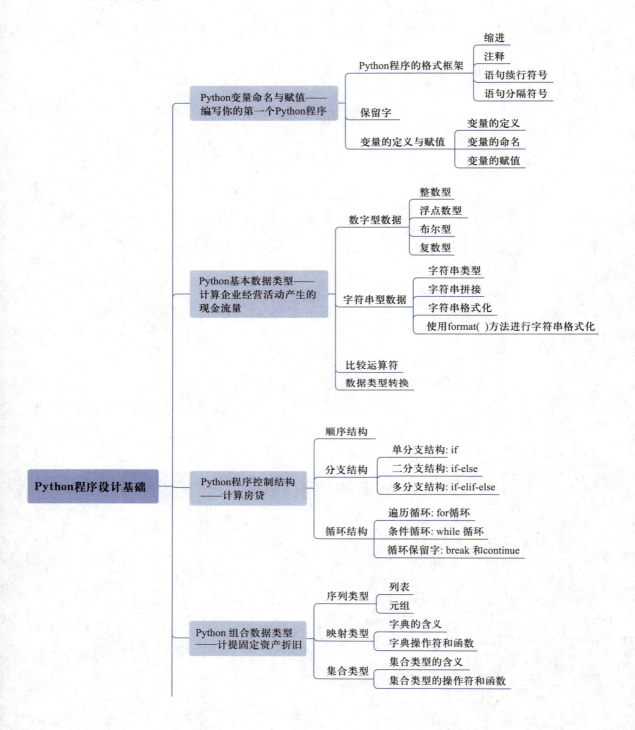

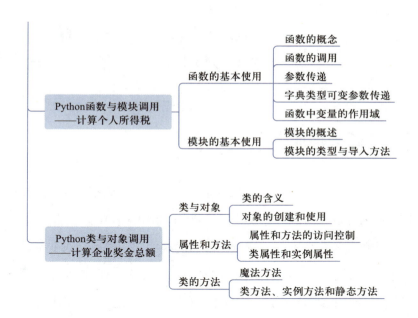

职业素养提升

培养逻辑思维，秉承爱岗敬业

　　缜密的逻辑体系展示强大的思维能力。逻辑思维能力是指正确、合理思考的能力，即对事物进行观察、比较、分析、综合、抽象、概括、判断、推理的能力，也是采用科学的逻辑方法，准确而有条理地表达自己思维过程的能力。作为财经工作者，我们在进行顺序结构、分支结构、循环结构以及组合数据类型等程序设计时要树立逻辑思维，坚持普遍联系而不是孤立地观察某一指标的高低，分析指标内外部各种因素之间的相互联系和作用，以发展的眼光寻找财经指标发展变化进程中的运动规律。

　　对于财经人员来说，"爱岗敬业"的"岗"，是指财经工作岗位。爱岗敬业不仅仅是一种观念、一种精神、一句口号，它更需要具体的行动来实现，包括献身财经事业的工作热情，严肃认真的工作态度，勤学苦练的钻研精神，忠于职守的工作作风。作为财经工作者，在进行 Python 程序设计时，要坚守爱岗敬业、严谨细致的职业品质，努力提高程序设计的科学性、简洁性及合理性，从而提高工作效率与工作质量。

任务一　Python 变量命名与赋值
——编写你的第一个 Python 程序

【任务描述】

为了更好更快地掌握 Python，信合资产有限责任公司小李决定结合自身工作，通过 Python 来编制一些代码，帮助自己解决工作中的一些问题。

小李学习了 Python 变量与赋值的相关知识以后，对变量命名和变量赋值颇感兴趣。由于我国举办过第 29 届夏季奥林匹克运动会和第 24 届冬季奥林匹克运动会，吉祥物福娃和冰墩墩火遍大江南北。小李便想通过将字符串拼接的结果赋值给变量的方式分别打印出"北京冬季奥运会的吉祥物是冰墩墩"以及"北京夏季奥运会的吉祥物是福娃"。

任务布置：

请通过 Python 代码编辑器将"北京冬季奥运会的吉祥物是"+"冰墩墩"赋值给变量 a；将"北京夏季奥运会的吉祥物是"+"福娃"赋值给变量 b。

【相关知识】

一、Python 程序的格式框架

Python 语言的基本语法元素包括缩进、注释、语句续行符号和语句分隔符号等。

（一）缩进

Python 程序依靠语句块的缩进来体现代码与代码之间的逻辑关系，缩进结束就表示一个代码块的结束。每行代码开头的空白（空格或制表符）表示缩进级别，而缩进级别又用于确定语句块的组成。

缩进是 Python 语法的一部分，用于表示代码间的包含和层级关系，如果缩进错误，将导致程序运行错误。缩进在程序内保持一致即可，每个层级一般用 4 个空格或按 1 次 Tab 键实现。

需要注意的是，不是所有语句都可以通过缩进包含其他代码。一般代码无须缩进，只有表明特定程序含义时，在 if、for、while、def、class 等一些保留字（也称为关键字）所在语句后才允许引入缩进，进行语句的分组。通常在这些保留字所在语句后使用英文冒号 ":" 结尾来表明前后语句的所属关系。

示例代码如下：

```
x = −1
if x<0:
    y = −x
    print(y)
```

运行过程及结果如图 2-1 所示。

```
x=-1
if x<0:
    y=-x
    print(y)

1
```

图 2-1　运行过程及结果

严格的缩进格式有利于约束程序结构，也有利于增加代码结构的可读性。必须注意，同一个代码块中的语句，其缩进量应保持相同，否则会发生 IndentationError（缩进错误）异常。

示例代码如下：

```
x = −1
if x<0:
    y = −x
print(y)
```

运行过程及结果如图 2-2 所示。

```
x=-1
if x<0:
    y=-x
    print(y)
```

```
  File "<tokenize>", line 4
    print(y)
    ^
IndentationError: unindent does not match any outer indentation level
```

图 2-2　运行过程及结果

（二）注释

注释是代码中不被计算机执行的辅助性说明文字，因其会被编译器或解释器略去，所以一般用于在代码中标明编写者及版权信息、解释代码原理和用途或辅助程序调试等。根据内容的量级差异，注释可分为单行注释和多行注释。

1. 单行注释

单行注释用于注释特定语句或行的信息。在 Python 语言中，单行注释通常以"#"开头，注释可以在一行中的任意位置通过"#"开始，其后面的本行内容被当作注释，而之前的内容仍然属于 Python 程序，要被执行。单行注释可以单独占一行放在被注释的代码之上，也可以放在语句或表达式之后。

示例代码如下：

```
# 这是一个单行注释
print('Learn Python')   # 引号需要使用英文格式，字符串要加引号
```

运行过程及结果如图 2-3 所示。

```
#这是一个单行注释
print('Learn Python')#引号需要使用英文格式，字符串要加引号

Learn Python
```

图 2-3　运行过程及结果

2. 多行注释

当注释内容过多，使用单行注释无法显示时，就可以使用多行注释。Python 中多行注释有两种方式：一种方式是需要在每行注释内容的开头使用"#"，另一种方式是使用三引号注释，即三个单引号或三个双引号标识多行注释。

示例代码如下：

```
'''
这是多行注释，使用单引号。
多行注释结束。
'''
"""
这是多行注释，使用双引号。
多行注释结束。
"""
```

（三）语句续行符号

通常，Python 中的一条语句占一行，没有语句结束符号。可以使用语句续行符号将一条语句写在多行之中。Python 语句续行符号为反斜杠"\"。

示例代码如下：

```
x = 20
if x < 50 \
    and x > 10:
    y = x*2
else:
    y = 0
print(y)
```

运行过程及结果如图 2-4 所示。

```
x=20
if x < 50  \
    and x > 10:
    y=x*2
else:
    y=0
print(y)

40
```

图 2-4　运行过程及结果

注意，在符号"\"之后不能有任何其他符号，包括空格和注释。

（四）语句分隔符号

Python 使用分号作为语句分隔符号，从而将多条语句写在一行，示例代码如下：

```
print(" 资产负债表 "); print(2 + 3)
```

使用语句分隔符号分隔的多条语句可以视为一条复合语句，Python 允许将单独的语句或复合语句写在冒号之后。

二、保留字

每种程序设计语言都有一套保留字，保留字也称为关键字，是由设计者或维护者预先创建并保留使用的标识符。保留字一般用于构成程序的整体框架、表达关键值和具有结构性的复杂语义等。编写程序时不能定义与保留字相同的标识符。Python 的保留字对大小写也敏感。Python 3 共有 35 个保留字，如表 2-1 所示。

表2-1　Python 3的保留字

and	as	assert	break	class	continue
def	del	elif	else	except	finally
for	from	False	global	if	import
in	is	lambda	nonlocal	not	None
or	Pass	raise	return	try	True
while	with	yield	async	await	

三、变量的定义与赋值

（一）变量的定义

变量一词来源于数学，可以理解为会变化的量，在编程语言中一般用来表示计算结果或抽象概念，是编程语言中最常见的组成部分，其值可以通过赋值方式进行修改。

在编程语言中，用来保存和表示数据的语法元素称为变量，它是一种常见的占位符号。变量采用标识符表示，由数字、汉字、下划线、大小写字母等字符组合而成，如"TempStr""Python 3 学习方法"等均为变量。

（二）变量的命名

赋予变量或其他程序元素关联名称或标识符的过程称为命名。为了使 Python 程序代码统一，增强其可读性，Python 变量命名时需要遵循以下五点规则。

（1）变量名由数字、汉字、下划线、大小写字母等字符组成，但不能以数字开头，如"12Python"是不合法的。

（2）变量名不能使用 Python 保留字，如不能使用"if""while""True"等。在 Python 语言中，可以通过使用以下代码查找获取保留字。

```
from keyword import kwlist
print(kwlist)
```

运行并查看 Python 语言中的保留字。

```
[ 'False', 'None', 'True', 'and', 'as', 'assert', 'async', 'await', 'break', 'class', 'continue', 'def', 'del',
'elif', 'else', 'except', 'finally', 'for', 'from', 'global', 'if', 'import', 'in', 'is', 'lambda', 'nonlocal',
'not', 'or', 'pass', 'raise', 'return', 'try', 'while', 'with', 'yield' ]
```

（3）变量名对英文字母的大小写敏感，如"a"和"A"是不同的变量。

（4）变量名中除了下划线"_"以外，不能有其他任何特殊字符。

（5）变量命名时尽量使用易于理解且含有具体意义的行业通用变量名，而非无意义的简写，比如可以将"资产"命名为"asset"。

> **注**：变量可以使用中文字符命名，但出于兼容性方面的考虑，一般不建议采用中文字符对变量进行命名。

（三）变量的赋值

在 Python 语言中，将数据放入变量的过程叫作赋值，通常使用"="作为赋值运算符。具体语法格式为：name = value。其中 name 表示变量名，value 表示变量值，也就是要存储的数据。

变量赋值常见的情况有单变量赋值、多个变量赋值及同步赋值。

1. 单变量赋值

单变量赋值，即一次为一个变量进行赋值。例如 n = 10，从此以后，n 就代表整数 10，使用 n 也就是使用 10。

变量的值不是一成不变的，它可以随时被修改，只要重新赋值即可，对同一个变量进行多次赋值时，每一次赋值都会覆盖原来的值。在 Python 语言中，可以把任意数据类型的数据赋值给变量。

除了赋值单个数据，也可以将表达式的运行结果赋值给变量。

示例代码如下：

```
成本 = 100 + 20        # 将加法的结果赋值给变量，运算时，会先计算再输出结果；
余数 = 25*30%7         # 将余数赋值给变量；
str1 = "信合资产有限责任公司是 "+" 信合集团的一家子公司 "   # 将字符串拼接
的结果赋值给变量。
print( 成本 )
print( 余数 )
print(str1)
```

运行过程及结果如图 2-5 所示。

```
成本 = 100 + 20        #将加法的结果赋值给变量，运算时，会先计算再输出结果；
余数 = 25 * 30 % 7     #将余数赋值给变量；
str1 = "信合资产有限责任公司是" + "信合集团的一家子公司"   #将字符串拼接的结果赋值给变量。
print(成本)
print(余数)
print(str1)

120
1
信合资产有限责任公司是信合集团的一家子公司
```

图 2-5　运行过程及结果

此处，成本、余数、str1 都是变量名，建议使用 str1 这样有提示作用的英文加数字的命名法。

2. 多个变量赋值

元组赋值语句可以同时给多个变量赋值，即同时计算等号右侧所有表达式值，并一次性给等号左侧对应变量赋值。Python 按先后顺序依次将数据赋值给变量。

示例代码如下：

```
x, y = " 负债 "," 所有者权益 "                    # 直接为多个变量赋值
print(x, y)
one, two, three = [" 资产 "," 负债 "," 所有者权益 "]        # 列表赋值运算
print(one, two, three)
one, two, three = (" 资产 "," 负债 "," 所有者权益 ")        # 元组赋值运算
print(one, two, three)
[a, b, c] = ('A', 'B', 'C')                    # 将元组中的值赋值给列表
print([a, b, c])
```

运行过程及结果如图 2-6 所示。

```
x,y = "负债","所有者权益"           # 直接为多个变量赋值
print(x,y)
one,two,three = ["资产","负债","所有者权益"]    # 列表赋值运算
print(one, two, three)
one,two,three = ("资产","负债","所有者权益")    # 元组赋值运算
print(one, two, three)
[a, b, c]= ('A','B','C')           # 将元组中的值赋值给列表
print([a, b, c])

负债 所有者权益
资产 负债 所有者权益
资产 负债 所有者权益
['A', 'B', 'C']
```

图 2-6　运行过程及结果

3. 同步赋值

Python 还有一种同步赋值语句，可以同时给多个变量赋值，基本格式如下：

< 变量 1>，…，< 变量 n> = < 表达式 1>，…，< 表达式 n>

例：将变量 x 和 y 的值交换时，采用单个赋值，需要 3 行语句，如下所示：

```
t = x
x = y
y = t
```

即通过一个临时变量 t 缓存 x 的原始值，然后将 y 值赋给 x，再将 x 的原始值通过 t 赋值给 y。

示例代码如下：

```
# 单个赋值
x, y = 2021, 2022
t = x
x = y
y = t
print(x, y)
```

运行过程及结果如图 2-7 所示。

```
#单个赋值
x,y=2021,2022
t = x
x = y
y = t
print(x,y)

2022 2021
```

图 2-7　运行过程及结果

采用同步赋值语句，仅需要一行代码，如下所示：

```
x, y = y, x
```

示例代码如下：

```
# 同步赋值
x, y = "7 月 ", "8 月 "
x, y = y, x
print(x, y)
```

运行过程及结果如图 2-8 所示。

```
#同步赋值
x,y="7月","8月"
x,y=y,x
print(x,y)

8月 7月
```

图 2-8　运行过程及结果

Python 变量
与赋值

同步赋值语句可以使赋值过程变得更简洁，通过减少变量使用，简化语句表达，增加程序的可读性。但是，应尽量避免将多个无关的单一赋值语句组合成同步赋值语句，否则会降低程序可读性。

【任务实现】

一、变量赋值

分别将表达式 ""北京冬季奥运会的吉祥物是"+"冰墩墩""""北京夏季奥运会的吉祥物是"+"福娃"" 赋值给变量 a 和变量 b。代码如下：

```
a = "北京冬季奥运会的吉祥物是" + "冰墩墩"
b = "北京夏季奥运会的吉祥物是" + "福娃"
```

二、打印输出结果

打印输出结果，代码如下：

```
print(a)
print(b)
```

三、查看运行结果

输入上述代码，单击运行按钮，运行结果为：

```
北京冬季奥运会的吉祥物是冰墩墩
北京夏季奥运会的吉祥物是福娃
```

【任务测试】

任务 2.1 测试

【拓展学习】

赋值运算符

赋值运算符 " + = " " * = " 等的用法是，a + = m 等效于 a = a + m，a* = m 等效于 a = a*m，这样可以让代码更简洁。其中，+ 是加法运算符，也是字符串连接符，* 是乘法运算符，也是重复拼接字符串的符号。

1. 赋值运算符 + = 示例，代码如下：

```
a, b = 5, 5
a = a + 1
print(a, end = ' ')
b + = 1
print(b)
```

运行过程及结果如图 2-9 所示。

```
a,b =5,5
a = a + 1
print(a, end=' ')
b += 1
print(b)

6  6
```

图 2-9　运行过程及结果

2. 赋值运算符 * = 示例，代码如下：

```
a, b = 5, 5
a = a*4
print(a, end = ' ')
b* = 4
print(b)
```

运行过程及结果如图 2-10 所示。

```
a,b =5, 5
a = a * 4
print(a, end=' ')
b *= 4
print(b)

20  20
```

图 2-10　运行过程及结果

任务二　Python 基本数据类型
——计算企业经营活动产生的现金流量

【任务描述】

信合资产有限责任公司财务部员工小李学习了 Python 基本数据类型的相关知识以后，对数字型数据和字符串型数据有了一定的理解，可以运用该部分内容中的运算解决财务工作中的一些问题，便决定对公司 2022 年现金流量表中的经营活动产生的现金流量部分内容运用 Python 进行相关代码编辑和程序运行。公司 2022 年现金流量表（部分）如表 2-2 所示。

表 2-2　信合资产有限责任公司 2022 年现金流量表（部分）　　　　　　　　单位：万元

项目	本年金额
一、经营活动产生的现金流量金额	
销售商品和提供劳务收到的现金	37 825 542.86
收到的税费返还	0
收到其他与经营活动有关的现金	1 561 208.89
经营活动现金流入小计	39 386 751.75

任务布置：

请通过 Python 代码编辑器编辑相关代码，依次输出以下项目及对应的金额：

经营活动产生的现金流量金额

销售商品和提供劳务收到的现金

收到的税费返还

收到其他与经营活动有关的现金

经营活动现金流入小计

【相关知识】

Python 在对数据进行运算和操作时，需要明确数据的类型，不同的类型具有不同的操作，并且每一种数据类型都有自己独特的形式。Python 语言支持多种数据类型，常见的主要有数字型数据、字符串型数据等。

一、数字型数据

数字型数据用于存储数值，是不可改变的数据类型。这意味着，若要改变变量的数据类型，就要为其赋值一个新的变量。

Python 常用的数字型数据可细分为整数型、浮点数型、布尔型和复数型等。

（一）整数型

整数型与数学中的整数相对应，整数就是没有小数部分的数字，Python 中的整数包括正整数、0 和负整数。

1. 整数的表示形式

在 Python 中，整数类型可以表示为二进制、八进制、十进制（默认采用）、十六进制等多种进制形式。

（1）二进制形式。由 0 和 1 两个数字组成，书写时以 0b 或 0B 开头。例如，101 对应十进制数是 5。

（2）八进制形式。八进制整数由 0~7 共八个数字组成，以 0o 或 0O 开头。注意，第一个符号是数字 0，第二个符号是小写或大写的字母 O。

（3）十进制形式。平时常见的整数就是十进制形式，它由 0~9 共十个数字排列组合而成。

（4）十六进制形式。由 0~9 十个数字以及 A~F 或 a~f（字母 a~f 表示 10~15）

六个字母组成，书写时以 0x 或 0X 开头。

进制形式是整数数值的不同显示方式，同一个整数的不同进制形式在数学意义上是没有区别的，程序可以直接对不同进制形式的整数进行运算或比较。无论采用何种进制形式表示数据，运算结果均以默认的十进制形式显示。

示例代码如下：

1010，99，−217（表示十进制数）

0x9a，−0X89（0x 或 0X 开头表示十六进制数）

0b010，−0B101（0b 或 0B 开头表示二进制数）

0o123，−0O456（0o 或 0O 开头表示八进制数）

2. 整数的 int 数据类型

整数是 Python 的 int 数据类型的值，Python 整数与数学中的整数概念一致，没有取值范围限制，可以用 Python 的内置函数 type( ) 查看其数据类型。

示例代码如下：

```
n = 50
print(type(n))
```

运行过程及结果如图 2-11 所示。

```
n = 50
print(type(n))

<class 'int'>
```

图 2-11　运行过程及结果

Python 的 int 数据类型如表 2-3 所示。

表 2-3　Python 的 int 数据类型

类别	说明						
int 对象的值	一系列 0~9 的阿拉伯数字组合						
典型字面量	1287、96、0、1000000						
运算	加	减	乘	除	整除	取余	乘幂
运算符	+	−	*	/	//	%	**

整数运算符使用示例，代码如下：

```
a = 1234
b = 5
print(a + b)
print(a − b)
print(a*b)
print(a//b)
print(a%b)
print(a**b)
```

运行过程及结果如图 2-12 所示。

```
a=1234
b=5
print(a+b)
print(a-b)
print(a*b)
print(a//b)
print(a%b)
print(a**b)

1239
1229
6170
246
4
2861381721051424
```

图 2-12　运行过程及结果

（二）浮点数型

在编程语言中，小数通常以浮点数的形式存储。浮点数类型的名称为 float。

1. Python 中小数的表示形式

Python 中小数有两种书写形式，分别为十进制形式和指数形式。

（1）十进制形式。十进制形式是平时看到的小数形式，例如 34.6、346.0、0.346。书写小数时必须包含一个小数点，否则会被 Python 当作整数进行处理。

（2）指数形式。Python 小数的指数形式的写法为：aEn 或 aen。其中 a 为尾数部分，是一个十进制数，n 为指数部分，是一个十进制整数；E 或 e 是固定的字符，用于分割尾数部分和指数部分。整个表达式等价于 $a \times 10^n$。例如，$2.1E5 = 2.1 \times 10^5$，其中 2.1 是尾数，5 是指数。

示例代码如下：

```
f1 = 0.34557808421257003

print("f1Value:", f1)

print("f1Type:", type(f1))

f2 = 0.0000000000000000000000000847

print("f2Value:", f2)

print("f2Type:", type(f2))
```

运行过程及结果如图 2-13 所示。

```
f1 = 0.34557808421257003
print("f1Value: ", f1)
print("f1Type: ", type(f1))
f2 = 0.0000000000000000000000000847
print("f2Value: ", f2)
print("f2Type: ", type(f2))

f1Value:  0.34557808421257
f1Type:  <class 'float'>
f2Value:  8.47e-26
f2Type:  <class 'float'>
```

图 2-13　运行过程及结果

2. float 数据类型

Python 中 float 数据类型运算符如表 2-4 所示。

表 2-4　Python 中 float 数据类型运算符

类别	说明				
float 对象的值	一系列 0~9 的阿拉伯数字加上小数点				
典型字面量	3.14159、1.287e23、96.0、1.4142135				
运算	加	减	乘	除	乘幂
运算符	+	−	*	/	**

浮点数运算符使用示例，代码如下：

```
a = 1234.5

b = 67.8

print(a + b)

print(a − b)

print(a*b)
```

```
print(a/b)
print(a**b)
```

运行过程及结果如图 2-14 所示。

```
a=1234.5
b=67.8
print(a+b)
print(a-b)
print(a*b)
print(a/b)
print(a**b)

1302.3
1166.7
83699.09999999999
18.207964601769913
4.009555149521609e+209
```

图 2-14　运行过程及结果

（三）布尔型

布尔型（bool）用于表示逻辑值：真或者假。bool 数据类型包含两个值，其对应的字面量为：True 和 False。布尔运算的操作数为 True 或 False，结果依旧为 True 或 False。布尔型表面看起来简单，却是计算机科学的基础之一。Python 中 bool 数据类型运算符如表 2-5 所示。

表2-5　Python 中 bool 数据类型运算符

类别	说明
bool 对象的值	真或者假
典型字面量	True or False
运算	逻辑与　逻辑或　逻辑非
运算符	and　　or　　not

bool 对象的运算符称为逻辑运算符，共 3 个，分别是：and、or 和 not，各种 bool 运算的真值表如表 2-6 所示。从表中可以看出，and 和 or 是二元运算符，带有两个操作数；not 是一元运算符，只有一个操作数。

表2-6　bool 运算的真值表

a	b	a and b	a or b	not a
False	False	False	False	True
False	True	False	True	True

a	b	a and b	a or b	not a
True	False	False	True	False
True	True	True	True	False

以表 2-6 中第三行的运算为例，示例代码如下：

```
a, b = False, True
print(a and b)
print(a or b)
print(not a)
```

运行过程及结果如图 2-15 所示。

```
a,b = False,True
print(a and b)
print(a or b)
print(not a)

False
True
True
```

图 2-15 运行过程及结果

（四）复数型

复数型与数学中的复数相对应，其值由实数部分和虚数部分组成，虚数部分的基本单位为 j。复数型的一般形式为 x+yj，其中的 x 是复数的实数部分，yj 是复数的虚数部分，这里的 x 和 y 都是实数。（当 y = 1 时，1 是不能省略的，因为 j 在 Python 程序中是一个变量，此时如果将 1 省略，程序会出现报错。）

复数型数值的实数部分和虚数部分都是浮点数。对于一个复数，可以用 ".real" 和 ".imag" 得到它的实数部分和虚数部分。虚数部分不能单独存在，Python 会为其自动添加一个值为 0.0 的实数部分以与其一起构成复数。虚数部分必须有 j 或 J。

二、字符串型数据

（一）字符串类型

字符串是一种有序的字符集合，用于表示文本数据。若干个字符的集合就是一个字符串（String）。Python 中的字符串必须由双引号、单引号、三个单引号或三个双引号包围。Python 字符串中的双引号和单引号没有任何区别，比如 "123789" '123abc' "Python 财经大数据技术应用基础" 均是合法的字符串。

字符串的内容可以包含字母、标点、特殊符号、中文等全世界的所有文字。Python 中字符串的数据类型运算符如表 2-7 所示。

表2-7　Python 中字符串的数据类型运算符

类别	说明
字符串对象的值	字符系列
典型字面量	'Hello，world''Python\''s'
运算	字符串拼接
运算符	＋＊

（二）字符串拼接

字符串拼接的一种方式，可以使用加号"＋"连接，使用加号连接各个变量或者元素必须是字符串类型。

示例代码如下：

```
str_name1 = '固定资产'
str_name2 = '与'
str_name3 = '无形资产'
str_name = str_name1 + str_name2 + str_name3
print(str_name)
```

运行过程及结果如图 2-16 所示。

```
str_name1= '固定资产'
str_name2= '与'
str_name3= '无形资产'
str_name= str_name1+ str_name2+ str_name3
print(str_name)

固定资产与无形资产
```

图 2-16　运行过程及结果

多个相邻的字符串（以空白符分隔），所用的引号可以彼此不同，其含义等同于全部拼接为一体。因此，'固定资产'"与"'无形资产'等同于"固定资产与无形资产"。

此特性可以减少反斜杠的使用，以方便将很长的字符串分成多行，甚至每部分字符串还可分别加注释。

示例代码如下：

```
print('固定资产'"与"'无形资产')
```

运行过程及结果如图 2-17 所示。

```
print('固定资产'"与"'无形资产')
固定资产与无形资产
```

图 2-17　运行过程及结果

也可以使用运算符"*"重复拼接同一个字符串，尤其是产生固定数量的空格，下面将含有"空格"二字的字符串重复 8 次，示例代码如下：

```
print("空　格"*8)
```

运行过程及结果如图 2-18 所示。

```
print("空　格"*8)
空　格空　格空　格空　格空　格空　格空　格空　格
```

图 2-18　运行过程及结果

（三）字符串格式化

print( ) 语句可以格式化输出。print( ) 函数通常使用以"%"开头的转换说明符，对各种类型的数据进行格式化输出。Python 转换说明符如表 2-8 所示。

表2-8　Python转换说明符

转换说明符	说明
%d、%i	转换为带符号的十进制整数
%o	转换为带符号的八进制整数
%x、%X	转换为带符号的十六进制整数
%e	转化为科学计数法表示的浮点数（e小写）
%E	转化为科学计数法表示的浮点数（E大写）
%f、%F	转化为十进制浮点数
%g	智能选择使用%f或%e格式

转换说明符	说明
%G	智能选择使用%F或%E格式
%c	格式化字符及其ASCII码
%r	使用repr()函数将表达式转换为字符串
%s	使用str()函数将表达式转换为字符串

示例代码如下：

```
cash = 20000
print("经营活动产生的现金流量是%d万元。" %  cash)
```

运行过程及结果如图2-19所示。

```
cash = 20000
print("经营活动产生的现金流量是%d万元。" %  cash)
经营活动产生的现金流量是20000万元。
```

图2-19　运行过程及结果

在print()函数中，由引号包围的是格式化字符串，它相当于一个字符串模板，可以放置一些转换说明符（占位符）。其中格式化字符串中包含一个说明符"%d"，它最终会被后面的cash变量的值所替代。中间的"%"是一个分隔符，它前面是格式化字符串，后面是要输出的表达式。

当然，格式化字符串中也可以包含多个转换说明符，这个时候也需要提供多个表达式，用以替换对应的转换说明符；多个表达式必须使用小括号()包围起来。

示例代码如下：

```
name = "信合资产有限责任公司"
cash = 20000
print("%s经营活动产生的现金流量是%d万元。" %(name, cash))
```

运行过程及结果如图2-20所示。

```
name = "信合资产有限责任公司"
cash = 20000
print("%s经营活动产生的现金流量是%d万元。" % (name, cash))
信合资产有限责任公司经营活动产生的现金流量是20000万元。
```

图2-20　运行过程及结果

（四）使用 format( ) 方法进行字符串格式化

除了上述方法可以用于格式化字符串，也可以使用 format( ) 方法，该方法灵活方便。该方法不仅支持使用位置进行字符串格式化，还支持使用关键参数进行字符串格式化。

（1）使用位置进行字符串格式化，示例代码如下：

```
print(" 公司今年社会保险支出为 {} 万元，公积金为 {} 万元。".format(56, 43))
```

运行过程及结果如图 2-21 所示。

```
print("公司今年社会保险支出为{}万元，公积金为{}万元。".format(56,43))
公司今年社会保险支出为56万元，公积金为43万元。
```

图 2-21　运行过程及结果

（2）使用关键参数进行字符串格式化，示例代码如下：

```
print(" 公司名称：{name}，法定代表人：{persion}，联系方式：{tel}".format(name =
" 信合集团 ", persion = " 张三 ", tel = 13966668888))
```

运行过程及结果如图 2-22 所示。

字符串型
数据

```
print("公司名称：{name}，法定代表人：{persion}，联系方式：{tel}"\
    .format(name="信合集团",persion="张三",tel=13966668888))
公司名称：信和集团，法定代表人：张三，联系方式：13966668888
```

图 2-22　运行过程及结果

三、比较运算符

Python 中的某些混合型运算符作用于一种数据类型，而结果却返回另外一种数据类型。常用的混合型运算符是比较运算符（ = = 、! = 、<、< = 、> 和 > = ），可作用于整数和浮点数，返回布尔结果值。比较运算符作用于 int 数据类型操作数的结果如表 2-9 所示。

表 2-9　比较运算符作用于 int 数据类型操作数的结果

运算符	含义	True	False
= =	等于	2 = = 2	2 = = 3

运算符	含义	True	False
! =	不等于	3! = 2	2! = 2
<	小于	2 < 22	2 < 2
<=	小于或等于	2 <= 5	4 <= 2
>	大于	22 > 2	2 > 22
>=	大于或等于	3 >= 2	2 >= 3

四、数据类型转换

Python 可以使用 type( ) 函数查看数据类型，数据类型之间可以进行转换。Python 提供了多种可实现数据类型转换的函数，常用数据类型转换函数如表 2-10 所示。

表 2-10　常用数据类型转换函数

函数	作用	示例
int(x)	将 x 转换为整数	int("123") 结果为整数 123
float(x)	将 x 转换为浮点数	float("1.2") 结果为 1.2
str(x)	将对象 x 转换为字符串	str(12) 结果为 '12'
chr(x)	将整数 x 转换为字符	chr(65) 结果为 A
ord(x)	将字符 x 转换为它对应的整数值	ord(A) 结果为 65
eval(str)	用来计算字符串中有效的 Python 表达式，并返回一个对象	eval("10 + 20 + 30") 结果为 60
hex(x)	将一个整数转化为一个十六进制字符串	hex(4286) 结果为 '0x10be'
oct(x)	将一个整数转换为一个八进制字符串	oct(4286) 结果为 '0o10276'
repr(x)	将对象 x 转化为表达式字符串	repr(3*8) 结果为 '24'

需要注意的是，在使用数据类型转换函数时，提供给它的数据必须是有意义的。例如，int( ) 函数无法将一个非数字字符串转换成整数。示例代码如下：

```
print(int("123"))# 转换成功
print(int("123 个 "))# 转换失败
```

运行过程及结果如图 2-23 所示。

```
print(int("123")) #转换成功

123

print(int("123个")) #转换失败

---------------------------------------------------------------------------
ValueError                                Traceback (most recent call last)
/tmp/ipykernel_54/2235031092.py in <module>
----> 1 print(int("123个")) #转换失败

ValueError: invalid literal for int() with base 10: '123个'
```

图 2-23   运行过程及结果

【任务实现】

一、设置变量并赋值

设置变量"销售商品和提供劳务收到的现金""收到的税费返还""收到其他与经营活动有关的现金"和"经营活动现金流入小计",并分别将数值"37825542.86""0""1561208.89"和表达式"销售商品和提供劳务收到的现金＋收到的税费返还＋收到其他与经营活动有关的现金"赋值给上述变量。代码如下:

```
销售商品和提供劳务收到的现金＝37825542.86
收到的税费返还＝0
收到其他与经营活动有关的现金＝1561208.89
经营活动现金流入小计＝销售商品和提供劳务收到的现金＋收到的税费返还＋收到其他与经营活动有关的现金
```

二、打印输出结果

打印输出结果,代码如下:

```
print(" " " 经营活动产生的现金流量金额:
销售商品和提供劳务收到的现金:{}
收到的税费返还:{}
```

收到其他与经营活动有关的现金：{}

经营活动现金流入小计：{}

" " ".format(销售商品和提供劳务收到的现金，收到的税费返还，收到其他与经营活动有关的现金，经营活动现金流入小计))

三、查看运行结果

输入上述代码，单击运行按钮，运行结果如图 2-24 所示。

```
经营活动产生的现金流量金额：
销售商品和提供劳务收到的现金：37825542.86
收到的税费返还：0
收到其他与经营活动有关的现金：1561208.89
经营活动现金流入小计：39386751.75
```

图 2-24　运行结果

【任务测试】

任务2.2测试

【拓展学习】

Python 数据类型转换

在 Python 代码编辑器中输入两个变量 a 和 b，并分别赋值 "15" 和 "29"，利用 Python 程序输入 2 个整数，再执行各种计算。示例代码如下：

```
# 输入两个整数，用不同的转换方法
a = 15
b = 29
# 将 a 转换为浮点数输出
print('float(%s) = '%a, float(a))
```

```
print(' 格式化为浮点数 : %e, %f'%(a, b))

from fractions import Fraction# 导入分数构造函数

print('Fraction(%s, %s) ='%(a, b), Fraction(a, b))# 创建分数输出

# 将 a 转换为二进制、八进制和十六进制

print(' 转换为二进制 : bin(%s) = '%a, bin(a))

print(' 转换为八进制 : oct(%s) = '%a, oct(a))

print(' 转换为十六进制 : hex(%s) = '%a, hex(a))

# 构造字符串

print('str(%s)*%s = '%(a, b), str(a)*b)
```

运行过程及结果如图 2-25 所示。

```
#输入两个整数，用不同的转换方法
a=15
b=29
#将a转换为浮点数输出
print('float(%s)=' % a,float(a))
print('格式化为浮点数: %e, %f' % (a,b))
from fractions import Fraction #导入分数构造函数
print('Fraction(%s,%s)=' % (a,b),Fraction(a,b))#创建分数输出
#将a转换为二进制、八进制和十六进制
print('转换为二进制: bin(%s)=' % a,bin(a))
print('转换为八进制: oct(%s)=' % a,oct(a))
print('转换为十六进制: hex(%s)=' % a,hex(a))
#构造字符串
print('str(%s)*%s='%(a,b),str(a)*b)

float(15)= 15.0
格式化为浮点数: 1.500000e+01, 29.000000
Fraction(15,29)= 15/29
转换为二进制: bin(15)= 0b1111
转换为八进制: oct(15)= 0o17
转换为十六进制: hex(15)= 0xf
str(15)*29= 15151515151515151515151515151515151515151515151515151515151515
```

图 2-25　运行过程及结果

任务三　Python 程序控制结构
——计算房贷

【任务描述】

信合资产有限责任公司员工小王由于手中资金不足，只能以分期付款的方式购

买房屋，准备向银行申请房贷200万元，年化利率为0.0519，还款总期数为360期，采用等额本息方式进行还款，向财务部员工小李咨询每月月供、每月应还利息及每月应还本金分别为多少元。

小李学习了 Python 程序控制结构知识以后，对程序结构的设计非常感兴趣，并且认为可以把这部分内容运用于房贷计算，用于帮助解决小王咨询的问题。

任务布置：

请通过 Python 代码编辑器编辑相关代码，计算小王每月月供总额、每月应还利息以及每月应还本金分别为多少元。

说明：与房贷计算的相关公式如下：

（1）月供总额 =（贷款总额 * 月利率 *pow（（1 + 月利率），还款总期数））/（pow（（1 + 月利率），还款总期数）−1）

（2）总利息 = 月供总额 * 还款总期数 − 贷款总额

（3）每月应还利息 = 贷款总额 * 月利率 *（pow（（1 + 月利率），还款总期数）− pow（（1 + 月利率），i−1））/（pow（（1 + 月利率），还款总期数）−1）

（4）每月应还本金 = 贷款总额 * 月利率 *pow（（1 + 月利率），i−1）/（pow（（1 + 月利率），还款总期数）−1）

【相关知识】

程序由三种基本结构组成：顺序结构、分支结构和循环结构。

一、顺序结构

顺序结构是程序按照线性顺序依次执行的一种运行方式，顺序结构的流程图如图 2-26 所示。

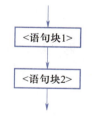

图 2-26　顺序结构的流程图

二、分支结构

分支结构是程序根据条件判断结果而选择不同向前执行路径的一种运行方式。

其中，向前执行表示向代码前进方向直行。

根据程序中分支路径上的完备性，保证程序判断条件充分的情况下，常见的分支结构主要包括单分支结构、二分支结构和多分支结构。

（一）单分支结构：if

单分支结构是比较简单的一种分支结构，通常使用 if 语句对条件进行判断，执行过程如图 2-27 所示。

从图 2-27 可以看出，程序运行开始后，首先需要对 < 条件 > 进行判断，如果判断结果为满足条件，则执行下面的 < 语句块 >，否则跳过下面的 < 语句块 >，结束运行。

单分支结构 if 语句可以理解为"如果……，那么……"，比如"如果张三的得票比李四多，那么选择张三作为班长"，在这种情况下，就可以使用单分支结构的 if 语句进行描述。if 语句的语法格式如下：

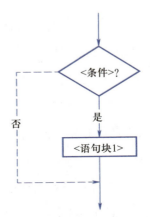

图 2-27　单分支 if 判断语句的执行过程

```
if < 条件 >:
    < 条件成立，执行的语句块 >   # 即满足条件时要执行的代码语句
```

其中 if、":" 和 < 条件成立，执行的语句块 > 前的缩进部分都是语法的一部分。< 条件成立，执行的语句块 > 是 if 条件满足后执行的一个或多个语句序列。示例代码如下：

```
# 判断输入的数字是否能够被 4 整除
num = 8
if(num%4) == 0:
    print(" 这个数能够被 4 整除 ")
    print(" 输入的数字是：{}".format(num))
```

运行过程及结果如图 2-28 所示。

```
#判断输入的数字是否能够被4整除
num = 8
if(num%4) ==0:
    print("这个数能够被4整除")
    print("输入的数字是:{}".format(num))

这个数能够被4整除
输入的数字是:8
```

图 2-28　运行过程及结果

（二）二分支结构：if-else

二分支结构是一种非1即2的判断语句的结构，简而言之，就是"如果满足条件，就执行<语句块1>；如果不满足，就执行<语句块2>"，通常使用if-else语句来进行描述，如图2-29所示。

从图2-29可以看出，程序运行开始后，首先需要对<条件>进行判断，根据不同的判断条件会选择不同的分支执行对应的<语句块>。语法格式如下：

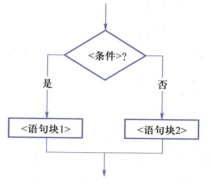

图 2-29　二分支 if-else 判断语句的执行过程

```
if < 条件 >:
    < 条件成立，执行的语句块 1>
else:
    < 条件不成立，执行的语句块 2>
```

示例代码如下：

```
username = "admin"
password = "12345"
if username == "admin"and password == "12345":
    print(" 身份认证成功 ")
else:
    print(" 身份认证失败 ")
```

运行过程及结果如图 2-30 所示。

```
username="admin"
password="12345"
if username == "admin" and password=="12345" :
    print ("身份认证成功")
else:
    print ("身份认证失败")
身份认证成功
```

图 2-30　运行过程及结果

当 "admin" 或 "12345" 中有一个不准确时，会出现 " 身份认证失败 "。运行过程及结果如图 2-31 所示。

```
username="admin"
password="12345"
if username == "admin" and password=="1245" :
    print ("身份认证成功")
else:
    print ("身份认证失败")
身份认证失败
```

图 2-31　运行过程及结果

（三）多分支结构：if-elif-else

在 Python 语言中，通常使用 if-elif-else 判断语句来描述多分支结构，该种结构实际上是 if-else 结构的另一种形式，也被称为阶梯式结构。如果 if 的条件不满足，就按顺序看是否满足 elif 的条件；如果不满足 elif 的条件，就执行 else 下的代码。如果判断条件超过 3 个，中间的多个条件都可以使用 elif，执行过程如图 2-32 所示。

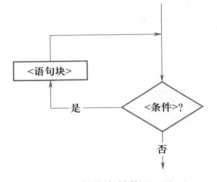

图 2-32　多分支结构 if-elif-else 判断语句的执行过程

从图 2-32 可以看出，多分支结构从上到下依次对条件进行判断，当条件满足时就执行该条件后面的语句，并跳过其他的条件判断；若没有任何条件成立，else 下面的语句块将被执行。语法格式如下：

```
if < 条件 1>:
    < 条件 1 成立，执行语句块 1>
elif < 条件 2>:
    < 条件 2 成立，执行语句块 2>
elif< 条件 3>:
```

```
        <条件 3 成立，执行语句块 3>
else：
        <以上条件均不成立，执行的语句块 >
```

示例代码如下：

```
x = 85
if x<60:
    print(' 不及格 ')
elif x<70:
    print(' 及格 ')
elif x<90:
    print(' 中等 ')
else:
    print(' 优秀 ')
```

运行过程及结果如图 2-33 所示。

顺序结构与
分支结构

```
x=85
if x<60:
    print('不及格')
elif x<70:
        print('及格')
elif x<90:
    print('中等')
else:
    print('优秀')
中等
```

图 2-33　运行过程及结果

三、循环结构

现实生活中，循环现象比比皆是，比如每年 12 个月份循环往复，太阳东升西落等。在 Python 语言中，常见的循环结构主要分为遍历循环和条件循环。

（一）遍历循环：for 循环

遍历循环可以理解为从遍历结构中，逐一提取元素，放到循环变量中，对于每个所提取的元素执行一次语句块。for 语句的循环执行次数是根据遍历结果中的元素个数确定的。同时 for 语句还可以实现遍历功能，遍历结构可以是字符串、文件、range( ) 函数、组合数据类型等。遍历循环的控制流程图如图 2-34 所示。

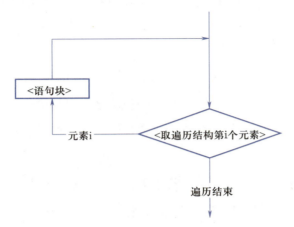

图 2-34　遍历循环的控制流程图

遍历循环使用 for 语句一次遍历结构各个元素进行处理，基本语法格式如下：

```
for < 循环变量 > in < 遍历结构 >:　#in 表示从列表中依次取值
    < 语句块 ># 条件满足时要执行的语句块
```

遍历循环还有一种扩展模式，使用语法格式如下：

```
for < 循环变量 > in < 遍历结构 >:
    < 语句块 1>
else:
    < 语句块 2>
```

示例代码如下：

```
for s in ' 财务会计报告 ':
    print(s, end = " ")
```

> 注: python 中 "end = " 是 "print( )" 函数中的一个参数，会使该函数关闭 "在输出中自动包含换行" 的默认行为。print 默认是打印一行，结尾加换行，end 传递一个空字符串，表示这个语句没结束。

运行过程及结果如图 2-35 所示。

```
for s in '财务会计报告':
    print(s,end=" ")
财 务 会 计 报 告
```

图 2-35　运行过程及结果

（二）条件循环：while 循环

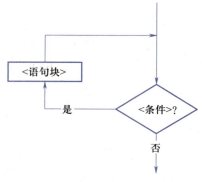

图 2-36　条件循环的控制流程图

条件循环的语法格式，与单分支结构中的 if 语句相似，均需要检查是否满足条件。当满足某个条件时，条件循环会一直执行下去。简单来说，就是只要条件成立，就一直执行下去，直到不满足条件时才结束循环。条件循环的控制流程图如图 2-36 所示。

条件循环结构通常使用 while 语句根据判断条件执行相应程序。基本语法格式如下：

while < 条件 >：

　　< 语句块 >　　# 条件满足时要执行的语句块

当 < 条件 > 判断为 True 时，循环体重复执行语句块中语句；当 < 条件 > 判断为 False 时，循环终止，执行与 while 同级别缩进的后续语句。条件循环可采用标准的四步循环法构造，如图 2-37 所示。

图 2-37　四步循环法构造条件循环

示例代码如下：

```
# 输出 100 以内的素数
x = 1    # 初始化变量
while x<100:
    n = 2
```

```
    while n<x-1:
        if x%n==0: break    # 若余数为 0，说明 x 不是素数，结束当前循环
        n+=1    # 等价于 n=n+1，意味着 n 被重新赋值
    else:
        print(x, end=' ')    # 正常结束循环，说明 x 没有被［2，x-1］范围内的数
整除，是素数，输出
    x+=1    # 等价于 x=x+1，意味着 x 被重新赋值
else:
    print('over')
```

运行过程及结果如图 2-38 所示。

```
#输出100以内的素数
x=1  #初始化变量
while x<100:
    n=2
    while n<x-1:
        if x%n==0:break#若余数为0，说明x不是素数，结束当前循环
        n+=1  #等价于n=n+1，意味着n被重新赋值
    else:
        print(x,end=' ')#正常结束循环，说明x没有被[2,x-1]范围内的数整除，是素数，输出
    x+=1 #等价于x=x+1，意味着x被重新赋值
else:
    print('over')
1 2 3 5 7 11 13 17 19 23 29 31 37 41 43 47 53 59 61 67 71 73 79 83 89 97 over
```

图 2-38　运行过程及结果

（三）循环保留字：break 和 continue

在 Python 语言中，可以通过 break 和 continue 保留字来实现辅助循环控制，其中 break 用来跳出最内层 for 或 while 循环，脱离该循环后程序继续执行循环后续代码。continue 用来结束当前当次循环，即跳出循环体中下面尚未执行的语句，但不跳出当前循环。

两个语句的区别是：continue 语句只结束本次循环，不终止整个循环的执行，而 break 具备结束整个当前循环的能力。

示例代码如下：

```
''' 找出 100~999 范围内的前 10 个回文数字（" 回文数 " 是一种数字。如：98789，
这个数字正读是 98789，倒读也是 98789，正读倒读一样，所以这个数字就是回文
数。）'''
a=[]
```

```
n = 0
x = 100
while x<999:
    s = str(x)            # 将 x 转化为字符串类型
    if s[0]! = s[−1]:     # 判断 s 中的第一个元素是否不等于最后一个元素
        x = x + 1
        continue          # 若 x 不是回文数字，回到循环开头，x 取下一个值开始循环
    a.append(x)           #x 是回文数字，将其加入列表
    n + = 1               # 累计获得的回文数字个数
    x = x + 1
    if n = = 10:break     # 找出 10 个回文数字时，跳出 while 循环
print(a)                  #break 跳出时，跳转到该处执行
```

运行过程及结果如图 2-39 所示。

```
'''找出100～999范围内的前10个回文数字（回文数"是一种数字。如：98789，这个数字正读是98789，
倒读也是98789，正读倒读一样，所以这个数字就是回文数。）'''
a=[]
n=0
x=100
while x<999:
    s=str(x)  #将x转化为字符串类型
    if s[0]!=s[-1]:    #判断s中的第一个元素是否不等于最后一个元素
        x=x+1
        continue  #若x不是回文数字，回到循环开头，x取下一个值开始循环
    a.append(x)  #x是回文数字，将其加入列表
    n+=1  #累计获得的回文数字个数
    x=x+1
    if n==10:break  #找出10个回文数字时，跳出while循环
print(a)  #break跳出时，跳转到该处执行

[101, 111, 121, 131, 141, 151, 161, 171, 181, 191]
```

图 2-39 运行过程及结果

【任务实现】

一、设置变量并赋值

设置变量"月利率""还款总期数""贷款总额""月供总额"和"总利息"，并分别赋值"0.0519/12""360""2000000""（贷款总额 * 月利率 *pow（（1＋月利率），

还款总期数）)/（pow（（1＋月利率），还款总期数）－1）"和"月供总额＊还款总期数－贷款总额"。

代码如下：

```
月利率＝0.0519/12　　＃月利率＝年利率/12
还款总期数＝360
贷款总额＝2000000
月供总额＝（贷款总额＊月利率＊pow（（1＋月利率），还款总期数））/（pow（（1＋月利率），还款总期数）－1）
总利息＝月供总额＊还款总期数－贷款总额
```

二、设置遍历循环

由于需要计算360期中每一期的月供总额、每月应还利息、每月应还本金等，因此可以使用for语句来遍历序列中的每个数值，由于有360期，因此可以结合使用range()函数。

> **注**：range()函数可以生成一个整数列表。常用的语法为range(start，stop，step)，其中计数从start开始，默认是从0开始；计数到stop结束，但不包括stop；step表示步长，即每次递增或递减的值，默认为1。

代码如下：

```
for i in range（1，还款总期数＋1）：
    每月应还利息＝贷款总额＊月利率＊（pow（（1＋月利率），还款总期数）－pow（（1＋月利率），i-1）)/（pow（（1＋月利率），还款总期数）－1）
    每月应还本金＝贷款总额＊月利率＊pow（（1＋月利率），i-1）/（pow（（1＋月利率），还款总期数）－1）
```

三、打印输出结果

打印输出月供总额，每月应还利息和每月应还本金，代码如下：

```
print（" " " 第 {} 个月房贷里还的月供总额是 {}，其中每月应还利息是 {}，每月应还本金是 {}" " ".format（i，round（月供总额，2），round（每月应还利息，2），round（每月应还本金，2）））
```

四、查看运行结果

输入上述代码，单击运行按钮，运行结果如图 2-40 所示。

```
第1个月房贷里还的月供总额是10969.87，其中每月应还利息是8650.0，每月应还本金是2319.87
第2个月房贷里还的月供总额是10969.87，其中每月应还利息是8639.97，每月应还本金是2329.9
第3个月房贷里还的月供总额是10969.87，其中每月应还利息是8629.89，每月应还本金是2339.98
第4个月房贷里还的月供总额是10969.87，其中每月应还利息是8619.77，每月应还本金是2350.1
第5个月房贷里还的月供总额是10969.87，其中每月应还利息是8609.61，每月应还本金是2360.26
第6个月房贷里还的月供总额是10969.87，其中每月应还利息是8599.4，每月应还本金是2370.47
第7个月房贷里还的月供总额是10969.87，其中每月应还利息是8589.14，每月应还本金是2380.72
第8个月房贷里还的月供总额是10969.87，其中每月应还利息是8578.85，每月应还本金是2391.02
第9个月房贷里还的月供总额是10969.87，其中每月应还利息是8568.51，每月应还本金是2401.36
第10个月房贷里还的月供总额是10969.87，其中每    月应还利息是8558.12，每月应还本金是2411.74
```

图 2-40　运行结果

【任务测试】

任务 2.3 测试

【拓展学习】

输出数字金字塔

利用遍历循环和数字 1~9 输出数字金字塔。

示例代码如下：

```
## 输出数字金字塔
```

```
for x in range(1, 10):
    print(' '*(15−x), end = ' ')          # 输出每行前的空格，以便对齐
    n = x
    while n> = 1:                          # 输出每行前半部分数据
        print(n，end = ' ')
        n− = 1
    n + = 2
    while n< = x:                          # 输出每行的剩余数据
        print(n, end = ' ')
        n + = 1
    print( )                               # 换行
```

运行结果如图 2-41 所示。

```
                1
               212
              32123
             4321234
            543212345
           65432123456
          7654321234567
         876543212345678
        98765432123456789
```

图 2-41　运行结果

任务四　Python 组合数据类型
——计提固定资产折旧

【任务描述】

在学习了 Python 组合数据类型知识以后，信合资产有限责任公司财务部员工小李认为这部分内容可以用于对公司的固定资产折旧金额的计算。

2022 年 12 月 31 日，公司为方便行政管理人员办公，购买了一台价值 100 000 元

的打印机，该打印机预计净残值率为10%，预计可以使用5年，公司决定对该打印机采用直线法计提折旧。

任务布置：

请通过 Python 代码编辑器编辑相关代码，计算该打印机的每年应计提折旧额并编制相关会计分录；计算该打印机的资产总值、残值、累计应提折旧额和累计实提折旧额。

说明：固定资产折旧计算公式如下：

当期应计提折旧＝固定资产原值＊（1－残值率）/ 折旧期数

当期累计折旧＝上月累计折旧＋当月应计提折旧

【相关知识】

计算机不仅对单个变量表示的数据进行处理，通常的情况下，还需要对一组数据进行批量处理。这种能够表示多个数据的类型称为组合数据类型。Python 语言中最常用的组合数据类型有三类，分别是序列类型、映射类型和集合类型。

（1）序列类型是一个元素向量，元素之间存在先后关系，通过序号访问，元素之间不排他。序列类型的典型代表是字符串类型和列表类型。

（2）映射类型是"键－值"数据项的组合，每个元素是一个键值对，表示为（key，value）。

（3）集合类型是一个元素集合，元素之间无序，相同元素在集合中唯一存在。

序列类型和映射类型是一类数据类型的总称，而集合类型是一个具体的数据类型名称。

一、序列类型

序列类型是一维元素向量，元素之间存在先后关系，通过索引序号访问元素，序列类型包括：字符串、列表和元组。本任务重点讲解列表和元组。

序列的基本思想和表示方法均来源于数学概念，例如：n 个数的序列 S，可以表示为：$S = s_0, s_1, s_2, \cdots, s_{n-1}$，当访问序列中某个特定元素，只需要通过访问下标即可，

如访问 s_2 元素只需要访问序号 2。需要注意的是下标编号从 0 开始。另外，由于元素之间存在顺序性，数值相同的两个数可以出现在不同位置。

序列类型中各具体类型使用相同的索引体系，即正向递增序号和反向递减序号，如图 2-42 所示。

图 2-42　序列类型索引体系

序列类型总共有 12 个通用的操作符和函数，如表 2-11 所示。

表 2-11　序列类型的操作符和函数

操作符和函数	描述
x in s	如果 x 是 s 的元素，返回 True；否则返回 False
x not in s	如果 x 不是 s 的元素，返回 True；否则返回 False
s+t	连接 s 和 t
s*n 或 n*s	将序列 s 复制 n 次
s[i]	索引，返回序列的第 i 个元素
s[i:j]	切片，返回包含序列 s 第 i 个到 j 个元素的子序列（不包含第 j 个元素）
s[i:j:k]	步骤切片，返回包含序列 s 第 i 个到 j 个元素以 k 为步骤的子序列
len(s)	序列 s 的元素个数（长度）
min(s)	序列 s 中最小元素
max(s)	序列 s 中最大元素
s.index(x)	序列 s 中第一次出现元素 x 的位置
s.count(x)	序列 s 中出现 x 的总次数

（一）列表

1. 列表的含义

列表（list）是包含 0 个或多个对象引用的有序序列，与字符串、元组不同，列表的长度和内容都是可变的，可自由对列表中的数据项进行增加、删除、替换和查找等操作。

列表类型用中括号 [ ] 表示，所有元素都放在一对中括号 [ ] 里面，相邻元素之间用英文逗号 "," 分隔，示例代码如下：

［element1, element2, element3, ..., elementn］

上述格式中，element1~elementn 表示列表中的元素，列表没有长度限制，元素类型可以不同，类型必须是 Python 支持的类型，如：数值类型、字符串、列表、元组等。

示例代码如下：

```
# 列表中的元素为字符串
socialInsurance = [" 基本养老 ", " 医疗 ", " 工伤 ", " 失业 ", " 生育社保 "]
print(socialInsurance)
# 列表中的元素包含元组和字符串
socialInsurance = [(" 基本养老 ", " 医疗 "), " 工伤 ", " 失业 ", " 生育社保 "]
print(socialInsurance)
# 列表中的元素包含字典和字符串
socialInsurance = [{" 基本养老 ": 132}, " 医疗 ", " 工伤 ", " 失业 ", " 生育社保 "]
print(socialInsurance)
```

运行过程及结果如图 2-43 所示。

图 2-43　运行过程及结果

在使用列表时，建议同一个列表变量中使用同一种类型的数据，这样可以提高程序的可读性和维护性。

由于列表属于序列类型，所以列表支持表 2-11 中序列类型的所有操作符和函数。此外列表之间支持比较操作符（<、<=、==、!=、>=、>）进行比较，比较的原理是单个元素之间逐个比较。示例代码如下：

```
socialInsurance = [{" 基本养老 ": 132}, " 医疗 ", " 工伤 ", " 失业 ", " 生育社保 "]
print(socialInsurance)
```

```
print(" 商业保险 "in socialInsurance)    # 商业保险是列表中的元组

print(" 商业保险 "not in socialInsurance)    # 商业保险不是列表中的元素

welfare = [" 公积金 ", " 补充医疗 "]

socialInsurance = socialInsurance + welfare    # 连接 socialInsurance 和 welfare 形成一个
新的列表 socialInsurance

print(socialInsurance)

print(welfare*2)    # 将列表 welfare 复制 2 次

print(len(socialInsurance))    # 列表中元素的个数

print(socialInsurance.index(" 工伤 "))    # 列表中第一次出现元素"工伤"的位置

print(socialInsurance.count(" 工伤 "))    # 列表中元素"工伤"出现的次数

print(socialInsurance == welfare)    # 判断 socialInsurance 与 welfare 是否相等
```

运行过程及结果如图 2-44 所示。

```
socialInsurance=[{"基本养老":132},"医疗","工伤","失业","生育社保"]
print(socialInsurance)
print("商业保险" in socialInsurance)#商业保险是列表中的元组
print("商业保险" not in socialInsurance)#商业保险不是列表中的元素
welfare=["公积金","补充医疗"]
socialInsurance=socialInsurance+welfare#连接socialInsurance和welfare形成一个新的列表socialInsurance
print(socialInsurance)
print(welfare*2)#将列表welfare复制2次
print(len(socialInsurance))#列表中元素的个数
print(socialInsurance.index("工伤"))#列表中第一次出现元素"工伤"的位置
print(socialInsurance.count("工伤"))#列表中元素"工伤"出现的次数
print(socialInsurance == welfare)#判断socialInsurance与welfare是否相等

[{'基本养老': 132}, '医疗', '工伤', '失业', '生育社保']
False
True
[{'基本养老': 132}, '医疗', '工伤', '失业', '生育社保', '公积金', '补充医疗']
['公积金', '补充医疗', '公积金', '补充医疗']
7
2
1
False
```

图 2-44   运行过程及结果

使用中括号作为索引操作符，用于获得列表的具体元素。该操作沿用序列类型的索引方式，即正向递增序号或反向递减序号，索引序号不能超过列表的元素范围，否则会产生 IndexError 错误。示例代码如下：

```
socialInsurance = [{ 基本养老 ': 132}, ' 医疗 ', ' 工伤 ', ' 失业 ', ' 生育社保 ', ' 公积金 ',
' 补充医疗 ']
# 打印列表中的第 2 个元素
```

```
print(socialInsurance[1])
# 打印列表中元素的个数
print(len(socialInsurance))
# 打印列表中第 7 个元素
print(socialInsurance[6])
# 打印列表中倒数第 7 个元素，由于列表总共 7 个元素，也即打印第 1 个元素
print(socialInsurance[-7])
# 打印列表中倒数第 8 个元素
print(socialInsurance[-8])
```

运行过程及结果如图 2-45 所示。

```
socialInsurance=[{'基本养老': 132}, '医疗', '工伤', '失业', '生育社保', '公积金', '补充医疗']
#打印列表中的第2个元素
print(socialInsurance[1])
#打印列表中元素的个数
print(len(socialInsurance))
#打印列表中第7个元素
print(socialInsurance[6])
#打印列表中倒数第7个元素，由于列表总共7个元素，也即打印第1个元素
print(socialInsurance[-7])
#打印列表中倒数第8个元素
print(socialInsurance[-8])

医疗
7
补充医疗
{'基本养老': 132}
---------------------------------------------------------------
IndexError                            Traceback (most recent call last)
/tmp/ipykernel_109/2673596861.py in <module>
      9 print(socialInsurance[-7])
     10 #打印列表中倒数第8个元素
---> 11 print(socialInsurance[-8])

IndexError: list index out of range
```

图 2-45　运行过程及结果

使用切片获取列表类型从 N~M（不包含 M）的元素组成新的列表，其中，N
和 M 为列表类型的索引序号，可以混合使用正向递增序号和反向递减序号，一般要
求 N 小于 M，当 K 存在的时候，切片获取列表类型从 N~M（不包含 M），以 K 为
步长所对应元素组成的列表。示例代码如下：

```
socialInsurance = [{' 基本养老 ': 132}, ' 医疗 ', ' 工伤 ', ' 失业 ', ' 生育社保 ', ' 公积金 ',
' 补充医疗 ']
# 打印列表中第 2 个元素
```

```
print(socialInsurance[1])
# 打印列表中元素的个数
print(len(socialInsurance))
# 打印列表中第 2～第 6 个元素
print(socialInsurance[1: 6])
# 打印列表中索引区间为 [-6: 1] 的元素，由于 -6 和 1 所对应的元素为同一个元
素，因此打印无值
print(socialInsurance[-6: 1])
# 打印列表中倒数第 6～倒数第 1 个元素
print(socialInsurance[-6: -1])
# 以步长为 2, 打印列表中索引区间为 [1: 7] 的元素
print(socialInsurance[1: 7: 2])
```

运行过程及结果如图 2-46 所示。

```
socialInsurance=[{'基本养老': 132}, '医疗', '工伤', '失业', '生育社保', '公积金', '补充医疗']
#打印列表中第2个元素
print(socialInsurance[1])
#打印列表中元素的个数
print(len(socialInsurance))
#打印列表中第2~第6个元素
print(socialInsurance[1:6])
#打印列表中索引区间为[-6:1]的元素，由于-6和1所对应的元素为同一个元素，因此打印无值
print(socialInsurance[-6:1])
#打印列表中倒数第6~倒数第1个元素
print(socialInsurance[-6:-1])
#以步长为2, 打印列表中索引区间为[1:7]的元素
print(socialInsurance[1:7:2])

医疗
7
['医疗', '工伤', '失业', '生育社保', '公积金']
[]
['医疗', '工伤', '失业', '生育社保', '公积金']
['医疗', '失业', '公积金']
```

图 2-46　运行过程及结果

列表的数据类型是 list，通过 type( ) 函数和 isinstance( ) 函数可以判断，示例代码如下：

```
socialInsurance = [{" 基本养老 ": 132}, " 医疗 ", " 工伤 ", " 失业 ", " 生育社保 "]
print(socialInsurance)
# 通过 type( ) 函数查看对象类型
print(type(socialInsurance))
# 通过 isinstance( ) 函数判断对象类型是否为列表
```

```
print(isinstance(socialInsurance, list))
```

运行过程及结果如图 2-47 所示。

```
socialInsurance=[{"基本养老":132},"医疗","工伤","失业","生育社保"]
print(socialInsurance)
#通过type（）函数查看对象类型
print(type(socialInsurance))
#通过isinstance（）函数判断对象类型是否为列表
print(isinstance(socialInsurance,list))

[{'基本养老': 132}, '医疗', '工伤', '失业', '生育社保']
<class 'list'>
True
```

图 2-47　运行过程及结果

2. 列表操作符和函数

列表继承序列类型特点，因此有一些通用的操作符和函数，如表 2-12 所示。

表 2-12　列表和序列通用的操作符和函数

操作符和函数	描述
len(ls)	列表 ls 的元素的个数（长度）
min(ls)	列表 ls 中的最小元素
max(ls)	列表 ls 中的最大元素
list(x)	将 x 转换成列表类型

函数 min( ) 和 max( ) 分别会返回列表的最小元素和最大元素，使用这两个函数的前提是列表中的元素类型可以进行比较，否则使用这两个函数会出现报错情况。示例代码如下：

```
socialInsurance = [' 医疗 ', ' 工伤 ', ' 失业 ', ' 生育社保 ', ' 公积金 ', ' 补充医疗 ']
print(socialInsurance)
# 打印列表中的最大元素
print(max(socialInsurance))
# 打印列表中的最小元素
print(min(socialInsurance))
# 使用 append 函数在列表中添加元素 "655355"
socialInsurance.append(655355)
print(socialInsurance)
```

打印新列表中最大元素

print(max(socialInsurance))

运行过程及结果如图 2-48 所示。

```
socialInsurance=[ '医疗', '工伤', '失业', '生育社保', '公积金', '补充医疗']
print(socialInsurance)
#打印列表中的最大元素
print(max(socialInsurance))
#打印列表中的最小元素
print(min(socialInsurance))
#使用append函数在列表中添加元素"655355"
socialInsurance.append(655355)
print(socialInsurance)
#打印新列表中最大元素
print(max(socialInsurance))

['医疗', '工伤', '失业', '生育社保', '公积金', '补充医疗']
补充医疗
公积金
['医疗', '工伤', '失业', '生育社保', '公积金', '补充医疗', 655355]
------------------------------------------------------------------------
TypeError                                Traceback (most recent call last)
/tmp/ipykernel_86/2066568177.py in <module>
      9 print(socialInsurance)
     10 #打印新列表中最大元素
---> 11 print(max(socialInsurance))

TypeError: '>' not supported between instances of 'int' and 'str'
```

图 2-48　运行过程及结果

list(x) 将变量 x 转变成列表类型，其中 x 可以是字符串、元组、集合类型。示例代码如下：

将字符串转变成列表

print(list(" 财经大数据技术应用基础 "))

将元组转变成列表

print(list((" 财经 "," 大数据技术 "," 应用基础 ")))

将集合转变成列表

print(list({" 财经 "," 大数据技术 "," 应用基础 "}))

运行过程及结果如图 2-49 所示。

```
#将字符串转变成列表
print(list("财经大数据技术应用基础"))
#将元组转变成列表
print(list(("财经","大数据技术","应用基础")))
#将集合转变成列表
print(list({"财经","大数据技术","应用基础"}))

['财', '经', '大', '数', '据', '技', '术', '应', '用', '基', '础']
['财经', '大数据技术', '应用基础']
['财经', '大数据技术', '应用基础']
```

图 2-49　运行过程及结果

由于列表是可变的，表 2-13 给出了 14 个列表类型特有的常用操作符和函数。

表 2-13　列表类型特有的常用操作符和函数

操作符和函数	描述
ls[i] = x	替换列表 ls 第 i 项数据为 x
ls[i:j] = lt	用列表 lt 替换列表 ls 中第 i 到第 j 项数据（不含第 j 项）
ls[i:j:k] = lt	用列表 lt 替换列表 ls 中第 i 到第 j 项以 k 为步长的数据（不含第 j 项）
del ls[i:j]	删除列表 ls 第 i 到第 j 项数据（不含第 j 项）
del ls[i:j:k]	删除列表 ls 第 i 到第 j 项以 k 为步长的数据（不含第 j 项）
ls += lt 或 ls.extend(lt)	将列表 lt 元素增加到列表 ls 中
ls* = n	更新列表 ls，其中其元素重复 n 次
ls.append(x)	在列表 ls 最后增加一个元素 x
ls.clear( )	清除 ls 列表中的所有元素
ls.copy( )	生成一个新列表，复制 ls 中的所有元素
ls.insert(i, x)	在列表 ls 的第 i 位置增加元素 x
ls.pop(i)	将列表 ls 中的第 i 项元素取出并删除该元素
ls.remove(x)	将列表中出现的第一个元素 x 删除
ls.reverse( )	列表 ls 中的元素反转

上述操作符和函数主要是对列表的元素的增、删、改等操作。示例代码如下：

```
countries = ['CHN', 'AFG', 'BRN', 'BAN', 'BHU']

countries.append("USA")    # 使用 append( ) 方法，在列表最后添加一个元素

print(countries)

country = ["AU", "BT", "AF"]

countries += country    # 使用操作符 + 号，将两个列表合并

print(countries)

countries.insert(1, "AT")    # 使用 insert 方法，在列表的序号 1 处添加 "AT"

print(countries)

country.clear( )    # 使用 clear( ) 方法，清空列表
```

```
print(country)
print(countries.pop(1))    # 使用 pop 方法，返回列表序号为 i 的元素，并将该元素从
列表中删除
print(countries)
countries.remove("AF")    # 使用 remove 方法，删除列表中第一次出现的元素
print(countries)
del countries[1]    # 使用 del 保留字对列表元素或片段进行删除
print(countries)
del countries[1: 5: 2]
print(countries)
countries.reverse( )    # 使用 reverse 方法，对列表中元素进行逆序反转
print(countries)
coun = countries.copy( )    # 复制列表所有元素生成一个新的列表
print(coun)
```

运行结果如图 2-50 所示。

```
['CHN', 'AFG', 'BRN', 'BAN', 'BHU', 'USA']
['CHN', 'AFG', 'BRN', 'BAN', 'BHU', 'USA', 'AU', 'BT', 'AF']
['CHN', 'AT', 'AFG', 'BRN', 'BAN', 'BHU', 'USA', 'AU', 'BT', 'AF']
[]
AT
['CHN', 'AFG', 'BRN', 'BAN', 'BHU', 'USA', 'AU', 'BT', 'AF']
['CHN', 'AFG', 'BRN', 'BAN', 'BHU', 'USA', 'AU', 'BT']
['CHN', 'BRN', 'BAN', 'BHU', 'USA', 'AU', 'BT']
['CHN', 'BAN', 'USA', 'AU', 'BT']
['BT', 'AU', 'USA', 'BAN', 'CHN']
['BT', 'AU', 'USA', 'BAN', 'CHN']
```

图 2-50   运行结果

实际开发中并不经常使用 del 来删除列表，因为 Python 自带的垃圾回收机制会自动销毁无用的列表，即使开发者不手动删除，Python 也会自动将其回收。

列表与整数和字符串不同，列表处理一组数据，因此，列表必须通过显示的数据赋值才能生成，简单将一个列表赋值给另一个列表不会生成新的列表对象。示例代码如下：

```
lst = ["red", "blue", "black"]
lt = lst    #lt 是 lst 所对应数据引用，lt 并不包含真实数据
```

```
lst[0] = 0
print(lt)
```

运行过程及结果如图 2-51 所示。

```
lst=["red","blue","black"]
lt=lst#lt是lst所对应数据引用，lt并不包含真实数据
lst[0]=0
print(lt)

[0, 'blue', 'black']
```

图 2-51　运行过程及结果

lst 由实际数据赋值产生，为列表对象。将 lst 赋值给 lt 仅能产生对列表 lst 的一个新的引用。

（二）元组

1. 元组的含义

元组（tuple）是序列类型中比较特殊的类型，因为它一旦创建就不能被修改，这个特性可以对数据进行写保护，使数据更安全。Python 中元组采用逗号和小括号（可选）进行组织。示例代码如下：

```
AssetType = (" 固定资产 ", " 无形资产 ")
print(AssetType)
print(type(AssetType))
asset = " 固定资产 ", " 无形资产 "
print(asset)
print(type(asset))
```

运行过程及结果如图 2-52 所示。

```
AssetType=("固定资产","无形资产")
print(AssetType)
print(type(AssetType))
asset= "固定资产","无形资产"
print(asset)
print(type(asset))

('固定资产', '无形资产')
<class 'tuple'>
('固定资产', '无形资产')
<class 'tuple'>
```

图 2-52　运行过程及结果

2. 元组操作函数

元组严格遵循序列类型的操作定义，继承了序列类型的所有操作符和函数。示例代码如下：

```
socialInsurance = (" 基本养老 ", " 医疗 ", " 工伤 ", " 失业 ", " 生育社保 ")
welfare = (" 公积金 ", " 补充医疗 ")
print(socialInsurance)
print(welfare)
print(" 公积金 " in welfare)
print(" 公积金 " not in welfare)
print(welfare*2)
socialInsurance = socialInsurance + welfare
print(socialInsurance)
print(socialInsurance[0])
print(len(socialInsurance))
print(socialInsurance[−7])
print(socialInsurance[:4])
print(socialInsurance[::2])
print(min(socialInsurance))
print(max(socialInsurance))
print(socialInsurance.index(" 工伤 "))
print(socialInsurance.count(" 工伤 "))
```

运行过程及结果如图 2−53 所示。

```
('基本养老', '医疗', '工伤', '失业', '生育社保')
('公积金', '补充医疗')
True
False
('公积金', '补充医疗', '公积金', '补充医疗')
('基本养老', '医疗', '工伤', '失业', '生育社保', '公积金', '补充医疗')
基本养老
7
基本养老
('基本养老', '医疗', '工伤', '失业')
('基本养老', '工伤', '生育社保', '补充医疗')
公积金
补充医疗
2
1
```

图 2−53　运行过程及结果

由于元组中的数据一旦定义就不允许修改，因此不能删除元组中的元素，但是可以使用 del 语句删除整个元组，删除元组变量后，再引用变量会产生，"NameError"错误。示例代码如下：

```
welfare = ("公积金","补充医疗")
del welfare
print(welfare)
```

运行过程及结果如图 2-54 所示。

```
welfare=("公积金","补充医疗")
del welfare
print(welfare)

----------------------------------------------------------------
NameError                                 Traceback (most recent call last)
/tmp/ipykernel_86/2493915300.py in <module>
      1 welfare=("公积金","补充医疗")
      2 del welfare
----> 3 print(welfare)

NameError: name 'welfare' is not defined
```

图 2-54　运行过程及结果

元组的数据类型是 tuple，通过 type( ) 函数和 isinstance( ) 函数，可以判断。示例代码如下：

```
welfare = ("公积金","补充医疗")
print(type(welfare))    # 通过 type( ) 函数查看元组数据类型
print(isinstance(welfare,tuple))    # 通过 isinstance( ) 函数判断元组数据类型是否 tuple
```

运行过程及结果如图 2-55 所示。

```
welfare=("公积金","补充医疗")
print(type(welfare))#通过type()函数查看元组数据类型
print(isinstance(welfare,tuple))#通过isinstance()函数判断元组数据类型是否tuple

<class 'tuple'>
True
```

图 2-55　运行过程及结果

3. 列表与元组的区别

Python 列表和元组一样，都是有序序列，在很多情况下可以相互替换，很多操作也类似，但它们之间也有区别。

（1）元组是不可变的序列类型，元组能对不需要改变的数据进行写保护，使数据更安全。列表是可变的序列类型，可以添加、删除或搜索列表中的元素。

（2）元组使用()定义用逗号分隔的元素，而列表中的元素应该包括在［］中。二者在访问元素时都要使用［］按索引或者分片来获得对应元素的值。

（3）元组可以在字典中作为关键字使用，而列表不能作为字典关键字使用，因为列表是可变的。

不要尝试修改元组，大多数情况下是把元组当做列表操作。

二、映射类型

映射类型的典型代表是字典类型。

（一）字典的含义

"键值对"是组织数据的一种重要的方式，广泛应用于当代大型信息系统中，如：数据库、Web 系统。键值对的基本思路是将"值"信息关联到一个"键"信息上，实际生活中有很多"键值对"的例子，如姓名和电话号码、用户名和密码、国家名称和首都等。

通过键信息查找对应的值信息，这个过程叫作映射。Python 语言中通过字典实现映射，字典使用大括号 {} 建立，每个元素是一个键值对。

使用方式如下：{< 键 1>: < 值 1>, < 键 2>: < 值 2>, ...< 键 n>: < 值 n>}。其中，键和值之间通过冒号（：）连接，不同键值对通过逗号，隔开。从 Python 设计角度考虑，由于大括号 {} 可以表示集合，所以字典类型也具有和集合类似的特性，即键值对之间没有顺序且不能重复。可以简单地把字典看成元素是键值对的集合。示例代码如下：

```
financialStatements = {"sheet1": " 利润表 ", "sheet2": " 资产负债表 ", "sheet3": " 现金流量表 "}
print(financialStatements)
```

运行过程及结果如图 2-56 所示。

```
financialStatements={"sheet1":"利润表","sheet2":"资产负债表","sheet3":"现金流量表"}
print(financialStatements)

{'sheet1': '利润表', 'sheet2': '资产负债表', 'sheet3': '现金流量表'}
```

图 2-56　运行过程及结果

变量 financialStatements 可以看作是"sheet"页和"财务报表名称"的映射关系，由于字典是集合类型的延续，所以元素间没有顺序关系。字典键值对中的键可以作为字典的索引，如果要查找特定元素的值，可以利用键值对中的键索引元素。使用方法为：<值>=<字典变量>[<键>]。示例代码如下：

financialStatements = {"sheet1": " 利润表 ", "sheet2": " 资产负债表 ", "sheet3": " 现金流量表 "}

print(financialStatements)

profitFrom = financialStatements["sheet1"]　# 通过键 "sheet1" 访问对应的报表名称

print(profitFrom)

运行过程及结果如图 2-57 所示。

```
financialStatements={"sheet1":"利润表","sheet2":"资产负债表","sheet3":"现金流量表"}
print(financialStatements)
profitFrom=financialStatements["sheet1"]#通过键"sheet1"访问对应的报表名称
print(profitFrom)

{'sheet1': '利润表', 'sheet2': '资产负债表', 'sheet3': '现金流量表'}
利润表
```

图 2-57　运行过程及结果

字典对某个键值的修改可以通过索引和赋值配合实现。示例代码如下：

financialStatements = {"sheet1": " 利润表 ", "sheet2": " 资产负债表 ", "sheet3": " 现金流量表 "}

print(financialStatements)

financialStatements["sheet1"] = " 大通表 "　# 将键 "sheet1" 对应的值修改为 " 大通表 "

print(financialStatements)

运行过程及结果如图 2-58 所示。

```
financialStatements={"sheet1":"利润表","sheet2":"资产负债表","sheet3":"现金流量表"}
print(financialStatements)
financialStatements["sheet1"]="大通表"#将键"sheet1"对应的值修改为"大通表"
print(financialStatements)
```
```
{'sheet1': '利润表', 'sheet2': '资产负债表', 'sheet3': '现金流量表'}
{'sheet1': '大通表', 'sheet2': '资产负债表', 'sheet3': '现金流量表'}
```

图 2-58　运行过程及结果

使用大括号可以创建一个空字典，通过索引和赋值配合，可以向字典中增加元素。示例代码如下：

```
financialStatements = {}
financialStatements["sheet1"] = " 价格表 "
financialStatements["sheet2"] = " 物流信息表 "
print(financialStatements)
```

运行过程及结果如图 2-59 所示。

```
financialStatements={}
financialStatements["sheet1"]="价格表"
financialStatements["sheet2"]="物流信息表"
print(financialStatements)
```
```
{'sheet1': '价格表', 'sheet2': '物流信息表'}
```

图 2-59　运行过程及结果

综上所述，字典是存储可变数量键值对的数据结构，值可以是任意数据类型，键只能为不可变数据类型，通过键索引值，并可以修改值。Python 字典效率非常高，甚至可以储存非常多的内容。

（二）字典操作符和函数

字典与列表类似，都有一些通用字典操作符和函数，如表 2-14 所示。

表2-14　字典和列表通用的操作符和函数

操作符和函数	描述
len(d)	字典d的元素个数（长度）
min(d)	字典d中键的最小值
max(d)	字典d中键的最大值
dict( )	生成一个空字典

min(d) 和 max(d) 分别返回字典 d 中最小或最大索引值，使用这两个函数的前提是字典中各个索引元素是可以进行比较的，否则会产生 "TypeError" 错误。示例代码如下：

```
financialStatements = {"sheet1": " 利润表 ", "sheet2": "资产负债表 ", "sheet3": " 现金流量表 "}
print(financialStatements)
print(len(financialStatements))              # 打印字典的元素个数
print(min(financialStatements))              # 打印字典中最小索引值
print(max(financialStatements))              # 打印字典中最大索引值
financialStatements[10010] = " 利润表 "       # 新增 "10010": " 利润表 "
print(min(financialStatements))              # 打印新字典中最小索引值
```

运行过程及结果如图 2-60 所示。

```
financialStatements={"sheet1":"利润表","sheet2":"资产负债表","sheet3":"现金流量表"}
print(financialStatements)
print(len(financialStatements))    #打印字典的元素个数
print(min(financialStatements))    #打印字典中最小索引值
print(max(financialStatements))    #打印字典中最大索引值
financialStatements[10010]="利润表"   #新增"10010":"利润表"
print(min(financialStatements))    #打印新字典中最小索引值

{'sheet1': '利润表', 'sheet2': '资产负债表', 'sheet3': '现金流量表'}
3
sheet1
sheet3
-----------------------------------------------------------------
TypeError                          Traceback (most recent call last)
/tmp/ipykernel_86/1363102538.py in <module>
      5 print(max(financialStatements))    #打印字典中最大索引值
      6 financialStatements[10010]="利润表"   #新增"10010":"利润表"
----> 7 print(min(financialStatements))    #打印新字典中最小索引值

TypeError: '<' not supported between instances of 'int' and 'str'
```

图 2-60　运行过程及结果

字典在 Python 内部也已采用面向对象方式实现，因此也有一些特有的方法，采用 <a>.<b> 格式，这些操作符和函数如表 2-15 所示。

表 2-15　字典特有的操作符和函数

操作符和函数	描述
<d>.keys( )	返回所有的键信息
<d>.values( )	返回所有的值信息

操作符和函数	描述
\<d\>.items( )	返回所有键值对
\<d\>.get(\<key\>,\<default\>)	键存在，返回相应值，否则返回默认值
\<d\>.pop(\<key\>,\<default\>)	键存在，返回相应值，同时删除键值对，否则返回默认值
\<d\>.popitem( )	随机从字典中取出一个键值对，以元组（key，value）形式返回
\<d\>.clear( )	删除所有键值对
del \<d\> [\<key\>]	删除字典某一个键值对
\<key\> in \<d\>	如果键在字典中则返回True，否则返回False
\<d\>.update(\<d1\>)	如果\<d1\>的键存在于\<d\>中，那么\<d\>中键对应的value会被覆盖；如果\<d\>中不包含对应的键值对，则将\<d1\>键值对被添加进去
\<d\>.fromkeys(seq[,value])	以序列seq中元素做字典的键，value为字典所有键对应的初始值。

使用上述方法的例子如下，如果希望 keys( )、values( )、items( ) 方法返回列表，可以采用 list( ) 函数将返回值转换成列表：

```
financialStatements = {"sheet1": " 利润表 ", "sheet2": " 资产负债表 ", "sheet3": " 现金流量表 "}
print(financialStatements.keys( ))
print(list(financialStatements.keys( )))
print(financialStatements.values( ))
print(financialStatements.items( ))
sheet1 = financialStatements.get("sheet1")
print(sheet1)
sheet1 = financialStatements.get("sheet4", " 不存在 ")
print(sheet1)
sheet2 = financialStatements.pop("sheet1")
print(sheet2)
print(financialStatements)
sheet1 = financialStatements.popitem( )
```

```
print(sheet1)

print(financialStatements)

print(financialStatements)

financialStatements.update({"sheet1": " 现金流量表 "})

print(financialStatements)

financialStatements.update({"sheet1": " 大通表 "})

print(financialStatements)

financialStatements = ['sheet1', 'sheet2', 'sheet3']

finance = {}

print(finance.fromkeys(financialStatements, 10))
```

运行结果如图 2-61 所示。

```
dict_keys(['sheet1', 'sheet2', 'sheet3'])
['sheet1', 'sheet2', 'sheet3']
dict_values(['利润表', '资产负债表', '现金流量表'])
dict_items([('sheet1', '利润表'), ('sheet2', '资产负债表'), ('sheet3', '现金流量表')])
利润表
不存在
利润表
{'sheet2': '资产负债表', 'sheet3': '现金流量表'}
('sheet3', '现金流量表')
{'sheet2': '资产负债表'}
{'sheet2': '资产负债表'}
{'sheet2': '资产负债表', 'sheet1': '现金流量表'}
{'sheet2': '资产负债表', 'sheet1': '大通表'}
{'sheet1': 10, 'sheet2': 10, 'sheet3': 10}
```

图 2-61　运行结果

字典还可以通过 for-in 语句对其元素进行遍历，基本语法格式如下：

```
for < 变量名 > in < 字典名 >:
    < 语句块 >
```

示例代码如下：

```
financialStatements = {"sheet1": " 利润表 ", "sheet2": " 资产负债表 ", "sheet3": " 现金流
量表 "}
for finance in financialStatements:
    print(finance)
```

运行过程及结果如图 2-62 所示。

```
financialStatements={"sheet1":"利润表","sheet2":"资产负债表","sheet3":"现金流量表"}
for finance in financialStatements:
    print(finance)

sheet1
sheet2
sheet3
```

图 2-62　运行过程及结果

由于键值对当中的键相当于索引，因此，for 循环返回的变量名是字典的索引值。如果需要使用键对应的值，可以在语句块中通过 get(<key>) 方法得到。

三、集合类型

（一）集合类型的含义

集合类型与数学中集合的概念一致，即包含 0 个或多个数据项的无序组合。集合有两个主要特点：集合中的元素不可重复；集合中的元素类型只能是固定数据类型。例如：整数、浮点数、字符串、元组等，而列表、字典和集合类型是可变数据类型，不能作为集合的元素出现。

字典类型及操作

Python 解释器重新界定固定数据类型与否主要考察类型是否能够进行哈希运算。

哈希又称作 "散列"，是一种数学计算机程序，它可以接收任何一组任意长度的输入信息，通过哈希算法变换成固定长度的数据指纹输出形式，如字母和数字的组合，该输出就是 "哈希值"。能够进行哈希运算的类型都可以作为集合元素。Python 提供哈希运算函数 hash( )，示例代码如下：

```
print(hash("Python"))
print(hash(" 财务报表 "))
print(hash(" 资产负债表 "))
print(hash((" 余额表 ", " 利润表 ")))
```

运行过程及结果如图 2-63 所示。

```
print(hash("Python"))
print(hash("财务报表"))
print(hash("资产负债表"))
print(hash(("余额表","利润表")))

-944457250307328814
-4011217400227724426
-724096940296124256
2632095570877721612
```

图 2-63 · 运行过程及结果

这些哈希值与哈希前的内容无关系，也和这些内容的组合无关。可以说，哈希是数据在另一个数据维度的体现。

由于集合是无序组合，它没有索引和位置的概念，不能分片，集合中元素可以动态增加或删除。集合可以使用 {} 结合赋值语句生成一个集合或使用 set( ) 函数生成一个集合，其中 set 集合中传入的参数可是任何组合类型，示例代码如下：

financeReport = {" 科目余额表 ", " 利润表 ", (" 资产负债表 ", " 现金流量表 ")}

print(financeReport)

financeReport1 = {" 科目余额表 ", " 利润表 ", (" 资产负债表 ", " 现金流量表 "), " 利润表 ", " 科目余额表 "}

print(financeReport1)# 由于不允许集合内的元素重复，因此相同的元素在集合中只保留一个元素

report = set(" 科目余额表 ")

print(report)

print(type(financeReport1))

print(type(report))

运行过程及结果如图 2-64 所示。

```
financeReport={"科目余额表","利润表",("资产负债表","现金流量表")}
print(financeReport)
financeReport1={"科目余额表","利润表",("资产负债表","现金流量表"),"利润表","科目余额表"}
print(financeReport1) #由于不允许集合内的元素重复，因此相同的元素在集合中只保留一个元素
report=set("科目余额表")
print(report)
print(type(financeReport1))
print(type(report))

{'利润表', '科目余额表', ('资产负债表', '现金流量表')}
{'利润表', '科目余额表', ('资产负债表', '现金流量表')}
{'科', '余', '额', '目', '表'}
<class 'set'>
<class 'set'>
```

图 2-64　运行过程及结果

从上例中可以看到，由于集合是无序的，集合的打印效果与定义顺序可以不一致，而且集合的元素不可重复，集合内会过滤掉重复元素。集合类型有 10 个操作符，如表 2-16 所示。

表2-16　集合类型的操作符

操作符	描述
S−T 或 S.difference(T)	返回一个新集合，包括在集合 S 中但不在集合 T 中的元素
S_ = T 或 S.difference_update(T)	更新集合 S，包括在集合 S 中但不在集合 T 中的元素
S&T 或 S.intersection(T)	返回一个新集合，包括同时在集合 S 和 T 中的元素
S& = T 或 S.intersection_update(T)	更新集合 S，包括同时在集合 S 和 T 中的元素
S^T 或 S.symmetric_difference(T)	返回一个新集合，包括集合 S 和 T 中的元素，但不包括同时在其中的元素
S^ = T 或 S.symmetric_difference.update(T)	更新集合 S，包括集合 S 和 T 中的元素，但不包括同时在其中的元素
S|T 或 S.union(T)	返回一个新集合，包括集合 S 和 T 中的所有元素
S| = T 或 S.update(T)	更新集合 S，包括集合 S 和 T 中的所有元素
S< = T 或 S.issubset(T)	如果 S 与 T 相同或 S 是 T 的子集，返回 True，否则返回 False，可以用 S<T 判断 S 是否 T 的真子集
S> = T 或 S.issuperse(T)	如果 S 与 T 相同或 S 是 T 的超集，返回 True，否则返回 False，可以使用 S>T 判断是否 T 的超集

表 2-16 中操作符表达了集合类型的 4 种基本操作：交集（&），并集（|），差集（−），补集（^），操作逻辑与数学定义相同，集合操作如图 2-65 所示。

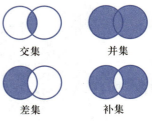

图 2-65　集合操作

（二）集合类型的操作符和函数

集合类型有 10 个操作符和函数，如表 2-17 所示。

表2-17　集合类型操作符和函数

操作符和函数	描述
S.add(x)	如果数据项 x 不在集合 S 中，将 x 增加到 S 中
S.clear( )	清除 S 中的所有数据项
S.copy( )	返回集合 S 的一个副本
S.pop( )	随机返回集合 S 中的一个元素，如果 S 为空，产生 KeyError
S.discard(x)	如果 x 在集合 S 中，移除该元素；如果 x 不在集合中，不报错

操作符和函数	描述
S.remove(x)	如果x在集合S中，移除该元素，如果x不在集合中，则产生KeyError异常
S.isdisjoint(T)	如果集合S与T没有相同元素，返回True
len(S)	返回集合S的元素个数
x in S	如果x是S的元素，返回True，否则返回False
x not in S	如果x不是S的元素，返回True，否则返回False

集合类型主要用于3个场景：成员关系测试、元素去重和删除数据项。

示例代码如下：

```
financesReport = {"科目余额表","利润表","资产负债表","现金流量表"}
print("销售费用表" in financesReport)    # 测试成员关系
finances = {"科目余额表","利润表","资产负债表","现金流量表","资产负债表"}
print(finances)
newfinance = finances-{"科目余额表"}    # 删除数据项
print(newfinance)
```

运行过程及结果如图2-66所示。

```
financesReport={"科目余额表","利润表","资产负债表","现金流量表"}
print("销售费用表" in financesReport)   #测试成员关系
finances={"科目余额表","利润表","资产负债表","现金流量表","资产负债表"}
print(finances)
newfinance = finances-{"科目余额表"} #删除数据项
print(newfinance)

False
{'资产负债表', '利润表', '科目余额表', '现金流量表'}
{'资产负债表', '利润表', '现金流量表'}
```

图2-66　运行过程及结果

【任务实现】

一、设置变量并赋值

设置固定资产原值为变量fa、残值率为变量sa、折旧期数为n、累计折旧为b、当期应计提折旧为 dep，并分别将相关数值赋值给上述变量。代码如下：

```
fa = 100000
sa = 0.1
n = 5
b = 0
dep = fa*(1−sa)/n
```

二、设置遍历循环及二分支结构

由于需要计算 5 年中每一年的应计提折旧，并编制每年计提折旧的会计分录，因此，可以运用遍历循环的 for 语句来遍历序列中的每个数值，由于有 5 期，因此可以结合使用 range( ) 函数使用。代码如下：

```
for i in range(1, n + 1):   # 循环次数为 5 次
    # 满足 i<n 时，进入的分支
    if i<n:
        a = round(dep, 2)    #a 表示当期实际计提的折旧
        print(f" 第 {i} 期应计提折旧 {a} 元 ")
        print(f" " " 计提分录为：
        借：管理费用：{a}
            贷：累计折旧：{a}" " " )
        # 计算累计折旧
        b = b + a
    # 不满足 i<n 时，进入的分支
    else:
        # 利用累计折旧倒挤最后一期折旧
        c = round((fa*(1−sa)−b),2)   #c 表示最后一期折旧
        print(f" 第 {i} 期的折旧为 {c} 元 ( 倒挤 )")
        print(f" " " 计提分录为：
```

```
        借：管理费用：{c}
        贷：累计折旧：{c}""")
```

三、查看每期应计提折旧额及会计分录

输入上述代码，单击运行按钮，可查看每期应计提折旧额及相关折旧计提会计
分录，运行结果如图 2-67 所示。

```
第1期应计提折旧18000.0元
计提分录为：
        借:管理费用:18000.0
        贷:累计折旧:18000.0
第2期应计提折旧18000.0元
计提分录为：
        借:管理费用:18000.0
        贷:累计折旧:18000.0
第3期应计提折旧18000.0元
计提分录为：
        借:管理费用:18000.0
        贷:累计折旧:18000.0
第4期应计提折旧18000.0元
计提分录为：
        借:管理费用:18000.0
        贷:累计折旧:18000.0
第5期的折旧为18000.0元(倒挤)
计提分录为：
        借:管理费用: 18000.0
        贷:累计折旧: 18000.0
```

图 2-67　运行结果

四、打印输出资产总值、残值、累计应提折旧和累计实提折旧

在 Python 代码编辑器中继续输入下列代码：

```
print(f"""资产总值 {fa} 元，残值 {fa*sa} 元，累计应提折旧 {round(fa*(1-sa),2)}
元，累计实提折旧 {round(b + c,2)} 元""")
```

五、查看运行结果

输入上述代码，单击运行按钮，运行结果如图 2-68 所示。

```
资产总值100000元，残值10000.0元，累计应提折旧90000.0元，累计实提折旧90000.0元
```

图 2-68　运行结果

【任务测试】

任务2.4测试

【拓展学习】

顺序输出的操作方法

在 Python 程序中输入 4 个数，用其创建列表和元组。将这 4 个数分别按反序、从小到大和从大到小的顺序输出。用到了反序方法 reverse、排序方法 sort，sort 方法默认升序排列，改变默认值为 reverse = True，可实现降序排列。示例代码如下：

```
a = 25
b = 5
c = 18
d = 9
x = [ ]
x.append(a)
x.append(b)
x.append(c)
x.append(d)
print(' 列表 : ', x)
y = tuple(x)
print(' 元组 : ', y)
x.reverse( )
print(' 反序 : ', x)
x.sort( )
print(' 从小到大 : ', end = ' ')
for v in x:
```

```
        print(v, end = ' ')
x.sort(reverse = True)
print('\n 从大到小 : ', end = ' ')
for v in x:
        print(v, end = ' ')
```

运行结果如图 2-69 所示。

```
列表: [25, 5, 18, 9]
元组: (25, 5, 18, 9)
反序: [9, 18, 5, 25]
从小到大: 5 9 18 25
从大到小: 25 18 9 5
```

图 2-69　运行结果

任务五　Python 函数与模块调用
——计算个人所得税

【任务描述】

由于信合资产有限责任公司财务部员工小李负责员工工资金额的计算与发放，与员工个人所得税金额和实发金额经常打交道，小李在学完 Python 函数与模块调用相关知识以后，想要通过 Python 来计算一下自己一年当中每月最终的扣税金额、年度总收入和年度总扣税金额。

小李每月工资为 30 000 元，每月住房公积金个人缴纳部分 2 500 元、社会保险费 2 000 元、专项扣除 2 000 元。不考虑其他相关扣除。个人所得税预扣率表如表 2-18 所示。

表 2-18　个人所得税预扣率表
（居民个人工资、薪金所得预扣预缴适用）

级数	累计预扣缴应纳税所得额	预扣率 /%	速算扣除数
1	不超过 36 000 元的部分	3	0

级数	累计预扣缴应纳税所得额	预扣率/%	速算扣除数
2	超过 36 000 元至 144 000 元的部分	10	2 520
3	超过 144 000 元至 300 000 元的部分	20	16 920
4	超过 300 000 元至 420 000 元的部分	25	31 920
5	超过 420 000 元至 660 000 元的部分	30	52 920
6	超过 660 000 元至 960 000 元的部分	35	85 920
7	超过 960 000 元的部分	45	181 920

任务布置：

请通过 Python 代码编辑器计算各月收入、应纳税额和扣税金额，以及年度总收入和年度总扣税金额。

【相关知识】

一、函数的基本使用

（一）函数的概念

函数是一段具有特定功能的、可重用的语句组，用函数名来表示并通过函数名进行功能调用。函数也可以看作是一段具有名字的子程序，可以在需要的地方调用，不需要在每个执行的地方重复编写这些语句。函数分为自定义函数和 Python 内置函数。在程序设计中，常需要使用内置函数或自定义函数，代替经常重复使用的程序代码，以提高程序的模块化程度和代码的重复利用率。

函数由函数名、参数和函数体组成。自定义函数用 def 关键字声明，函数的命名原则与变量命名相同。函数语句使用缩进表示与函数体的隶属关系。与其他高级语言相比，Python 声明函数时不需要声明其返回类型，也不需要声明参数的传入类型。

语法格式如下：

```
def < 函数名 >（[ 形式参数列表 ]）：  # 括号中的参数可以为空
    < 执行语句 >
```

> [return ＜返回值＞]

在函数定义时，用不接收调用该函数时传入的参数称为形式参数（parm），又称为形参。有些函数不需要传递参数，但即使没有参数，也必须要有冒号前的空括号。有些函数可以没有返回值（返回值为 None）。

在程序设计时还可以先建立一个空函数作为占位函数，执行语句仅为占位语句 pass，待以后完善。示例代码如下：

```
def emptfunc(x, y):
    pass
```

（二）函数的调用

调用自定义函数与前面调用 Python 内置函数的方法相同，即在语句中直接使用函数名，并在函数名之后的圆括号 ( ) 中传入参数，多个参数之间以半角逗号隔开。

函数调用的基本语法格式如下所示：

> [返回值]= 函数名（实际形参）

在调用函数时，实际传递给函数的参数称为实际参数（arg），又称为实参。

 注：调用时，即使不需要传入实际参数，也要带空括号。例如，print( )。

带参数的函数参数调用，示例代码如下：

```
def myfunc(x, y):
    return(x + y)
a, b = 2.5, 3.6
print('%0.2f + %0.2f = %0.2f'%(a, b, myfunc(a, b)))
```

运行过程及结果如图 2–70 所示。

```
def myfunc(x,y):
    return(x+y)
a,b=2.5,3.6
print('%0.2f+%0.2f=%0.2f'%(a,b,myfunc(a,b)))

2.50+3.60=6.10
```

图 2–70　运行过程及结果

其中，x，y 为形参，a，b 为实参。在函数中经过计算，以函数名将值返回主调程序。

（三）参数传递

1. 参数按位置依次传递

调用函数时，按照函数声明时参数的原有顺序（位置）依次进行参数传递。即实参按照顺序传递给相应位置的形参，这里实参的数目应与形参完全匹配。

示例代码如下：

```
def myFun(x, y):
    return x + y
print(myFun(5, 4))   # 有 2 个实参
```

运行过程及结果如图 2-71 所示。

```
def myFun(x,y):
    return x+y
print(myFun(5,4))  #有2个实参

9
```

图 2-71　运行过程及结果

调用上述示例中的 myFun( )，一定要传递两个参数，多传或者少传程序均会报错，会产生"TypeError"错误。示例代码如下：

```
def myFun(x, y):
    return x + y
print(myFun(54))   # 有 1 个实参
```

运行过程及结果如图 2-72 所示。

```
def myFun(x,y):
    return x+y
print(myFun(54))  #有1个实参

---------------------------------------------------------------------------
TypeError                                 Traceback (most recent call last)
/tmp/ipykernel_162/1687485678.py in <module>
      1 def myFun(x,y):
      2     return x+y
----> 3 print(myFun(54))  #有1个实参

TypeError: myFun() missing 1 required positional argument: 'y'
```

图 2-72　运行过程及结果

2. 参数赋值和参数默认值传递

在调用函数时，也可在调用函数名后的圆括号内用"形参变量名＝参数值"的方式传入参数，这种方式不必按照定义函数时原有的参数顺序。例如，调用函数 myFun(y＝b, x＝a) 也可以得到相同的结果。

在定义函数时，可以同时定义默认参数。调用该函数时，如果没有传递同名形式参数，则会使用默认参数值。

示例代码如下：

```
def myFun(x, y = 2):
    return x + y
a, b = 2.5, 3.6
print('%0.2f + 默认值 = %0.2f'%(a, myFun(x = a)))    # 没有传入参数 y，默认为 2
print('%0.2f + %0.2f = %0.2f'%(a, b, myFun(x = a, y = b)))    # 传入参数 x = 2.5， y = 3.6
```

运行过程及结果如图 2-73 所示。

```
def myFun(x,y=2):
        return x+y
a,b=2.5,3.6
print('%0.2f+默认值=%0.2f' % (a,myFun(x=a)))  #没有传入参数y，默认为2
print('%0.2f+%0.2f=%0.2f' % (a,b,myFun(x=a,y=b))) #传入参数x=2.5,y=3.6

2.50+默认值=4.50
2.50+3.60=6.10
```

图 2-73　运行过程及结果

3. 元组类型可变参数传递

使用可变长参数可让 Python 的函数处理比初始声明时更多的参数。函数声明时，若在某个参数名称前面加一个星号"*"，则表示该参数是一个元组类型可变长参数。在调用该函数时，依次将必须赋值的参数赋值完毕后，继续依次从调用时所提供的参数元组中接收元素值为可变长参数赋值。

如果在函数调用时没有提供元组类型的参数，则相当于提供了一个空元组，即不必传递可变长参数。示例代码如下：

```
def myFun(x, *y)：
    print(" 必传参数是：{}".format(x))
    if len(y):
```

```
        print(" 元组参数是 : ", end = ' ')
        for i in y:
            print(i, end = " ")
print(myFun(10))
print(myFun(10, 20, 30, 40, 50, 60))
```

运行过程及结果如图 2-74 所示。

```
def myFun(x,*y):
    print("必传参数是:{}".format(x))
    if len(y):
        print("元组参数是:",end='')
        for i in y:
            print(i,end="")
print(myFun(10))
print(myFun(10,20,30,40,50,60))

必传参数是:10
None
必传参数是:10
元组参数是:2030405060None
```

图 2-74　运行过程及结果

（四）字典类型可变参数传递

在函数声明时，若在其某个参数名称前面加两个星号"**"，则表示该参数是一个字典类型可变长参数。在调用该函数时，以实参变量名等于字典值的方式传递参数，由函数自动按字典值接收，实参变量名以字符形式作为字典的键值。由于字典是无序的，因此字典的键值对也不分先后顺序。

如果在函数调用时没有提供字典类型的参数，则相当于提供了一个空字典，即不必传递可变长参数。带元组类型和字典类型可变长参数的函数调用，示例代码如下：

```
def myFun(x, *y, **kw):
    print(" 必传参数 : {}".format(x))
    if len(y)! = 0:
        print(" 元组 ", end = " ")
        for i in y:
            print(i, end = " ")
        if len(kw)! = 0:
```

```
        print(" 字典 ", end = " ")
        for k in kw:
            print("{} 对应 {}".format(k, kw[k]))
print(myFun(1, 2, 3, 4, a = 10, b = 10, c = 10))
```

运行过程及结果如图 2-75 所示。

```
def myFun(x,*y,**kw):
    print("必传参数:{}".format(x))
    if len(y) != 0:
        print("元组",end=" ")
        for i in y:
            print(i,end=" ")
    if len(kw) != 0:
        print("字典",end=" ")
        for k in kw:
            print("{}对应{}".format(k,kw[k]))
print(myFun(1,2,3,4,a=10,b=10,c=10))

必传参数:1
元组 2 3 4 字典 a对应10
b对应10
c对应10
None
```

图 2-75　运行过程及结果

（五）函数中变量的作用域

变量的作用域是指在程序中能够对该变量进行读 / 写操作的范围。根据作用域的不同，变量分为函数中定义的变量（Local，简称 L）、嵌套中父级函数的局部变量（Enclosing，简称 E）、模块级别定义的全局变量（Global，简称 G）和内置模块中的变量（Built-in，简称 B）。

程序执行对变量的搜索以及读或写时，优先级由近及远，即：函数中定义的变量 > 嵌套中父级函数的局部变量 > 模块级别定义的全局变量 > 内置模块中的变量，也就是 LEGB。

Python 允许出现同名变量。若具有相同命名标识的变量出现在不同的函数体中，则各自代表不同的对象，既不相互干扰，也不能相互访问；若具有相同命名标识的变量在同一个函数体中或具有函数嵌套关系，则不同作用域的变量也各自代表不同的对象，程序执行时按优先级进行访问。

示例代码如下：

```
gx = 10#global 级
def gouter( ):
```

```
        gx = 1#enclosing 级

        def linner( ):

                gx = 2#local 级

                print("local 级 x: {}".format(gx))

        linner( )

        print("enclosing 级 x: {}".format(gx))

gouter( )

print("global 级 x: {}".format(gx))
```

运行过程及结果如图 2-76 所示。

```
gx=10 #global级
def gouter():
    gx= 1 #enclosing 级
    def linner():
        gx= 2 #local 级
        print("local级x:{}".format(gx))
    linner()
    print("enclosing级x:{}".format(gx))
gouter()
print("global级x:{}".format(gx))

local级x:2
enclosing级x:1
global级x:10
```

图 2-76 运行过程及结果

在默认条件下，不属于当前局部作用域的变量是只读的，如果为其进行赋值操作，则 Python 认为是在当前作用域又声明了一个新的同名局部变量。当内部作用域变量需要修改全局作用域的变量的值时，要在内部作用域中使用 global 关键字对变量进行声明。同理，当内部作用域变量需要修改嵌套中父级函数的局部作用域变量的值时，要在内部作用域中使用 nonlocal 关键字对变量进行声明。

全局变量作用域，示例代码如下：

```
gx = 10#global 级

def gouter( ):

    global gx    # 用 global 关键字声明对全局变量的改写操作

    def linner( ):

        gx = 2

        print("local 级 x: {}".format(gx))
```

```
        linner( )

        gx = gx + 1

        print("enclosing 级 x: {}".format(gx))

gouter( )

print("global 级 x:{}".format(gx))
```

运行过程及结果如图 2-77 所示。

```
gx=10 #global  级
def gouter():
    global gx #用global  关键字声明对全局变量的改写操作
    def linner():
        gx= 2
        print("local级x:{}".format(gx))
    linner()
    gx=gx+1
    print("enclosing级x:{}".format(gx))
gouter()
print("global级x:{}".format(gx))

local级x:2
enclosing级x:11
global级x:11
```

图 2-77　运行过程及结果

二、模块的基本使用

（一）模块的概述

Python 模块可以在逻辑上组织 Python 程序，将相关的程序组织到一个模块中，使程序具有良好的结构，增加程序的重要性。模块可以被别的程序导入，以调用该模块中的函数，这也是使用 Python 标准模块的方法。

（二）模块的类型与导入方法

Python 模块是比函数更高级的程序组织单元，一个模块可以包含若干功能相似的函数文件，与函数相似，模块也分为标准库模块和用户自定义模块。

1. 标准库模块

标准库模块是 Python 自带的函数处理模块，也称为标准连接库。Python 提供了大量的标准库，实现了很多常用功能，其中包括数学运算、字符串处理、操作系统功能、网络编程、互联网数据处理等。这些为应用程序开发提供了强大支持。

标准库模块并不是 Python 语言的组成部分，而是由专业开发人员预先设计好并随语言提供给用户使用的。用户可以在安装了标准 Python 编程环境的情况下，通过导入命令来使用所需的模块。Python 提供了两种导入方式，分别是使用 import 导入和使用 from...import... 导入。

（1）使用 import 导入。可以直接使用 import 语句导入模块，语法格式为：

import 模块名

有时候，需要导入的模块名称比较长，可以使用 as 为模块指定一个别名，语法格式为：

import 模块名 as 别名

导入 random 模块示例代码如下：

```
import random    # 导入 random 模块
import random as rd   # 导入 random 模块，并指定别名为 rd
```

（2）使用 from...import... 导入。可以只导入模块中需要调用的函数和方法，其语法格式为：

from 模块名 import 方法

同样，在使用该方法时，也可以指定别名，语法格式为：

from 模块名 import 方法 as 别名

上述两种导入模块的方法区别在于：使用 import 导入模块后，调用模块下的方法需要添加前缀"模块名"；而 from...import... 方法导入模块，再调用模块下的方法则无须添加模块名。

2. 用户自定义模块

用户自定义模块就是建立一个 Python 程序文件，其中包括变量、函数，下面是一个简单的模块，程序文件名为 nowtime.py，示例代码如下：

```
import time
def now_time( ):
```

```
        ntp = time.localtime( )
        ntime = ("%02d:%02d:%02d"%ntp[3:6])
        print(ntime)
    def now_year( ):
        ntp = time.localtime( )
        ntime = ("%02d:%02d:%02d"%ntp[0:3])
        print(ntime)
```

运行过程及结果如图 2-78 所示。

图 2-78　运行过程及结果

一个 Python 程序可通过引入一个模块而读取这个模块的内容。导入从本质上讲，就是在一个文件中载入另一个文件，并能够读取那个文件的内容。可通过执行 import 语句来导入 Python 模块。语句格式为：

import 模块 1［，模块 2［，模块 3］］

当 Python 解释器执行 import 语句时，如果模块文件出现在搜索路径中，则导入相应的模块，示例代码如下：

import nowtime
nowtime.now_time( )

运行过程及结果如图 2-79 所示。

```
import nowtime
nowtime.now_time()
16:44:28
```

图 2-79　运行过程及结果

另外，Python 的 from 语句可以从一个模块中导入特定的项目到当前的命名空间，语句格式为：

from 模块 import 项目 1 [，项目 2 [，项目 3]]

此语句不导入整个模块到当前命名空间，而只是导入制订的项目，这时在调用函数时不需要加模块名作为限制，示例代码如下：

from nowtime import now_time

now_time( )

运行过程及结果如图 2-80 所示。

```
from nowtime import now_time
now_time()
16:45:25
```

图 2-80　运行过程及结果

也可以通过使用 "from 模块 import*" 的形式导入模块的所有项目到当前命名空间。

示例代码如下：

from nowtime import*

now_year( )

now_time( )

运行过程及结果如图 2-81 所示。

```
from nowtime import*
now_year()
now_time()
2022:09:13
16:47:54
```

模块基本使用

图 2-81　运行过程及结果

【任务实施】

一、设置变量并赋值

设置公积金为变量 gjj、社保为变量 shebao、专项附加为变量 zhuanxiang、总扣税为变量 total_tax、总收入为变量 total_income，并分别将相关数值赋值给上述变量。代码如下：

```
# 公积金
gjj = 2500
# 社保
shebao = 2000
# 专项附加
zhuanxiang = 2000
# 总扣税
total_tax = 0
# 总收入
total_income = 0
```

二、创建收入列表

使用 list( ) 函数创建收入列表，由于共有 12 个月的收入，因此可以使用 for 循环进行遍历循环。代码如下：

```
income_list = list( )
for i in range(1, 13):    # 遍历循环 12 次
    month1 = 30000.00
    income_list.append(month1)
```

三、创建自定义函数计算累积的总扣除项

通过使用 def( ) 函数创建自定义 compute_month_deduction( ) 函数，计算累计的总扣除项，累计的总扣除项计算公式如下：

$$累计的总扣除项 = (公积金 + 社保 + 专项扣除 + 5\ 000) \times 月份$$

代码如下：

```
def compute_month_deduction(month, gjj, shebao, zhuanxiang):
    final_deduct = (gjj + shebao + zhuanxiang + 5000)*(month)    # 累计的总扣除项
    return final_deduct
```

四、创建自定义函数计算并打印输出当月应纳税额

根据个人所得税预扣率表，通过使用 def( ) 函数创建自定义 compute_tax( ) 函数，并结合使用多分支结构 if-elif-else 语句实现计算各月应纳税款。当月应纳税款计算公式如下：

$$当月应纳税款 = 累计收入 \times 税率 - 速算扣除数 - 累计已纳税款$$

代码如下：

```
def compute_tax(month, income, tax):
    if 0<=income<=36000:
        tax_money = income*0.03-tax    #tax_money 表示当月应纳税款，tax 表示
累计已纳税款
    elif 36000<=income<=144000:
        tax_money = income*0.1-2520-tax
    elif 144000<=income<=300000:
        tax_money = income*0.2-16920-tax
    elif 300000<=income<=420000:
        tax_money = income*0.25-31920-tax
    elif 420000<=income<=660000:
```

```
        tax_money = income*0.3−52920−tax
    elif 660000< = income< = 960000:
        tax_money = income*0.35−85920−tax
    elif 960000< = income:
        tax_money = income*0.45−181920−tax
    else:
        tax_money = 0
    print("{} 月应纳税额为 : {} 元 ".format(month, tax_money))
    return tax_money
```

五、打印输出各月收入及本月扣税金额

由于需要计算 12 个月中每月的收入及当月扣税金额，因此可以使用 for 循环创建遍历循环。代码如下：

```
for month in range(1, 13):    # 遍历循环 12 次
    print('－－－－')
    cur_income = int(income_list[month−1])
    print(f "{month} 月收入为：{cur_income} 元 ")
    total_income = cur_income + total_income
    last_tax = total_tax
    # 总扣除项
    final_deduct = compute_month_deduction(month, gjj, shebao, zhuanxiang)
    # 计税总额 = 总收入 − 总扣除项
    income = total_income−final_deduct
    cur_tax = compute_tax(month, income, last_tax)
    print(f " 本月扣税金额 = {cur_tax}")
    # 总税款
    total_tax = last_tax + cur_tax
```

运行结果如图 2-82 所示。

```
----
1月收入为：30000元
1月应纳税额为：555.0元
本月扣税金额=555.0
----
2月收入为：30000元
2月应纳税额为：625.0元
本月扣税金额=625.0
----
3月收入为：30000元
3月应纳税额为：1850.0元
本月扣税金额=1850.0
----
4月收入为：30000元
4月应纳税额为：1850.0元
本月扣税金额=1850.0
----
5月收入为：30000元
5月应纳税额为：1850.0元
本月扣税金额=1850.0
----
6月收入为：30000元
6月应纳税额为：1850.0元
本月扣税金额=1850.0
----
7月收入为：30000元
7月应纳税额为：1850.0元
本月扣税金额=1850.0
----
8月收入为：30000元
8月应纳税额为：2250.0元
本月扣税金额=2250.0
----
9月收入为：30000元
9月应纳税额为：3700.0元
本月扣税金额=3700.0
----
10月收入为：30000元
10月应纳税额为：3700.0元
本月扣税金额=3700.0
----
11月收入为：30000元
11月应纳税额为：3700.0元
本月扣税金额=3700.0
----
12月收入为：30000元
12月应纳税额为：3700.0元
本月扣税金额=3700.0
```

图 2-82　运行结果

六、打印输出年度总收入及年度总扣税金额

打印输出年度总收入及年度总扣税金额，代码如下：

```
print("----")
print(f" 年度总收入 = {total_income} 元 ")
print(f" 年度总扣税金额 = {total_tax} 元 ")
```

七、查看运行结果

输入上述代码之后，单击运行按钮，运行结果如图 2-83 所示。

```
----
年度总收入=360000元
年度总扣税金额=27480.0元
```

图 2-83 运行结果

【任务测试】

任务 2.5 测试

【拓展学习】

利用 Python 输出 10 阶杨辉三角

杨辉三角，是二项式系数在三角形中的一种几何排列。杨辉三角是中国古代数学的杰出研究成果之一，它把二项式系数图形化，把组合数内在的一些代数性质直观地从图形中体现出来，是一种离散型的数与形的结合。杨辉三角是一个无限对称的数字金字塔，从顶部的单个 1 开始，下面一行中的每个数字都是上面两个数字的和。

利用 Python 定义一个函数，输出 10 阶杨辉三角的示例代码如下：

```python
def yanghui(n):
    if not str(n).isdecimal( )or n<2 or n>25:
        # 限制杨辉三角阶数，避免数字太大
        print('杨辉三角函数 yanghui(n), 参数 n 必须是不小于 2 且不大于 25 的正整数')
        return False
    # 使用列表对象生成杨辉三角
    x = []
    for i in range(1, n + 1):                  # 生成初始的杨辉三角不规则矩阵
        x.append([1]*i)
```

```python
# 计算杨辉三角矩阵的其他值
for i in range(2, n):
    for j in range(1, i):
        x[i][j] = x[i-1][j-1] + x[i-1][j]
# 输出杨辉三角
for i in range(n):
    if n <= 10:print("*(40-4*i), end = ")        # 超过 10 阶时按左对齐输出
    for j in range(i + 1):
        print('%-8d'%x[i][j], end = ")
    print( )
### 独立运行测试代码开始 #################################
if__name__ == '__main__':
    print(' 模块独立自运行 , 10 阶杨辉三角如下 :')
    yanghui(10)
```

运行结果如图 2-84 所示。

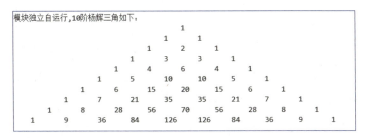

图 2-84　运行结果

任务六　Python 类与对象调用
——计算企业奖金总额

【任务描述】

根据公司规定，可按照利润的某一比例作为奖金发放给全体员工，具体规定为：

① 当企业利润低于或等于 10 万元时，奖金可提 10%；② 利润高于 10 万元、低于 20 万元时，低于 10 万元的部分按 10% 提，高于 10 万元的部分，可提 7.5%；③ 利润在 20 万元到 40 万元之间时，高于 20 万元的部分，可提 5%；④ 利润在 40 万元到 60 万元之间时，高于 40 万元的部分，可提 3%；⑤ 利润 60 万元到 100 万元之间时，高于 60 万元的部分，可提 1.5%；⑥ 利润高于 100 万元时，超过 100 万元的部分按 1% 提。假设公司 2022 当年利润为 874 936 元。

由于信合资产有限责任公司财务部员工小李负责员工工资金额的计算与发放，并且学习了 Python 类与对象调用的相关知识，认为可以运用该部分内容进行代码编辑，通过 Python 代码编辑器来计算公司 2022 年应发放的奖金总额。

任务布置：

在 Python 代码编辑器中补充相关代码，并运行查看当年应发放的奖金总额。

【相关知识】

一、类与对象

从程序设计语言的角度看，类是一种数据类型，而对象是具有这种数据类型的变量。类是对一群具有相同特征或者行为的事物的一个统称，是抽象的，不能直接使用；对象是由类创建出来的一个具体存在，可以直接使用，由哪一个类创建出来的对象，就拥有在哪一个类中定义的属性与方法。对象就相当于用图纸制造的飞机，在程序开发中，应该先有类，再有对象。

（一）类的含义

类是用来描述具有相同属性和方法的对象集合。它定义了该集合中每个对象所共有的属性和方法。在 Python 中，通过使用 class 关键字来定义类，语法格式如下：

```
class < 类名 >：
    < 类体 >
```

类的定义由类头和类体两部分组成。类头以关键字 class 开头，后面紧接着类名，类名的命名规则与一般标识符的命名规则一致。类名一般使用大写字母开头，如果类名中包括个词，第二个单词的首字母也要大写，这种命名方法也称为"驼峰式命名法"，这是惯例。也可以根据自己的习惯命名，但一般推荐按照惯例来命名。类体主要由类变量（或类成员）、方法和属性等定义语句组成。如果在定义类时，没有想好类的具体功能，也可以在类体中直接使用 Pass 语句代替。

示例代码如下：

```
class Ticket:
    trainNumber = "G63"
    def printTrainNumber(self):
        self.trainNumber
```

（二）对象的创建和使用

当类定义完成之后，就产生了一个类对象。类对象支持引用和实例化两种操作。引用操作是通过类对象去调用类中的属性或方法；实例化，是产生出一个类对象的实例，称为实例对象。要想使用类定义的功能，就必须将类实例化，即创建类的对象。创建类的实例，一般语法格式为：

实例对象 = 类名（<参数>）

创建对象后，可以使用"."运算符，通过实例对象来访问这个类的属性或方法，一般语法格式为：

实例对象 . 属性名；实例对象 . 函数名（）

示例代码如下：

```
class Person:
    def __init__(self):
        self.name = " 信合 "              # 定义类属性
        self.age = "18"
        self.weight = "90"
    def printName(self):                  # 定义实例方法
        print(self.name)
```

```
        def printAge(self):

            print(self.age)

        def printWeight(self):

            print(self.weight)

P = Person( )                                    # 实例对象调用

P.printName( )

P.printAge( )

P.printWeight( )
```

运行过程及结果如图 2-85 所示。

```
class Person:
    def __init__(self):
        self.name="信合"#定义类属性
        self.age="18"
        self.weight="90"
    def printName(self):#定义实例方法
        print(self.name)
    def printAge(self):
        print(self.age)
    def printWeight(self):
        print(self.weight)
P=Person()#实例对象调用
P.printName()
P.printAge()
P.printWeight()

信合
18
90
```

图 2-85　运行过程及结果

二、属性和方法

理解了类、类对象和实例对象的区别后，接下来介绍类的属性、方法和函数之间的区别。举例来说，上面定义的 Person 类中，name、age、weight 都是 Person 类对象的属性，printName 和 printAge 被称为 Person 类对象的方法，与某个对象绑定的函数称为方法。而在类外定义的函数由于没有与对象进行绑定，被称为函数。

（一）属性和方法的访问控制

定义一个 Person 类，其中定义三个属性分别是 name、age 和 weight，为属性设置初始值分别为"信合""18""90"，示例代码如下：

```
class Person:
    name = " 信合 "
    age = "18"
    weight = "90"
```

在定义了类之后，就可以对类对象进行实例化，实例化之后就可以取对象属性了。示例代码如下：

```
class Person:
    name = " 信合 "
    age = "18"
    weight = "90"
P = Person( )
print(P.age)
print(P.name)
```

运行过程及结果如图 2-86 所示。

```
class Person:
    name="信合"
    age="18"
    weight="90""
P=Person()
print(P.age)
print(P.name)

18
信合
```

图 2-86　运行过程及结果

对象属性分为公有属性和私有属性。公有属性可以直接在类外通过对象名称访问，如上述调用 age、name 属性，因为属性是公有的，可以直接调用。私有属性定义时，需要在属性前面加上下划线"__"，私有属性不能够在类外通过对象名进行访问，如果在类外访问私有属性时，会产生 AttributeError 错误，示例代码如下：

```
class Person:
    __name = " 信合 "
    __age = "18"
```

```
        __weight = "90"
p = Person( )
print(p.__age)
```

运行过程及结果如图 2-87 所示。

```
class Person:
    __name="信合"
    __age="18"
    __weight="90"
p=Person()
print(p.__age)

--------------------------------------------------------------------
AttributeError                      Traceback (most recent call last)
/tmp/ipykernel_192/2060998054.py in <module>
      4     __weight="90"
      5 p=Person()
----> 6 print(p.__age)

AttributeError: 'Person' object has no attribute '__age'
```

图 2-87　运行过程及结果

在类中可以使用关键字 def 定义方法，在类中定义方法至少有一个参数，"self"作为方法的第一个参数。方法也有公有方法和私有方法，方法前加 "__" 表示私有方法。示例代码如下：

```
class Person：

    name = " 信合 "

    age = "18"

    weight = "90"

    def printName(self):

        print(self.name)

    def __printAge( ):

        print(self.age)
p = Person( )
p.printName( )
p.__printAge( )
```

运行过程及结果如图 2-88 所示。

```
class Person:
    name="信合"
    age="18"
    weight="90"
    def printName(self):
        print(self.name)
    def __printAge():
        print(self.age)
p=Person()
p.printName()
p.__printAge()
```
```
信合
---------------------------------------------------------------
AttributeError                           Traceback (most recent call last)
/tmp/ipykernel_192/1741868995.py in <module>
      9 p=Person()
     10 p.printName()
---> 11 p.__printAge()

AttributeError: 'Person' object has no attribute '__printAge'
```

图 2-88   运行过程及结果

（二）类属性和实例属性

类属性就是类对象所拥有的属性，它被所有类对象的实例对象所公有。对于公有的类属性，可以在类外通过类对象和实例对象访问，示例代码如下：

```
class Person:

    __name = " 信合 "

    age = "18"

    weight = "90"

p = Person( )

print(p.age)         # 不提倡这么用

print(Person.age)   # 正确用法
```

运行过程及结果如图 2-89 所示。

```
class Person:
    __name="信合"
    age="18"
    weight="90"
p=Person()
print(p.age) #不提倡这么用
print(Person.age) #正确用法
```
```
18
18
```

图 2-89   运行过程及结果

类属性是在类中方法之外定义的，它属于类，可以通过类访问，但不建议这么做，因为会造成类属性值不一致。此外，无论是类对象还是实例对象，都不可以访问私有属性。示例代码如下：

```
class Person:
    __name = " 信合 "
    age = "18"
    weight = "90"
print(Person.__name)
```

运行过程及结果如图 2-90 所示。

```
class Person:
    __name="信合"
    age="18"
    weight="90"
print(Person.__name)

---------------------------------------------------------------------------
AttributeError                            Traceback (most recent call last)
/tmp/ipykernel_192/10143424.py in <module>
      3     age="18"
      4     weight="90"
----> 5 print(Person.__name)

AttributeError: type object 'Person' has no attribute '__name'
```

图 2-90　运行过程及结果

类属性还可以在类定义结束之后通过类名增加。例如，给 Person 类增加属性 id。
示例代码如下：

```
class Person:
    __name = " 信合 "
    age = "18"
    weight = "90"
p = Person( )
Person.id = "10000"
print(Person.id)
p.pn = "10001"
print(Person.pn)
```

运行过程及结果如图 2-91 所示。

```
class Person:
    __name="信合"
    age="18"
    weight="90"
p = Person()
Person.id="10000"
print(Person.id)
p.pn="10001"
print(Person.pn)
```

```
10000
------------------------------------------------------------
AttributeError                          Traceback (most recent call last)
/tmp/ipykernel_192/3334496818.py in <module>
      7 print(Person.id)
      8 p.pn="10001"
----> 9 print(Person.pn)

AttributeError: type object 'Person' has no attribute 'pn'
```

图 2-91　运行过程及结果

上述示例中，在类外对类对象 Person 进行实例化后，产生了一个实例对象 p，并给 p 添加了一个实例属性 pn，赋值为"10001"，这个实例属性是实例对象特有的，因此不能通过类对象访问 pn 属性。

如果需要在类外修改类属性，则必须通过类对象去引用修改。不能通过实例对象去修改类属性，实例对象修改的属性，只属于实例对象属性，不会影响到类属性。通过实例对象修改的类属性后，实例对象引用该属性，实例对象会强制屏蔽掉该类属性，除非删除掉该实例属性。示例代码如下：

```
class Person:
    name = " 信合资产有限责任公司 "
print(" 类属性 Name 值 : {}".format(Person.name))
P = Person( )
print(" 实例属性 Name 值 : {}".format(P.name))
P.name = " 信合集团 "   # 修改实例属性
print(" 修改实例后属性 Name 值 : {}".format(P.name))   # 会屏蔽掉同名的类属性
print(" 修改类属性 Name 值 : {}".format(Person.name))
del P.name   # 删除实例属性
print(" 删除实例后，类属性 Name 值 : {}".format(Person.name))
```

运行过程及结果如图 2-92 所示。

```
class Person:
    name = "信合资产有限责任公司"
print("类属性Name值: {}".format(Person.name))
P = Person()
print("实例属性Name值: {}".format(P.name))
P.name="信合集团" #修改实例属性
print("修改实例后属性Name值: {}".format(P.name)) #会屏蔽掉同名的类属性
print("修改类属性Name值: {}".format(Person.name))
del P.name #删除实例属性
print("删除实例后，类属性Name值: {}".format(Person.name))

类属性Name值: 信合资产有限责任公司
实例属性Name值: 信合资产有限责任公司
修改实例后属性Name值: 信合集团
修改类属性Name值: 信合资产有限责任公司
删除实例后，类属性Name值: 信合资产有限责任公司
```

图 2-92　运行过程及结果

三、类的方法

（一）魔法方法

所谓魔法方法（Magic Methods），是 Python 的一种高级语法，允许在类中自定义函数，并绑定到类的特殊方法中，魔法方法格式：双下划线（__xx__）开始和结束的函数。魔术函数可以增加一些额外功能，例如，调用类实例化对象的方法时自动调用魔术函数；在自己定义的类中，可以实现之前的内置函数。

魔法方法中，使用最频繁的是构造方法和析构方法。

1. 构造方法

构造方法，也叫 __init__ 方法，语法格式为 __init__（self, ...），在生成对象时调用，可以用来进行一些属性初始化操作，不需要显示调用，系统默认会执行。构造方法支持重载，如果用户没有定义构造方法，Python 会自动执行默认的构造方法。示例代码如下：

```
class Person:

    def __init__(self, name):

        self.myName = name

    def printName(self):

        print("my name is {}".format(self.myName))

P = Person(" 信合 ")

P.printName( )
```

运行过程及结果如图 2-93 所示。

```
class Person:
    def __init__(self,name):
        self.myName=name
    def printName(self):
        print("my name is {}".format(self.myName))
P=Person("信合")
P.printName()
```
```
my name is 信合
```

图 2-93　运行过程及结果

在 __init__ 方法中用形参 name 对 myName 进行初始化，整个过程中程序没有专门调用 __init__ 方法，只是在实例类时，传入参数，从而传递给 __init__ 方法。供后续方法中使用，这点在 printName 方法中得到验证。

2. 析构方法

析构方法，也叫 __del__ 方法，语法格式为 __del__（self），在释放对象时调用，支持重载，可以在其中进行一些释放资源操作，同样不需要显示调用，下面是普通方法、构造方法和析构方法的作用示例代码：

```
class Person:
    # 构造方法
    def__init__(self, name):
        self.myName = name
        print(" 成功赋值 myName")
    # 普通方法
    def printName(self):
        print("my name is{}".format(self.myName))
    # 析构方法
    def__del__(self):
            del self.myName
            print(" 已删除 myName 属性 ")
P = Person(" 信合 ")
P.printName( )
del P
```

运行过程及结果如图 2-94 所示。

```
class Person:
    #构造方法
    def __init__(self,name):
        self.myName=name
        print("成功赋值myName")
    #普通方法
    def printName(self):
        print("my name is {}".format(self.myName))
    #析构方法
    def __del__(self):
        del self.myName
        print("已删除myName属性")
P=Person("信合")
P.printName()
del P
```
```
成功赋值myName
my name is 信合
已删除myName属性
```

图 2-94　运行过程及结果

在 Person 类中，__init__ 构造方法，在实例化时会对类的一些属性进行初始化操作。当删除对象时，执行 __del__ 析构方法，销毁一些属性方法，用来释放内存空间。printName 为普通方法，通过实例对象调用。

（二）类方法、实例方法和静态方法

1. 类方法

类方法是对象所拥有的方法，需要用修饰符"@classmethod"来标识，对于类方法，第一个参数必须是类对象，一般以"cls"作为第一个参数。能够使用实例对象和类对象去访问方法。示例代码如下：

```
class Person:

    myName = " 信合 "

    @classmethod

    def printName(cls):

        print("my name is {}".format(cls.myName))
P = Person( )
P.printName( )
Person.printName( )
```

运行过程及结果如图 2-95 所示。

```
class Person:
    myName = "信合"
    @classmethod
    def printName(cls):
        print("my name is {}".format(cls.myName))
P=Person()
P.printName()
Person.printName()

my name is 信合
my name is 信合
```

图 2-95　运行过程及结果

类方法还有一个用途就是可以对类属性进行修改，示例代码如下：

```
class Person:

    myName = " 信合 "

    @classmethod

    def printName(cls):

        print("my name is {}".format(cls.myName))

    @classmethod

    def setName(cls, name):

        cls.myName = name

p = Person( )

p.setName(" 资产 ")

Person.printName( )
```

运行过程及结果如图 2-96 所示。

```
class Person:
    myName = "信合"
    @classmethod
    def printName(cls):
        print("my name is {}".format(cls.myName))
    @classmethod
    def setName(cls,name):
        cls.myName = name
p=Person()
p.setName("资产")
Person.printName()

my name is 资产
```

图 2-96　运行过程及结果

结果显示在实例对象使用类方法修改类属性之后，通过类对象访问发生了改变。

2. 实例方法

实例方法是类中最常定义的成员方法，它至少有一个参数，"self"作为方法的第一个参数。在类外实例方法只能通过实例对象去调用，不能通过其他方式去调用，示例代码如下：

```
class Person:
    myName = " 信合 "
    def printName(self):
        print("my name is {}".format(self.myName))
p = Person( )
p.printName( )
Person.printName( )
```

运行过程及结果如图 2-97 所示。

```
class Person:
    myName = "信合"
    def printName(self):
        print("my name is {}".format(self.myName))
p=Person()
p.printName()
Person.printName()
```
```
my name is 信合
---------------------------------------------------------------------
TypeError                                 Traceback (most recent call last)
/tmp/ipykernel_207/395387383.py in <module>
      5 p=Person()
      6 p.printName()
----> 7 Person.printName()

TypeError: printName() missing 1 required positional argument: 'self'
```

图 2-97　运行过程及结果

3. 静态方法

静态方法需要通过 @staticmethod 来进行修饰，静态方法不需要多定义参数，示例代码如下：

```
class Person:
    myName = " 信合 "
    @staticmethod
    def printName( ):
        print("my name is {}".format(Person.myName))
p = Person( )
```

```
p.printName( )
```

运行过程及结果如图 2-98 所示。

```
class Person:
    myName = "信合"
    @staticmethod
    def printName():
        print("my name is {}".format(Person.myName))
p=Person()
p.printName()

my name is 信合
```

图 2-98　运行过程及结果

【任务实现】

一、创建类及定义实例方法

创建类，类名为 EnterpriseProfit（企业利润），通过 __init__ 方法实例属性 profit（利润），并定义实例方法计算应发奖金（Bonuspayable），根据任务描述可知，应发奖金有 6 种情况，因此可以通过多分支结构 if-elif-else 语句进行判断。

应发奖金计算公式为：

$$应发奖金 = sum（利润 \times 对应提成比例）$$

代码如下：

```
# 创建类
class EnterpriseProfit(object):
# 实例属性
    def__init__(self, profit):
        self._profit = profit
        # 定义实例方法。应发奖金有 6 种情况，可以通过多分支结构 if-elif-else
语句进行判断
    def Bonuspayable(self):
        if self._profit <= 100000:
            Bonuspayable = self._profit*0.1
```

```
        elif 100000 <self._profit <= 200000:

            Bonuspayable = 100000*0.1 + (self._profit−100000)*0.075

        elif 200000 <self._profit <= 400000:

            Bonuspayable = 100000*0.1 + 100000*0.075 + (self._profit−200000)*0.05

        elif 400000 <self._profit <= 600000:

            Bonuspayable = 100000*0.1 + 100000*0.075 + 200000*0.05 + (self._
profit−400000)*0.03

        elif 600000 <self._profit <= 1000000:

            Bonuspayable = 100000*0.1 + 100000*0.075 + 200000*0.05 + 200000*
0.03 + (self._profit−600000)*0.015

        else:

            Bonuspayable = 100000*0.1 + 100000*0.075 + 200000*0.05 + 200000*
0.03 + 400000*0.015 + (self._profit−1000000)*0.01

        return Bonuspayable
```

二、实例对象调用

实例对象调用，代码如下：

```
ep = EnterpriseProfit(874936)
```

三、打印输出应发奖金

打印输出应发奖金，代码如下：

```
print(ep.Bonuspayable( ))
```

四、查看运行结果

输入上述代码，单击运行按钮，运行结果如图 2-99 所示。

```
37624.04
```

图 2-99　运行结果

【任务测试】

任务 2.6 测试

【拓展学习】

类 的 继 承

面向对象编程的思想，比较重要的一点就是代码可以重复使用。继承就体现出代码复用的概念。在某个类中已经实现的功能，想要在另一个类中实现时，便可以选择继承这一方法来快速实现。示例代码如下：

```python
class Butterfly( ):
    def__init__(self, name):
        self.name = name


    def skill(self):
        print(self.name + " 会授粉 ")


class Whitebutterfly(Butterfly):
    def__init__(self, name, color):
        Butterfly.__init__(self, name)
        self.color = color


    def skill_2(self):
        print(self.color + " 的 " + self.name + " 会跳舞 ")
```

```
g = Whitebutterfly(' 蝴蝶 ', ' 白色 ')
print(g.name, g.color)
g.skill( )
g.skill_2( )
```

运行结果为：

```
蝴蝶　白色
蝴蝶会授粉
白色的蝴蝶会跳舞
```

示例中先定义了 Butterfly 类的实例属性和方法。在 Whitebutterfly 类中的第一行括号里填写 Butterfly，表示 Whitebutterfly 以 Butterfly 作为基类，Whitebutterfly 就集成了 Butterfly 基类的非私有属性和方法。Butterfly.__init__（self，name），是继承 Butterfly 的实例属性，继承后，不用再逐一赋值。Whitebutterfly 中并没有提及 Butterfly 类的实例方法 skill，但可以看到，通过实例化 Whitebutterfly，可以直接使用 skill 方法。Whitebutterfly 类继承了 Butterfly 类的 skill 方法。

单元学习评价

按照表 2–19 Python 程序设计基础学习评价表的考核内容分别评价各项内容的完成度并计算得分，按考核项目的权重计算本单元的总分。

表 2–19　Python 程序设计基础学习评价表

考核项目	权重 /%	考核内容	分值	得分
知识	50	按时完成 Python 程序的格式框架、保留字、变量与赋值方法的相关知识阅读或听讲	10	
		按时完成数字型数据、字符串型数据、比较运算符、数据类型转换相关知识的阅读或听讲	10	
		按时完成顺序结构、分支结构、循环结构相关知识的阅读或听讲	10	
		按时完成序列类型、映射类型和集合类型及操作的阅读或听讲	10	

考核项目	权重 /%	考核内容	分值	得分
知识	50	按时完成函数的基本使用、模块的基本使用相关知识的阅读或听讲	10	
		按时完成类与对象、属性和方法、类的方法相关知识的阅读或听讲	10	
		积极参与本单元规定的Python变量命名与赋值、Python基本数据类型、Python程序控制结构、Python组合数据类型、Python函数与模块调用和Python类与对象调用的讨论与交流活动	10	
		正确完成本单元规定的Python变量命名与赋值、Python基本数据类型、Python程序控制结构、Python组合数据类型、Python函数与模块调用和Python类与对象调用的线上、线下测试与作业	30	
技能	30	利用赋值运算符完成变量的赋值	10	
		利用Python基本数据类型完成经营活动产生的现金流量等数值计算	15	
		利用Python程序控制结构完成月供总额、每月应还利息、每月应还本金等数值计算	20	
		利用Python组合数据类型完成累计应提折旧额、累计实提折旧额等数值计算	20	
		利用Python函数与模块调用完成各月收入、应纳税额、扣税金额等数值计算	20	
		利用Python类与对象调用完成应发放的奖金总额等数值计算	15	
素养	20	完成本单元规定的职业素养培养基本要求	50	
		结合本单元实例,完成有关培养辩证思维,秉承爱岗敬业等职业素养的讨论或撰写心得感悟短文	50	
总体评价			100	

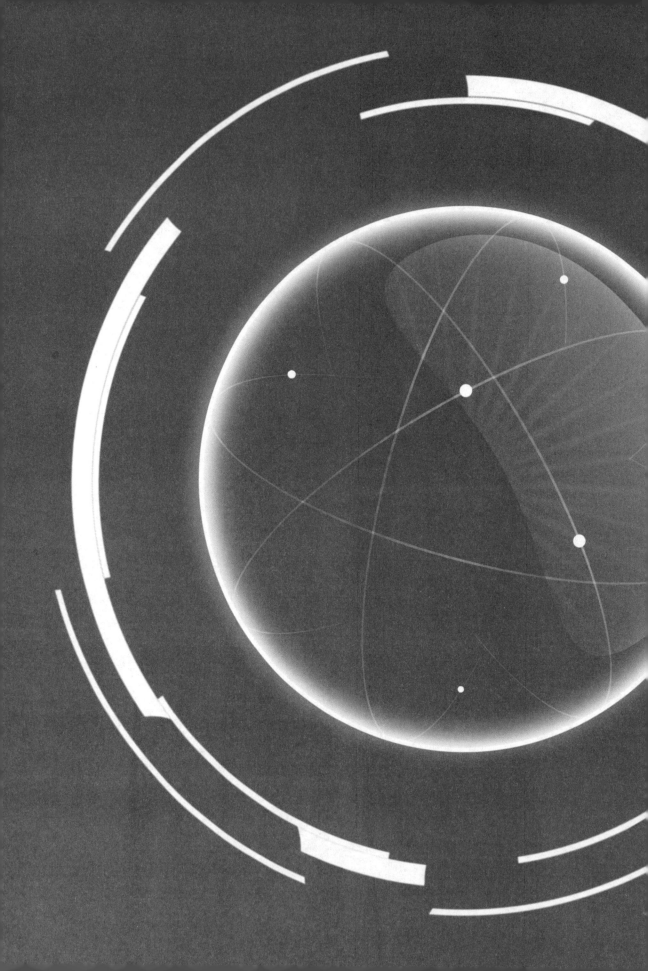

单元三

SQL 应用

知识目标

◆ 理解 SQL 的含义、SQL 的执行过程、SQL 命令、SQL 语法及 SQL 数据类型，掌握创建数据表、插入数据、重命名数据表及删除数据表的基本语法；

◆ 掌握 SELECT 语句、WHERE 子句、GROUP BY 子句、ORDER BY 子句、HAVING 子句、JOIN 语句、DISTINCT 关键字及 SQL 子查询等 SQL 数据查询常用语句的基本语法；

◆ 掌握 SQL 常用函数中聚合函数 SUM 函数、AVG 函数、COUNT 函数、MAX 函数、MIN 函数，数学函数 ROUND 函数、POWER 函数，字符串函数 CONCAT 函数、ASCII 函数、LENGTH 函数的基本语法；

◆ 掌握 SQL 存储过程的创建、调用及删除语法，以及 IF、CASE 等常用流程控制语句的基本语法。

技能目标

◆ 利用 CREATE TABLE、INSERT INTO 等语句，正确进行新增数据表、插入数据、重命名数据表、删除数据表等操作；

◆ 利用 SELECT、ORDER BY 等语句，正确进行数据查询、分组、排序、联合查询、删除重复记录及子查询等操作；

◆ 利用 SQL 查询语句、SQL 函数及运算符，正确进行平均值、求和、最大值、最小值、计数等操作。

◆ 利用 SQL 查询语句、SQL 函数、存储过程及流程控制语句等，正确进行存储过程的创建及调用、流程控制语句的设计等操作。

素养目标

◆ 通过本单元学习，培养遵守相关准则制度、工作规范和业务流程，做社会主义法治的忠实崇尚者、自觉遵守者、坚定捍卫者的意识；

◆ 在进行 SQL 数据表创建、数据查询、函数应用及流程控制语句设计等操作的同时，培养积极主动、勇毅前行、精益求精、迎难而上的职业品质。

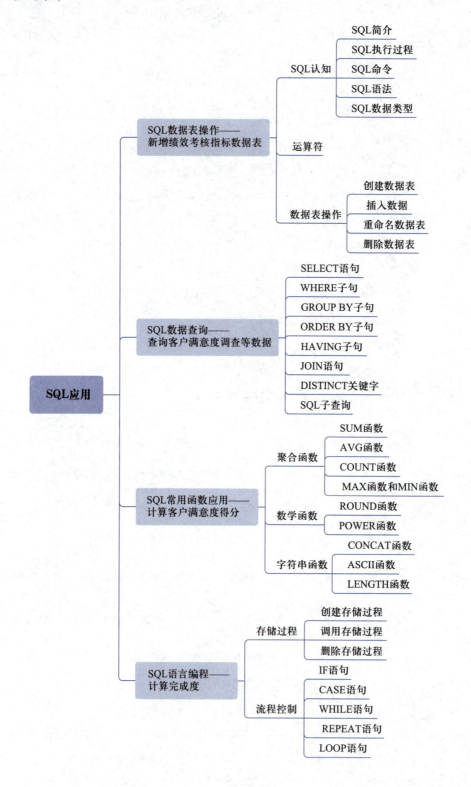

职业素养提升

坚持职业准则，做到迎难而上

"欲知平直，则必准绳；欲知方圆，则必规矩。""准绳"和"规矩"原本表示具体的测量和绘图工具，后表示抽象的准则、法度之义。作为财经工作者，要做到心中有规矩，行为定方圆。在应用 SQL 进行创建数据表、插入数据、查询数据、函数应用及流程控制等操作时要坚持职业准则，严格执行相关准则制度，保证财经信息的真实完整。

应用 SQL 进行数据查询、子查询、聚合函数、数学函数、字符串函数及流程控制等操作是 SQL 应用中很常见的操作。在进行数据查询的过程中，经常需要将聚合函数、数学函数及流程控制等语句嵌入查询语句中，过程相对比较复杂，也会遇到各种各样问题，但方法总比问题多，只要善于思考，积极面对和处理问题，就一定会解决问题，从而实现目标。

任务一 SQL 数据表操作
——新增绩效考核指标数据表

【任务描述】

信合资产有限责任公司采用平衡计分卡进行年度绩效考核，根据公司有关业务数据和绩效管理系统获得绩效考核指标数据表，如表 3-1 所示。

表 3-1 绩效考核指标数据表

维度	指标	方向	指标权重	目标值	实际值
内部业务流程	产品质检合格率	正	0.15	99.2	99.29
内部业务流程	存货周转率	正	0.15	28.8	29.92
内部业务流程	存货损耗率	负	0.1	1.3	1.01

维度	指标	方向	指标权重	目标值	实际值
内部业务流程	安全检查得分	正	0.15	91.5	91.5
内部业务流程	材料到货及时率	正	0.15	99.2	97
内部业务流程	订单交付及时率	正	0.15	98.4	98.21
内部业务流程	设备故障率	负	0.15	1.5	1.62
学习与成长	人均净利润	正	0.15	28 039	29 900.63
学习与成长	人均营业收入	正	0.15	118 201	236 000
学习与成长	员工保持率	正	0.15	92.4	105.56
学习与成长	员工培训满意度	正	0.1	94.3	94.46
学习与成长	培训计划完成率	正	0.1	94.9	83.33
学习与成长	平均工资增长率	正	0.15	3.5	3.17
学习与成长	招聘完成率	正	0.1	94.7	92.92
学习与成长	高学历员工占比	正	0.1	34	33.51
财务	净利润增长率	正	0.15	21.4	21.49
财务	净资产收益率	正	0.1	22.9	26.06
财务	应收账款周转率	正	0.1	51.2	56.65
财务	息税前利润增长率	正	0.15	22.2	21.5
财务	流动比率	正	0.1	2.3	2.22
财务	营业收入增长率	正	0.2	21	21.67
财务	营业毛利率	正	0.1	35.18	35.25
财务	资产负债率	负	0.1	11.3	8.48
客户	大客户销售收入占比	正	0.15	82.1	78.26
客户	客户投诉率	负	0.15	1.06	1.07
客户	客户投诉解决时长	负	0.1	2.1	1.63
客户	客户满意分	正	0.1	94.8	94.68
客户	市场占有率	正	0.25	1.67	1.58
客户	新客户增长率	正	0.1	14.07	13.04
客户	老客户保有率	正	0.15	80.6	76.79

　　由于公司进行年度绩效考核需要运用 SQL 语言，因此首先需要将上述相关数据存入数据库中，而财务部员工小李在读大学期间学习了 SQL 相关内容，因此总经理便将这项任务交给小李来完成。

任务布置：

1. 运用 CREATE TABLE 创建"绩效考核指标数据表"。

2. 运用 INSERT INTO 在"绩效考核指标数据表"中插入表 3-1 中的数据。

3. 运用 SELECT 查询"绩效考核指标数据表"中的新增数据。

说明：绩效考核指标数据表结构如表 3-2 所示。

表3-2　绩效考核指标数据表结构

字段名称	类型	长度	小数点
维度	char	16	0
指标	char	32	0
方向	char	8	0
指标权重	decimal	10	2
目标值	decimal	10	4
实际值	decimal	10	4

【相关知识】

一、SQL 认知

（一）SQL 简介

SQL 是 Structured Query Language 的缩写，中文译为"结构化查询语言"。SQL 是一种操作关系数据库的计算机语言，用来存储、检索和修改关系型数据库中存储的数据。

SQL 是关系型数据库的标准语言，所有的关系型数据库管理系统（RDBMS），比如 MySQL、Oracle、SQL Server、MS Access、Sybase、Informix、Postgres 等，都将 SQL 作为其标准处理语言。

如今，SQL 广泛应用于数据科学和分析。SQL 之所以广受欢迎，是因为它具有以下用途：

（1）允许用户访问关系型数据库系统中的数据；

（2）允许用户描述数据；

（3）允许用户定义数据库中的数据，并处理该数据；

（4）允许将 SQL 模块、库或者预处理器嵌入到其他编程语言中；

（5）允许用户创建和删除数据库、表、数据项（记录）；

（6）允许用户在数据库中创建视图、存储过程、函数；

（7）允许用户设置对表、存储过程和视图的权限。

（二）SQL 执行过程

当在任何关系数据库管理系统上执行 SQL 命令时，系统会自动找到执行请求的最佳例程，并且 SQL 引擎决定如何解释该特定命令。

结构化查询语言在其过程中包含以下四个组件：

（1）查询调度程序；

（2）优化引擎；

（3）经典查询引擎；

（4）SQL 查询引擎。

经典查询引擎允许数据专业人员和用户维护非 SQL 查询。SQL 架构图如图 3-1 所示。

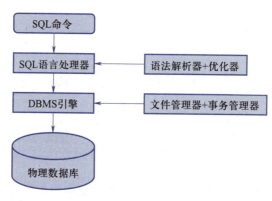

图 3-1　SQL 架构图

（三）SQL 命令

SQL 命令有助于创建和管理数据库。最常用的 SQL 命令有 CREATE、UPDATE、DELETE、SELECT、DROP、INSERT 等，具体如表 3-3 所示。

表3-3　SQL常用命令

命令	说明
CREATE	此命令有助于创建新数据库、新表、表视图和数据库的其他对象
UPDATE	此命令有助于更新或更改数据库中存储的数据
DELETE	此命令有助于从数据库表中删除或擦除已保存的记录，可以从数据库的表中删除单个或多个元组
SELECT	此命令有助于从数据库的一个或多个表中访问单行或多行，也可以将此命令与WHERE子句一起使用
DROP	此命令有助于从数据库中删除整个表、表视图和其他对象
INSERT	此命令有助于将数据或记录插入数据库表中，可以轻松地将记录插入到表的单行和多行中

（四）SQL语法

使用SQL语言必须遵守一套特定的规范和准则，这称之为语法。SQL语法必须以关键字（也称命令）开头，比如SELECT、INSERT、UPDATE、DELETE、ALTER、DROP、CREATE、USE、SHOW等。

SQL语句以"；"结尾，分号用来分隔SQL语句，一次数据库查询可以使用多个SQL语句，分号可以帮助数据库系统区分出SQL语句。SQL语句可以跨行，即可以将SQL语句书写在一行或者多行。

值得说明的是，SQL不区分大小写，这意味着SELECT和select在SQL语句中是一样的，但是关键字通常以大写形式出现。但表名是区分大小写的，必须使用数据库中已经存在的表名。

SQL语法示例：

```
SELECT column_name FROM table_name；
```

该语句用来从数据表中查询数据。

（五）SQL数据类型

数据类型用于表示可以存储在数据库表中的数据的性质。例如，在表的特定列中，如果要存储字符串类型的数据，那么必须声明该列的字符串数据类型。

每个数据库的数据类型主要分为三类：字符串数据类型、数值数据类型、日期和时间数据类型。

本书以 MySQL 8.0 为例讲解 SQL 数据类型及相关操作，其他数据库支持的数据类型与 MySQL 大体类似，但是细节（例如数据类型的名称、数据类型的大小等）有所差别。

1. MySQL 字符串类型

MySQL 数据库中使用的字符串类型如表 3-4 所示。

表 3-4 MySQL 字符串类型

数据类型	说明
CHAR(size)	用于表示固定长度的字符串，该字符串可以包含数字、字母和特殊字符。size 的大小可以是从 0 到 255 个字符，默认值为 1
VARCHAR(size)	用于表示可变长度的字符串，该字符串可以包含数字、字母和特殊字符。size 的大小可以是从 0 到 65 535 个字符
TINYTEXT	表示一个最大长度为 255($2^8 - 1$) 的字符串文本
TEXT(size)	表示一个最大长度为 65 535($2^{16} - 1$) 的字符串文本，即 64KB
MEDIUMTEXT	表示一个最大长度为 16 777 215($2^{24} - 1$) 的字符串文本，即 16MB
LONGTEXT	表示一个最大长度为 4 294 967 295($2^{32} - 1$) 的字符串文本，即 4GB
ENUM(val1,val2,val3,...)	字符串枚举类型，最多可以包含 65 535 个枚举值。插入的数据必须位于列表中，并且只能命中其中一个值；如果不在列表中，将插入一个空值
SET(val1,val2,val3,....)	字符串集合类型，最多可以列出 64 个值。插入的数据可以命中其中的一个或者多个值，如果没有命中，将插入一个空值

说明：ENUM 类型相当于单选题，SET 类型相当于多选题。

2. MySQL 数值类型

MySQL 数据库中使用的数值类型如表 3-5 所示。

表 3-5 MySQL 数值类型

数据类型	说明
BIT (Size)	用于位值类型。每个值的位数以大小指定。它的大小可以是 1 到 64。默认值为 1
INT (size)	用于整数值。其有符号范围从 -2 147 483 648 到 2 147 483 647 不等，无符号范围从 0 到 4 294 967 295 不等。size 参数指定最大显示宽度为 255
INTEGER(size)	等于 INT(大小)
FLOAT(size,d)	用于指定浮点数。它的 size 参数指定总位数。小数点后的位数由 d 参数指定
FLOAT(p)	用于指定浮点数。MySQL 使用 p 参数来确定是使用 FLOAT 还是 DOUBLE。如果 p 在 0 到 24 之间，则数据类型变为 FLOAT()。如果 p 从 25 到 53，则数据类型变为 DOUBLE()

数据类型	说明
DOUBLE(size,d)	这是一个正常大小的浮点数。它的size参数指定总位数。小数点后的位数由d参数指定
DECIMAL(size,d)	用于指定一个定点数。它的size参数指定总位数。小数参数后的位数由d参数指定。size的最大值为65，默认值为10。d的最大值为30，默认值为0
DEC(size,d)	等于DECIMAL(size,d)
BOOL	用于指定布尔值true和false。零被认为是假，非零值被认为是真

3. MySQL 日期和时间类型

MySQL 数据库中使用的日期和时间类型如表 3-6 所示。

表3-6　MySQL日期和时间类型

数据类型	说明
DATE	日期类型，格式为YYYY-MM-DD，取值范围从'1000-01-01'到'9999-12-31'
DATETIME(fsp)	日期和时间类型，格式为YYYY-MM-DD hh:mm:ss，取值范围从'1000-01-01 00:00:00'到 '9999-12-31 23:59:59'
TIMESTAMP(fsp)	时间戳类型，它存储的值为从 Unix 纪元（'1970-01-01 00:00:00'UTC）到现在的秒数。TIMESTAMP的格式为YYYY-MM-DD hh:mm:ss，取值范围从'1970-01-01 00:00:01'UTC到'2038-01-09 03:14:07'UTC
TIME (fsp)	时间类型，格式为hh:mm:ss，取值范围从'-838:59:59'到'838:59:59'
YEAR	四位数字的年份格式，允许使用从1901到2155之间的四位数字的年份。此外，还有一个特殊的取值，就是0000

二、运算符

运算符是一种符号，用来指定在一个或多个表达式中执行的操作，包括一元运算符、算术运算符、比较运算符、位运算符、逻辑运算符等。各种运算符及运算符的优先级如表 3-7 所示。

表3-7　运算符及运算符的优先级

运算符种类	运算符	优先级
一元运算符	+（正）、－（负）、~（按位取反）	1（高）

运算符种类	运算符	优先级
算术运算符	**（指数幂）	2
	*（乘）、/（除）	3
	+（加）、-（减）、‖（字符串连接）	4
比较运算符	＝（等于）、＜（小于）、＞（大于）、＜＝（小于等于）、＞＝（大于等于）、！＝（不等于）、！＜（不小于）、！＞（不大于）	5
位运算符	&（位与）、|（位或）、∧（位异或）	6
逻辑运算符	NOT（逻辑非）	7
	AND（逻辑与）	8
	OR（逻辑或）	9（低）

当一个复杂的表达式有多个运算符时，运算符优先级决定执行运算的先后顺序，执行的顺序会影响所得到的运算结果。当两个运算符有相同的优先级时，根据位置从左到右进行运算。括号可以用于改变优先级。

三、数据表操作

（一）创建数据表

表（Table）是以行和列形式组织的数据的集合，是构成关系数据库的基本元素，包含表头和表体。其中表头定义各个列的列名、顺序、数据类型和长度等属性，确定数据库表的结构；表体包含数据行，是数据的内容部分。表中的列也被称为字段，包含某特定的信息，表中的行被看作是文件中的记录，包含每个列对应的值。

表被创建以后，列数是固定的，但是行数可以改变。创建表时，需要给表命名，并定义它的列以及每一列的类型。SQL 语言使用 CREATE TABLE 语句创建新表，基本语法如下：

```
CREATE TABLE table_name(column1 datatype,column2 datatype,...,columnN datatype,
PRIMARY KEY(one or more columns));
```

CREATE TABLE 是 SQL 命令，告诉数据库创建一个新的表，它后面紧跟的

table_name 是表的名字。然后在括号中定义表的列，以及每一列的类型。

PRIMARY KEY 关键字用来指明表的主键。为了维护关系数据表的完整性，通常以唯一确定的一条记录作为标识，这个标识即为主键。一个表只有一个主键，且主键不能重复，不能为空。在创建表时就可以对列添加主键。

比如，以创建员工工资信息表为例，员工工资信息表结构如表 3-8 所示。

表3-8　员工工资信息表结构

字段名称	数据类型
员工编号	INT(11)
员工姓名	VARCHAR(25)
所在部门编号	INT(11)
工资	FLOAT

示例代码如下：

```
CREATE TABLE 员工工资信息表
(员工编号INT(11),员工姓名VARCHAR(25),所在部门编号INT(11),工资
FLOAT);
```

运行过程及结果如图 3-2 所示。

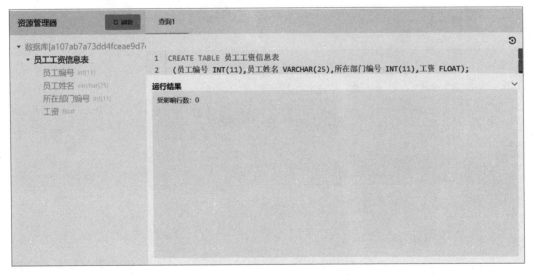

图3-2　运行过程及结果

（二）插入数据

INSERT INTO 语句用于向表中插入新的数据行。INSERT INTO 语句有两种基本的用法，分别为按指定的列插入数据和为所有列插入数据。

1. 按指定的列插入数据

在该种方法下，需要指定要插入的列名和值。基本语法格式如下：

INSERT INTO table_name(column1,column2,column3,...,columnN)

VALUES(value1,value2,value3,...,valueN);

column1，column2，column3，...，columnN 表示要插入数据的列名，value1，value2，value3，...，valueN 表示每列对应的值。比如，在上述创建的员工工资信息表中插入员工张三的工资信息，示例代码如下：

INSERT INTO 员工工资信息表 (员工编号，员工姓名，所在部门编号，工资)

VALUES(10001,' 张三 ',13,8200)

运行过程及结果如图 3-3 所示。

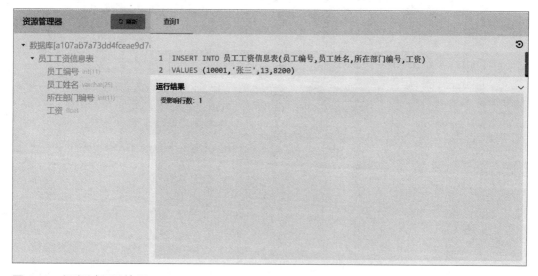

图 3-3 运行过程及结果

2. 为所有列插入数据

在该种方法下，不需要指定将插入数据的列名，只需要它们的值。基本语法格式如下：

```
INSERT INTO table_name
VALUES(value1,value2,value3,....,valueN);
```

比如，在上述创建的员工工资信息表中继续插入员工李四的工资信息，示例代码如下：

```
INSERT INTO 员工工资信息表
VALUES(10002,' 李四 ',11,8200)
```

运行过程及结果如图 3-4 所示。

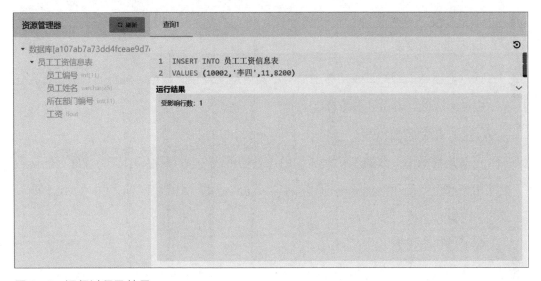

图 3-4　运行过程及结果

为表中所有列添加数据时，可以不在 SQL 语句中指明列的名称，但是，需要确保插入的值的顺序和表中各列的顺序相同。

可以通过使用 SELECT 语句查询数据表信息，以查看新增数据是否成功。示例代码如下：

```
select*from 员工工资信息表          # "*"代表选取所有列
```

运行过程及结果如图 3-5 所示。

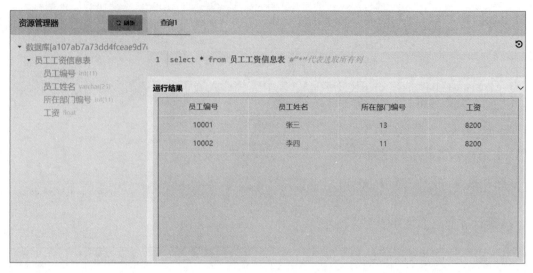

图 3-5　运行过程及结果

通过上述结果可知，成功新增员工工资信息表及相关数据。SELECT 语句将在任务二中详解，此处不做过多解释。

（三）重命名数据表

在某些情况下，数据库管理员和用户需要更改 SQL 数据库中表的名称。任何数据库用户都可以使用结构化查询语言中的 RENAME TABLE 和 ALTER TABLE 两种语句轻松更改名称。

基本语法格式如下：

```
ALTER TABLE old_table_name RENAME TO new_table_name;
RENAME old_table_name TO new_table_name;   #两种方法均可实现重命名数据表
```

比如，将上述员工工资信息表重命名为信合资产员工工资信息表，示例代码如下：

```
ALTER TABLE 员工工资信息表 RENAME TO 信合资产员工工资信息表
```

运行过程及结果如图 3-6 所示。

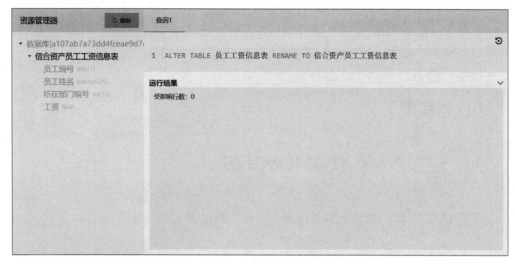

图 3-6　运行过程及结果

（四）删除数据表

不需要使用某个数据表时，可以将它删除。SQL 中 DROP TABLE 语句用来删除数据表，以及与该表相关的所有数据、索引、触发器、约束和权限。

基本语法格式如下：

DROP TABLE table_name;

接下来，删除上述信合资产员工工资信息表，示例代码如下：

DROP TABLE 信合资产员工工资信息表

运行过程及结果如图 3-7 所示。

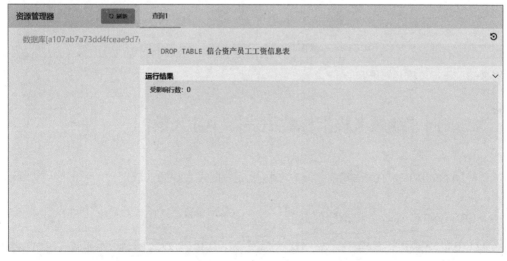

图 3-7　运行过程及结果

使用 DROP TABLE 命令时一定要非常小心，因为一旦删除了表，那么该表中所有的信息将永远丢失。

【任务实现】

一、创建"绩效考核指标数据表"

使用 CREATE TABLE 创建"绩效考核指标数据表"。示例代码如下：

CREATE TABLE 绩效考核指标数据表

(维度 char(16), 指标 char(32), 方向 char(8), 指标权重 decimal(10,2), 目标值 decimal(10,4), 实际值 decimal(10,4));

运行过程及结果如图 3-8 所示。

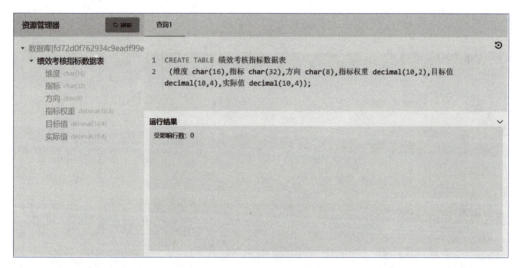

图 3-8 运行过程及结果

二、向"绩效考核指标数据表"中插入数据

使用 NSERT INTO 语句向"绩效考核指标数据表"中插入数据行。示例代码如下：

INSERT INTO 绩效考核指标数据表

VALUES(' 内部业务流程 ',' 产品质检合格率 ',' 正 ', 0.15, 99.2, 99.29),

('内部业务流程','存货周转率','正',0.15,28.8,29.92),

('内部业务流程','存货损耗率','负',0.1,1.3,1.01),

('内部业务流程','安全检查得分','正',0.15,91.5,91.5),

('内部业务流程','材料到货及时率','正',0.15,99.2,97),

('内部业务流程','订单交付及时率','正',0.15,98.4,98.21),

('内部业务流程','设备故障率','负',0.15,1.5,1.62),

('学习与成长','人均净利润','正',0.15,28039,29900.63),

('学习与成长','人均营业收入','正',0.15,118201,236000),

('学习与成长','员工保持率','正',0.15,92.4,105.56),

('学习与成长','员工培训满意度','正',0.1,94.3,94.46),

('学习与成长','培训计划完成率','正',0.1,94.9,83.33),

('学习与成长','平均工资增长率','正',0.15,3.5,3.17),

('学习与成长','招聘完成率','正',0.1,94.7,92.92),

('学习与成长','高学历员工占比','正',0.1,34,33.51),

('财务','净利润增长率','正',0.15,21.4,21.49),

('财务','净资产收益率','正',0.1,22.9,26.06),

('财务','应收账款周转率','正',0.1,51.2,56.65),

('财务','息税前利润增长率','正',0.15,22.2,21.5),

('财务','流动比率','正',0.1,2.3,2.22),

('财务','营业收入增长率','正',0.2,21,21.67),

('财务','营业毛利率','正',0.1,35.18,35.25),

('财务','资产负债率','负',0.1,11.3,8.48),

('客户','大客户销售收入占比','正',0.15,82.1,78.26),

('客户','客户投诉率','负',0.15,1.06,1.07),

('客户','客户投诉解决时长','负',0.1,2.1,1.63),

('客户','客户满意分','正',0.1,94.8,94.68),

('客户','市场占有率','正',0.25,1.67,1.58),

('客户','新客户增长率','正',0.1,14.07,13.04),

('客户','老客户保有率','正',0.15,80.6,76.79)

部分运行过程及结果如图 3-9 所示。

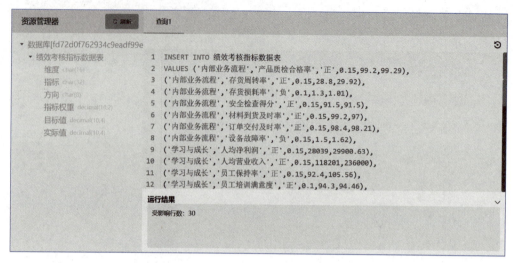

图 3-9 部分运行过程及结果

三、查询"绩效考核指标数据表"数据

使用 SELECT 查询"绩效考核指标数据表"中的数据。示例代码如下：

```
SELECT 维度,指标,方向,指标权重,目标值,实际值
FROM 绩效考核指标数据表
```

运行过程及结果如图 3-10 所示。

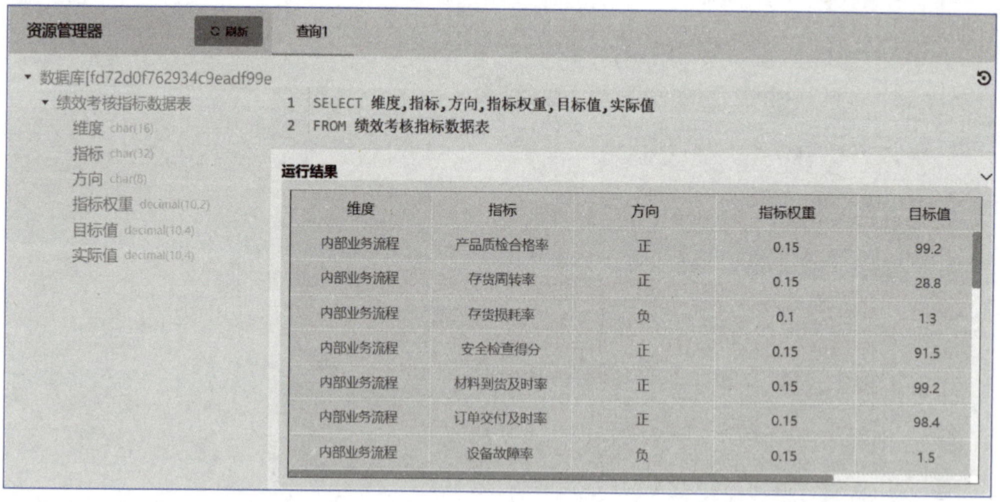

图 3-10 运行过程及结果

【任务测试】

任务 3.1 测试

【拓展学习】

修改数据——UPDATE 语句

UPDATE 语句用于修改数据表中现有的记录（数据行）。UPDATE 通常和 WHERE 子句一起使用，用以筛选满足条件的记录；如果不使用 WHERE 子句，那么表中所有的记录都将被修改。

带有 WHERE 子句的 UPDATE 命令的基本语法如下：

```
UPDATE table_name
SET column1 = value1, column2 = value2, ..., columnN = valueN
WHERE[condition];
```

可以使用 AND 或者 OR 运算符组合多个条件。

比如，将相关知识中新增的"信合资产员工工资信息表"中"员工姓名"为"李四"的工资修改为 8 500。示例代码如下：

```
UPDATE 信合资产员工工资信息表
SET 工资 = 8500
WHERE 员工姓名 = ' 李四 ';
```

运行过程及结果如图 3-11 所示。

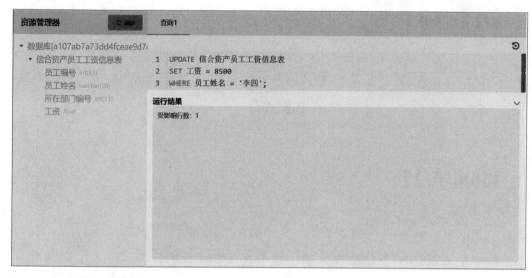

图 3-11　运行过程及结果

通过使用 SELECT 语句可以查询修改结果，示例代码如下：

```
select 员工姓名，工资
from 信合资产员工工资信息表
```

运行过程及结果如图 3-12 所示。

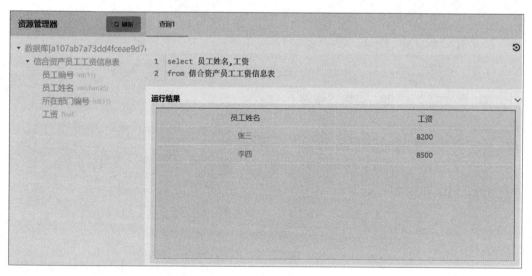

图 3-12　运行过程及结果

可以看到通过使用 UPDATE 语句，已经成功将"李四"的工资修改为 8 500。

任务二　SQL数据查询
——查询客户满意度调查等数据

【任务描述】

信合资产有限责任公司财务部员工小李在完成了新增"绩效考核指标数据表"后，"维度权重""项目占比""客户满意度调查"等数据表信息也已自动更新至数据库中，为了完成后续对公司的绩效进行评价，需要小李查询数据表中的相关信息。

任务布置：

1. 查询数据库中"维度权重"数据表全部信息。

2. 查询数据库中"项目占比"数据表全部信息。

3. 查询数据库中"客户满意度调查"数据表全部信息，并按"产品功能满意度"由大到小进行排序。

【相关知识】

数据查询是数据库的核心操作。SQL是一种查询功能很强的语言，只要是数据库存在的数据，总能通过适当的方法将它从数据库中查找出来。SQL中的查询语句只有一个：SELECT语句。它可以与其他语句配合完成所有的查询功能，比如WHERE子句、GROUP BY子句、ORDER BY子句、HAVING子句、JOIN语句、DISTINCT关键字以及SQL子查询等。

一、SELECT 语句

SQL提供了SELECT语句进行数据查询，SELECT语句用于从表中选取符合条件的数据，该数据以临时表的形式返回，称为结果集。

SELECT语句的基本语法如下：

```
SELECT column1, column2, ..., columnN

FROM table_name
```

column1，column2，...，columnN 表示选取的列，table_name 表示表名。

比如，查询数据库"利润表"中列名为"年份""证券名称""营业收入"对应的值。示例代码如下：

```
SELECT 年份,证券名称,营业收入

FROM 利润表
```

运行过程及结果如图 3-13 所示。

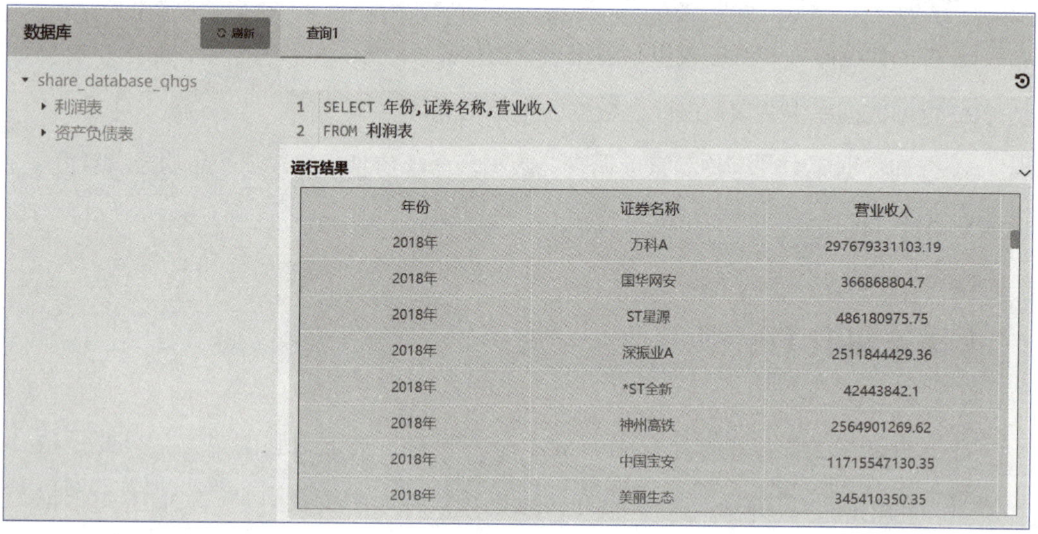

图 3-13　运行过程及结果

如果想选取所有的列，那么可以使用"*"代替所有列名，"*"为通配符，表示查找 FROM 中所指出关系的所有属性的值。语法如下：

```
SELECT*FROM table_name；
```

二、WHERE 子句

使用 SQL 从单个表或者多表联合查询数据时，可以使用 WHERE 子句指定查询条件。当给定查询条件时，只有满足条件的数据才会被返回。建议使用 WHERE 子句来过滤记录，以获取必要的结果集。

WHERE 子句用于 SELECT 语句时的基本语法如下：

```
SELECT column1, column2...columnN
FROM table_name
WHERE condition
```

可以在 condition 条件中使用 ">" "<" "=" 等比较运算符，或者使用 AND、OR 等逻辑运算符来指定多个条件，或者使用 LIKE、NOT LIKE 等进行模糊匹配。WHERE 子句常用的查询条件如表 3-9 所示。

表 3-9　WHERE 子句常用的查询条件

查询条件	谓词	说明
比较	=，<，>，>=，<=，!=，<>，!<，!>，NOT+比较运算符	!=或<>（不等于），!>（不大于），!<（不小于），NOT 表示条件取反
确定范围	BETWEEN AND, NOT BETWEEN AND	用来查找属性值在或不在指定范围内的元组，其中 BETWEEN 后是范围的下限值，AND 后是范围的上限值
确定集合	IN, NOT IN	IN 用来查找属性值属于指定集合的元素，NOT IN 用来查找属性值不属于指定集合的元素
字符匹配	LIKE, NOT LIKE	可以用来进行字符串的匹配
空值	IS NULL, IS NOT NULL	用来查找属性值是空值或者非空值的元素。IS 不能用=（等于）代替
多重条件（逻辑运算）	AND, OR, NOT	多重条件查询。AND 的优先级高于 OR，但可以使用小括号改变优先级

LIKE 子句用于在 WHERE 语句中进行模糊匹配，它会将给定的匹配模式和某个字段进行比较，匹配成功则选取，否则不选取。LIKE 子句可以和通配符一起使用，常用通配符如表 3-10 所示。

表 3-10　LIKT 子句常用通配符

通配符	说明
%（百分号）	代表任意长度的（长度可以为0）的字符串
_（下横线）	代表任意单个字符

通配符	说明
[charlist]	字符列表中的任何单一字符。可以使用连字符（-）根据ASCII编码指定一个字符范围，例如： ① [0-9] 表示从0到9的任一数字； ② [a-z] 表示小写英文字母； ③ [a-zA-Z] 表示英文字母，不区分大小写； ④ [a-zA-Z0-9] 表示英文字母和阿拉伯数字
[^charlist] 或 [!charlist]	不在字符列表中的任何单一字符。同上，也可以使用连字符（-）指定一个字符范围

LIKE 子句可以使用的匹配模式示例如表 3-11 所示。

表 3-11 LIKE子句匹配模式示例

序号	示例和说明
1	WHERE uv LIKE '200%' 查找uv字段中以200开头的值
2	WHERE uv LIKE '%200%' 查找uv字段中包含200的值（200可以在开头、末尾或者中间的任意位置）
3	WHERE uv LIKE '_00%' 查找uv字段中第二个和第三个字符都是0的值
4	WHERE uv LIKE '2_%_%' 查找uv字段中以2开头，且长度至少为3的任意值
5	WHERE uv LIKE '%2' 查找uv字段中以2结尾的值
6	WHERE name LIKE '%sh%' 查找name字段中包含sh的值
7	WHERE name LIKE '[xyz]' 查找name字段中至少包含xyz其中一个字符的值
8	WHERE name LIKE '[^a-e]' 查找name字段中不包含a-e中任何一个字符的值

比如，查询数据库"利润表"中证券名称为"万科 A"的企业各年份营业收入。示例代码如下：

```
SELECT 年份,证券名称,营业收入
FROM 利润表
WHERE 证券名称='万科 A'
```

运行过程及结果如图 3-14 所示。

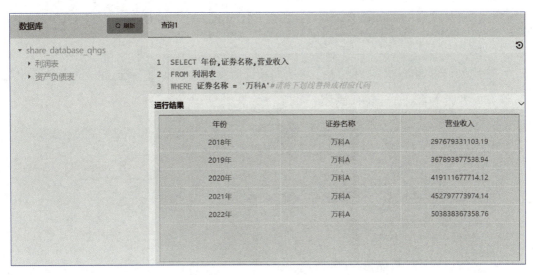

图 3-14　运行过程及结果

三、GROUP BY 子句

GROUP BY 子句用来根据指定的字段对结果集（选取的数据）进行分组，如果某些记录的指定字段具有相同的值，那么它们将被合并为一条数据。通俗地理解，GROUP BY 子句将根据指定的字段合并数据行。

借助 SQL 聚合函数，可以对分组的数据进行再次加工，例如：

（1）SUM( ) 函数可以对指定字段的值进行求和；

（2）COUNT( ) 函数可以计算某个分组内数据的条数；

（3）AVG( ) 函数可以对指定字段的值求平均数。

GROUP BY 子句的基本语法如下：

SELECT column1, column2, ..., columnN

FROM table_name

WHERE[conditions]

GROUP BY column1, column2

GROUP BY 子句使用说明：

（1）GROUP BY 子句需要和 SELECT 语句一起使用；

（2）如果有 WHERE 子句，那么 WHERE 子句需要放在 GROUP BY 子句之前；

（3）如果有 ORDER BY 子句，那么 ORDER BY 子句需要放在 GROUP BY 子句之后。

比如，查询数据库"利润表"中所属新证监会行业名称为"制造业—医药制造业"各年营业收入合计。示例代码如下：

```
SELECT 年份，所属新证监会行业，SUM( 营业收入 )AS" 营业收入合计 "
FROM 利润表
WHERE 所属新证监会行业 like'% 制造业 % 医药制造业 %'
GROUP BY 年份，所属新证监会行业
```

运行过程及结果如图 3-15 所示。

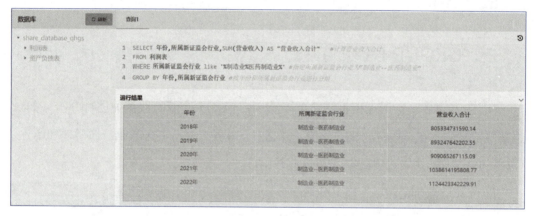

图 3-15　运行过程及结果

说明：AS 关键字用于为表或字段起一个临时的别名。别名是临时的，它仅在当前 SQL 语句中奏效，数据库中的实际表名和字段名不会更改。

四、ORDER BY 子句

ORDER BY 子句用于根据一个或者多个字段对查询结果（结果集）进行排序，可以是降序，也可以是升序。默认情况下，大部分数据库将查询结果按照升序排序。

ORDER BY 子句的基本语法如下：

```
SELECT column1, column2, ..., columnN

FROM table_name

[WHERE condition]

[ORDER BY column1, column2, ..., columnN][ASC | DESC]
```

可以在 ORDER BY 子句中指定多个用于排序的字段，它们之间以逗号 "，" 分隔；但是，应确保这些字段都位于 columnN 中。ASC 关键字表示升序，DESC 关键字表示降序；如果不写，大部分数据库默认为 ASC。

比如，查询数据库 "利润表" 中所属新证监会行业名称为 "制造业—医药制造业" 各年营业收入合计，并按营业收入合计由大到小进行排序。示例代码如下：

```
SELECT 年份, 所属新证监会行业, SUM( 营业收入 )AS" 营业收入合计 "

FROM 利润表

WHERE 所属新证监会行业 like'% 制造业 % 医药制造业 %'

GROUP BY 年份, 所属新证监会行业

ORDER BY 营业收入合计 DESC
```

运行过程及结果如图 3-16 所示。

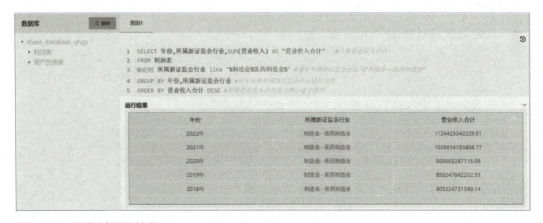

图 3-16　运行过程及结果

五、HAVING 子句

HAVING 子句将条件放在由 SELECT 语句中的 GROUP BY 子句定义的组中。

HAVING 子句在 SELECT 语句中的 GROUP BY 子句之后实现。

在 SQL 中使用 HAVING 子句是因为 WHERE 子句不能与 SQL 聚合函数一起使用。WHERE 子句和 HAVING 子句都用于过滤 SQL 查询中的记录。

HAVING 子句与 WHERE 子句的区别如表 3-12 所示。

表3-12　HAVING 子句与WHERE 子句的区别

HAVING 子句	WHERE 子句
1．HAVING 子句在数据库系统中用于根据给定条件从组中获取数据／值	1．WHERE 子句在数据库系统中用于根据给定条件从表中获取数据／值
2．HAVING 子句总是与 GROUP BY 子句一起执行	2．WHERE 子句可以在没有 GROUP BY 子句的情况下执行
3．HAVING 子句可以在查询或语句中包含 SQL 聚合函数	3．不能在语句中使用带有 WHERE 子句的 SQL 聚合函数
4．只能使用带有 HAVING 子句的 SELECT 语句来过滤记录	4．可以将 WHERE 子句与 UPDATE、DELETE 和 SELECT 语句一起使用
5．HAVING 子句用于 GROUP BY 子句之后的 SQL 查询中	5．SQL 查询中，WHERE 子句总是在 GROUP BY 子句之前使用
6．可以在列操作中实现这个 SQL 子句	6．可以在行操作中实现这个 SQL 子句
7．它是一个后过滤器	7．它是一个前置过滤器
8．用于分组过滤	8．用于过滤表的单条记录

SQL 中 HAVING 子句的基本语法如下：

```
SELECT column_Name1, column_Name2, ..., column_NameN aggregate_function_name(column_Name)
FROM table_name
GROUP BY column_Name1
HAVING condition;
```

比如，查询数据库"利润表"中所属新证监会行业名称为"制造业—医药制造业"营业收入合计超过 1 万亿元的年份。示例代码如下：

```
SELECT 年份，所属新证监会行业 , SUM( 营业收入 )AS' 营业收入合计 '
FROM 利润表
WHERE 所属新证监会行业 LIKE'% 制造业 % 医药制造业 %'
```

```
GROUP BY 所属新证监会行业 , 年份
HAVING 营业收入合计 >1000000000000
```

运行过程及结果如图 3-17 所示。

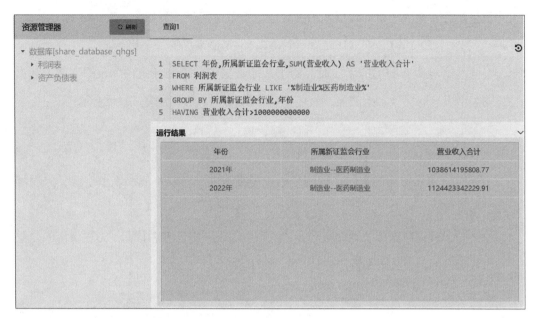

图 3-17　运行过程及结果

六、JOIN 语句

JOIN 是"连接"的意思，顾名思义，JOIN 语句用于将两个或者多个表联合起来进行查询。联合表时需要在每个表中选择一个字段，并对这些字段的值进行比较，值相同的两条记录将合并为一条。联合表的本质就是将不同表的记录合并起来，形成一张新表。当然，这张新表只是临时的，它仅存在于本次查询期间。

数据库中的表可以通过键将彼此联合起来，一个典型的例子是将一个表的主键和另一个表的外键进行匹配。在表中，每个主键的值都是唯一的，这样做的目的是在不重复每个表中所有记录的情况下，将表之间的数据交叉捆绑在一起。

使用 JOIN 语句连接两个表的基本语法如下：

```
SELECT table1.column1, table2.column2, ...
FROM table1
```

> JOIN table2
>
> ON table1.common_column1 = table2.common_column2

table1.common_column1 = table2.common_column2 是连接条件，只有满足此条件的记录才会合并为一行。可以使用多个运算符来连接表，例如 = 、>、<、<>、<=、>=、!=、BETWEEN、LIKE 或者 NOT，但是最常见的是使用 = 。

当两个表中有同名的字段时，为了帮助数据库引擎区分是哪个表的字段，在书写同名字段名时需要加上表名，表名和字段名以点号"."分隔，如下所示：

> table_name.column_name

当然，如果书写的字段名在两个表中是唯一的，可以不使用以上格式，只写字段名即可。

比如，查询数据库"利润表"和"资产负债表"中证券名称为"万科 A"的企业对应各年份的营业收入和资产总计，示例代码如下：

> SELECT 利润表 . 年份 , 利润表 . 证券名称 , 营业收入 , 资产总计
>
> FROM 利润表
>
> JOIN 资产负债表
>
> ON 利润表 . 年份 = 资产负债表 . 年份 AND 利润表 . 证券名称 = 资产负债表 . 证券名称
>
> WHERE 利润表 . 证券名称 ='万科 A'

运行过程及结果如图 3-18 所示。

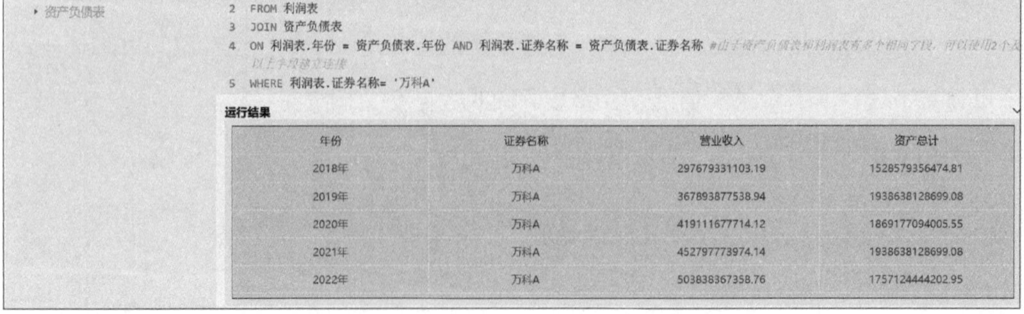

图 3-18　运行过程及结果

说明：AND 运算符用于连接 WHERE 子句中的多个查询条件，只有当这些查询条件都被满足时，数据行（记录）才会被选取。与之相对应的是 OR 运算符。OR 运算符用于连接 WHERE 子句中的多个查询条件，只要满足其中一个条件，数据行（记录）就能被选取。

SQL 允许在 JOIN 左边加上一些修饰性的关键词，从而形成不同类型的连接，如表 3-13 所示。

表3-13　JOIN连接方式

连接类型	说明
INNER JOIN	（默认连接方式）只有当两个表都存在满足条件的记录时才会返回行
LEFT JOIN	返回左表中的所有行，即使右表中没有满足条件的行也是如此
RIGHT JOIN	返回右表中的所有行，即使左表中没有满足条件的行也是如此
FULL JOIN	只要其中有一个表存在满足条件的记录，就返回行
SELF JOIN	将一个表连接到自身，就像该表是两个表一样。为了区分两个表，在SQL语句中需要至少重命名一个表
CROSS JOIN	交叉连接，从两个或者多个连接表中返回记录集的笛卡尔积（左表的每一行与右表的每一行合并）

七、DISTINCT关键字

DISTINCT 关键字需要和 SELECT 语句一起使用，用来删除结果集中所有重复的记录，仅保留唯一的一条记录。数据表中有时候会有重复的记录，如果只需要其中一条，就可以使用 DISTINCT 关键字。

DISTINCT 关键字的基本语法格式如下：

```
SELECT DISTINCT column1, column2, ..., columnN
FROM table_name
WHERE[condition]
```

比如，查询数据库"利润表"中的证券名称，示例代码如下：

```
SELECT 证券名称     # 不使用 DISTINCT 关键字
```

FROM 利润表

运行过程及结果如图 3-19 所示。

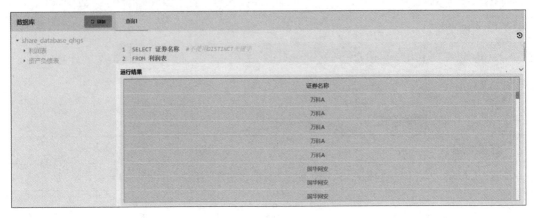

图 3-19　运行过程及结果

可以看到，在不使用 DISTINCT 关键字查询证券名称时，每一个证券名称均会出现 5 次，这是因为在利润表中包含了上市公司 5 年的利润表数据。当使用 DISTINCT 关键字时，会删除重复记录，仅保留唯一的一条记录。

比如，查询数据库"利润表"中的证券名称，且证券名称不重复，示例代码如下：

SELECT DISTINCT 证券名称　　# 使用 DISTINCT 关键字

FROM 利润表

运行过程及结果如图 3-20 所示。

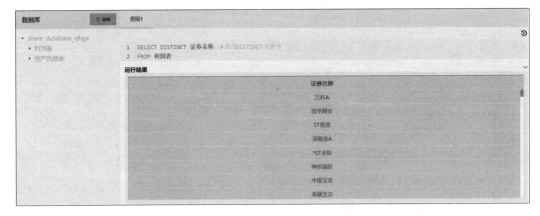

图 3-20　运行过程及结果

八、SQL 子查询

子查询也称"内部查询"或者"嵌套查询",是指将一个 SELECT 查询(子查询)的结果作为另一个 SQL 语句(主查询)的数据来源或者判断条件。子查询可以嵌入 SELECT、INSERT、UPDATE 和 DELETE 语句中,也可以和 =、<、>、IN、BETWEEN、EXISTS 等运算符一起使用。

SQL 语言允许多层嵌套查询,即一个子查询中还可以嵌套其他子查询。需要注意的是,子查询的 SELECT 语句中不能使用 ORDER BY 子句,ORDER BY 子句只能对最终查询结果排序。嵌套查询使用户可以用多个简单查询构成复杂的查询,从而增强 SQL 的查询能力。以层层嵌套的方式来构造程序正是 SQL 中结构化的含义所在。

子查询常用在 WHERE 子句和 FROM 子句后边:当用于 WHERE 子句时,根据不同的运算符,子查询可以返回单行单列、多行单列、单行多列数据。子查询就是要返回能够作为 WHERE 子句查询条件的值;当用于 FROM 子句时,一般返回多行多列数据,相当于返回一张临时表,这样才符合 FROM 后面是表的规则,这种做法能够实现多表联合查询。

(1)用于 WHERE 子句的子查询的基本语法如下:

```
SELECT column_name[, column_name]
FROM    table1[, table2]
WHERE  column_name OPERATOR
    (SELECT column_name[, column_name]
    FROM table1[, table2]
    [WHERE])
```

子查询需要放在括号()内。OPERATOR 表示用于 WHERE 子句的运算符。

比如,查询数据库"利润表"中 2022 年营业收入大于"万科 A"2022 年营业收入的上市公司对应的证券名称及营业收入,示例代码如下:

```
SELECT 年份, 证券名称, 营业收入
```

FROM 利润表

WHERE 年份 = '2022 年 'AND 营业收入 >

    (SELECT 营业收入

    FROM 利润表

    WHERE 证券名称 = ' 万科 A'AND 年份 = '2022 年 ')

运行过程及结果如图 3-21 所示。

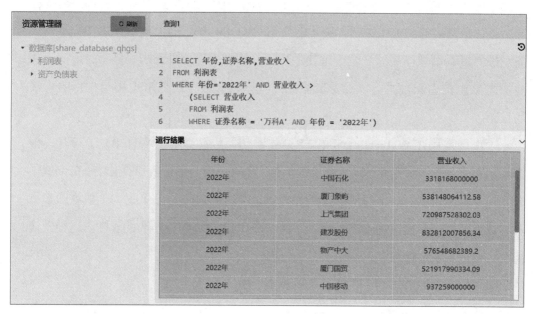

图 3-21　运行过程及结果

（2）用于 FROM 子句的子查询的基本语法如下：

SELECT column_name[, column_name]

FROM(SELECT column_name[, column_name]

    FROM table1[, table2]

    [WHERE])AS temp_table_name

WHERE condition

用于 FROM 的子查询返回的结果相当于一张临时表，所以需要使用 AS 关键字为该临时表起一个名字。

比如，查询数据库"利润表"中所属新证监会行业名称中包含"医药制造业"的上市公司对应 2022 年的营业收入，并按营业收入由大到小进行排序，示例代码如下：

```
SELECT 年份, 证券名称, 营业收入
FROM(SELECT 年份, 证券名称, 营业收入
    FROM 利润表
    WHERE 所属新证监会行业 LIKE'% 医药制造业 %')AS 医药行业利润表
WHERE 年份 = '2022 年 '
ORDER BY 营业收入 DESC
```

运行过程及结果如图 3-22 所示。

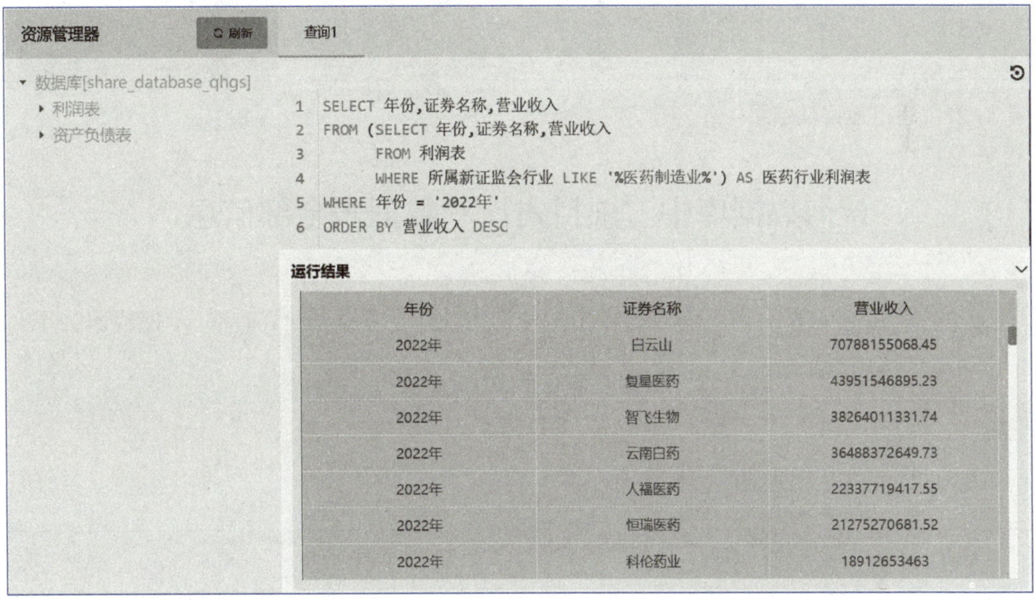

图 3-22 运行过程及结果

【任务实现】

一、查询数据库中"维度权重"数据表全部信息

使用 SELECT 语句查询数据库中"维度权重"数据表全部信息。示例代码如下：

```
SELECT*FROM 维度权重
```

运行过程及结果如图 3-23 所示。

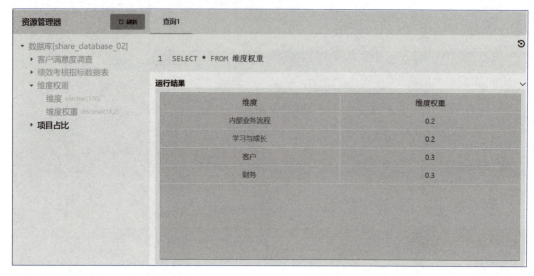

图 3-23　运行过程及结果

二、查询数据库中"项目占比"数据表全部信息

使用 SELECT 语句查询数据库中"项目占比"数据表全部信息。示例代码如下：

SELECT*FROM 项目占比

运行过程及结果如图 3-24 所示。

图 3-24　运行过程及结果

三、查询数据库中"客户满意度调查"数据表全部信息，并按"产品功能满意度"由大到小进行排序

使用 SELECT 语句查询数据库中"客户满意度调查"数据表全部信息，并使用 ORDER BY 子句按"产品功能满意度"由大到小进行排序。示例代码如下：

```
SELECT*FROM 客户满意度调查
ORDER BY 产品功能满意度 DESC
```

运行过程及结果如图 3-25 所示。

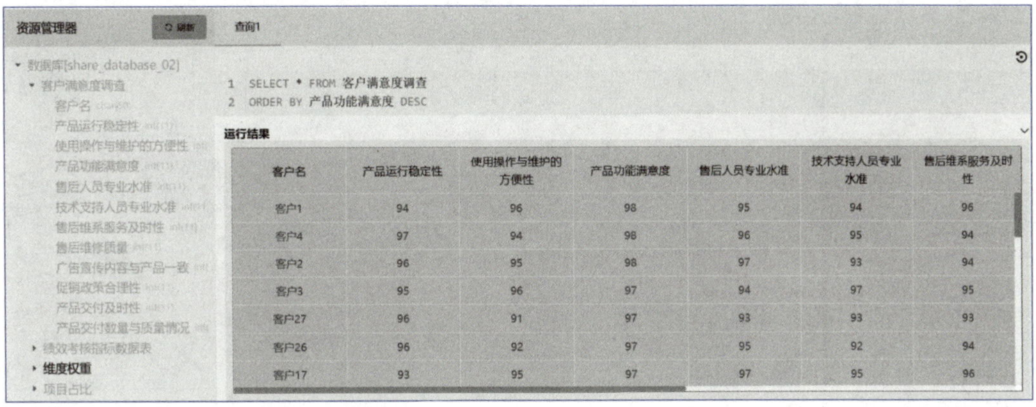

图 3-25　运行过程及结果

【任务测试】

任务 3.2 测试

【拓展学习】

限制返回数据的条数——LIMIT 子句

LIMIT 子句用于限定要返回的记录的数据，可以是一个具体的数字，也可以是一个百分数。对于拥有成千上万条记录的大型数据表来说，LIMIT 子句非常有用，它

能够压缩结果集的大小，提高程序查询效率。LIMIT 子句基本语法如下：

```
SELECT*FROM Table_name LIMIT i, n
```

Table_name 为表名；i 为查询结果的索引值（默认从 0，即第 1 行开始）；n 为查询结果返回的数量。

比如，查询数据库“利润表”中第 5 行至第 10 行的数据。示例代码如下：

```
SELECT*FROM 利润表 LIMIT 4,6
```

运行过程及结果如图 3-26 所示。

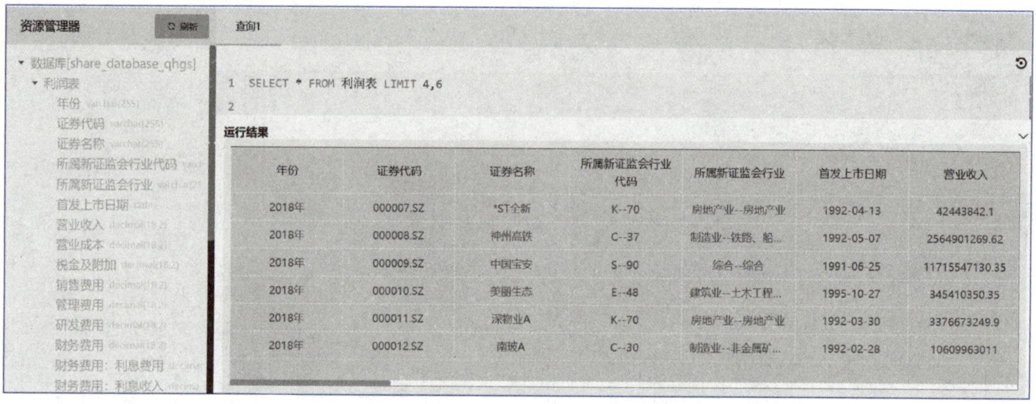

年份	证券代码	证券名称	所属新证监会行业代码	所属新证监会行业	首发上市日期	营业收入
2018年	000007.SZ	*ST全新	K--70	房地产业--房地产业	1992-04-13	42443842.1
2018年	000008.SZ	神州高铁	C--37	制造业--铁路、船...	1992-05-07	2564901269.62
2018年	000009.SZ	中国宝安	S--90	综合--综合	1991-06-25	11715547130.35
2018年	000010.SZ	美丽生态	E--48	建筑业--土木工程...	1995-10-27	345410350.35
2018年	000011.SZ	深物业A	K--70	房地产业--房地产业	1992-03-30	3376673249.9
2018年	000012.SZ	南玻A	C--30	制造业--非金属矿...	1992-02-28	10609963011

图 3-26　运行过程及结果

任务三　SQL 常用函数应用——计算客户满意度得分

【任务描述】

信合资产有限责任公司财务部员工小李在数据库中新增了“绩效考核指标数据表”，以及查询了数据库中“客户满意度调查”“项目占比”“维度权重”等数据表信息以后，便决定根据上述相关信息，计算“客户满意度”得分的实际值，以进一步完成对公司的年度绩效考核。

任务布置：

根据数据库中"客户满意度调查"表，利用 SQL 语言计算"客户满意度"得分的实际值。

说明：

"客户满意度"得分的实际值：单个客户得分 = 各调查项目得分的加权平均，总得分 = 所有客户调查得分的算术平均。

【相关知识】

SQL 函数通常分为聚合函数、数学函数和字符串函数。聚合函数对一组值执行计算并返回单个值。除了 COUNT 函数，聚合函数都会忽略空值。聚合函数都具有确定性，任何时候用一组给定的输入值调用它们时，都返回相同的值；标量函数只能对单个的数字或值进行计算，并返回基于输入值的一个单一的值，主要包括数学函数、字符串函数等。

一、聚合函数

常用聚合函数主要包括 SUM、AVG、COUNT、MAX 和 MIN 等函数。

（一）SUM 函数

SUM 函数用于返回表的整数列的总和。在 SQL 语言中，对表的列使用 SUM 函数，基本语法如下：

```
SELECT Column_Name1,Column_Name2,SUM(column_Name)AS Alias_Name
FROM Table_Name
WHERE Condition
GROUP BY Column_Name1,Column_Name2;
```

比如，计算数据库"利润表"中 2022 年各行业营业收入合计。示例代码如下：

```
SELECT 年份,所属新证监会行业,SUM(营业收入)AS 营业收入合计
```

```
FROM 利润表
WHERE 年份 = '2022 年 '
GROUP BY 年份 , 所属新证监会行业 ;
```

运行过程及结果如图 3-27 所示。

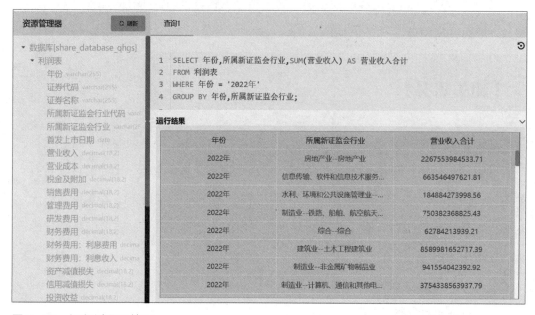

图 3-27　运行过程及结果

（二）AVG 函数

AVG 函数用于返回表中整数列的平均值。在 SQL 语言中，对表的列使用 AVG 函数，基本语法如下：

```
SELECT Column_Name1, Column_Name2, AVG(column_Name)AS Alias_Name
FROM Table_Name
WHERE Condition
GROUP BY Column_Name1, Column_Name2;
```

比如，计算数据库"利润表"中 2022 年各行业营业收入均值合计。示例代码如下：

```
SELECT 年份 , 所属新证监会行业 , AVG( 营业收入 )AS 营业收入行业均值
FROM 利润表
```

WHERE 年份 = '2022 年 '

GROUP BY 年份 , 所属新证监会行业 ;

运行过程及结果如图 3-28 所示。

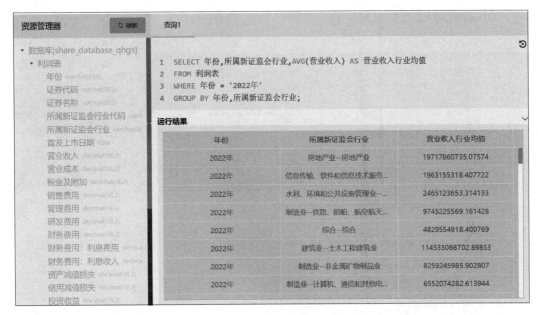

图 3-28　运行过程及结果

（三）COUNT 函数

COUNT 函数用于返回表中的总行数，即项目的数量。在 SQL 语言中，对表的列使用 COUNT 函数，基本语法如下：

```
SELECT COUNT(column_Name)AS Alias_Name
FROM Table_Name
WHERE Condition;
```

比如，统计数据库"利润表"中 2022 年上市公司的数量。示例代码如下：

```
SELECT COUNT( 证券名称 )AS 上市公司数量
FROM 利润表
WHERE 年份 = '2022 年 '
```

运行过程及结果如图 3-29 所示。

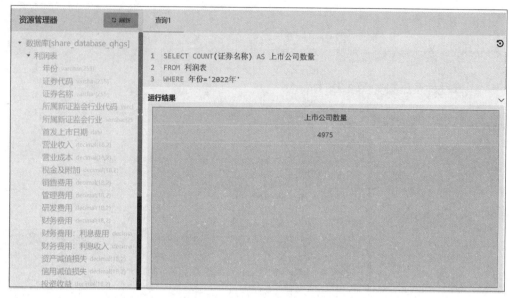

图 3-29　运行过程及结果

如果需要计算表中列的不同值，可以将 DISTINCT 与 COUNT 函数一起使用。比如，统计数据库"利润表"中 2022 年所属新证监会行业的数量。示例代码如下：

```
SELECT COUNT(DISTINCT( 所属新证监会行业 ))AS 行业数量
FROM 利润表
WHERE 年份 = '2022 年 '
```

运行过程及结果如图 3-30 所示。

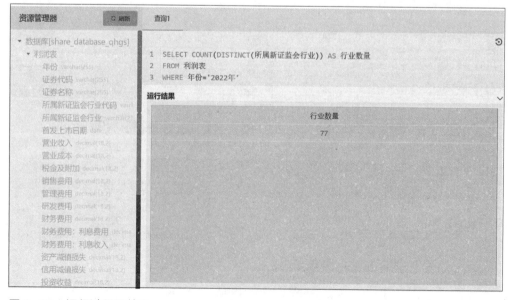

图 3-30　运行过程及结果

（四）MAX 函数和 MIN 函数

MAX（MIN）函数用于返回表中指定列的最大（小）值。在 SQL 语言中，对表的列使用 MAX（MIN）函数，基本语法如下：

```
SELECT MAX(column_Name)AS Alias_Name      # 如计算最小值，将 MAX 改为
                                            MIN 即可

FROM Table_Name
WHERE Condition;
```

比如，计算 2022 年各行业上市公司营业收入最大值，并按营业收入最大值由大到小进行排序。示例代码如下：

```
SELECT 年份,证券名称,所属新证监会行业,MAX(营业收入)AS 同行业营业收入
最大值
FROM 利润表
WHERE 年份='2022 年'
GROUP BY 所属新证监会行业
ORDER BY 同行业营业收入最大值 DESC
```

运行过程及结果如图 3–31 所示。

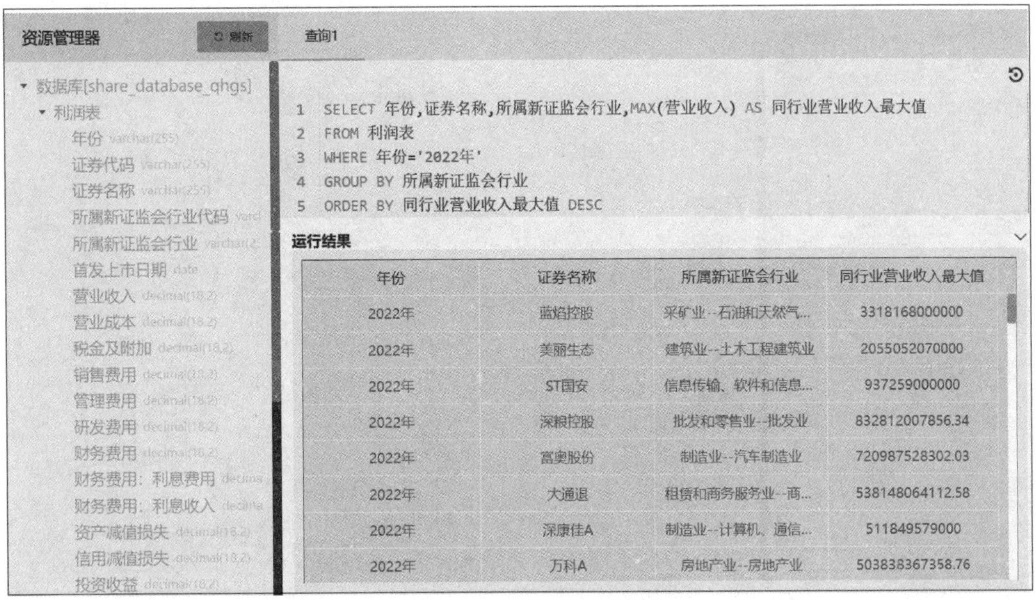

图 3–31　运行过程及结果

二、数学函数

常用数学函数主要包括 ROUND、POWER 等函数。

（一）ROUND 函数

ROUND 函数将指定的数字四舍五入到特定的小数位，在 SQL 语言中，可以对表的整数列使用 ROUND 函数。基本语法如下：

```
SELECT ROUND(Column_Name, Decimals)AS Alias_Name
FROM Table_Name
WHERE Condition;
```

Column_Name 表示要舍入的字段，Decimals 规定要返回的小数位数。

比如，将数据库"利润表"中 2022 年"制造业—医药制造业"上市公司的营业收入四舍五入保留整数显示。示例代码如下：

```
SELECT 年份 , 证券名称 ,ROUND( 营业收入 ,0)AS 营业收入 _0
FROM 利润表
WHERE 所属新证监会行业 =' 制造业—医药制造业 'AND 年份 ='2022 年 ';
```

运行过程及结果如图 3-32 所示。

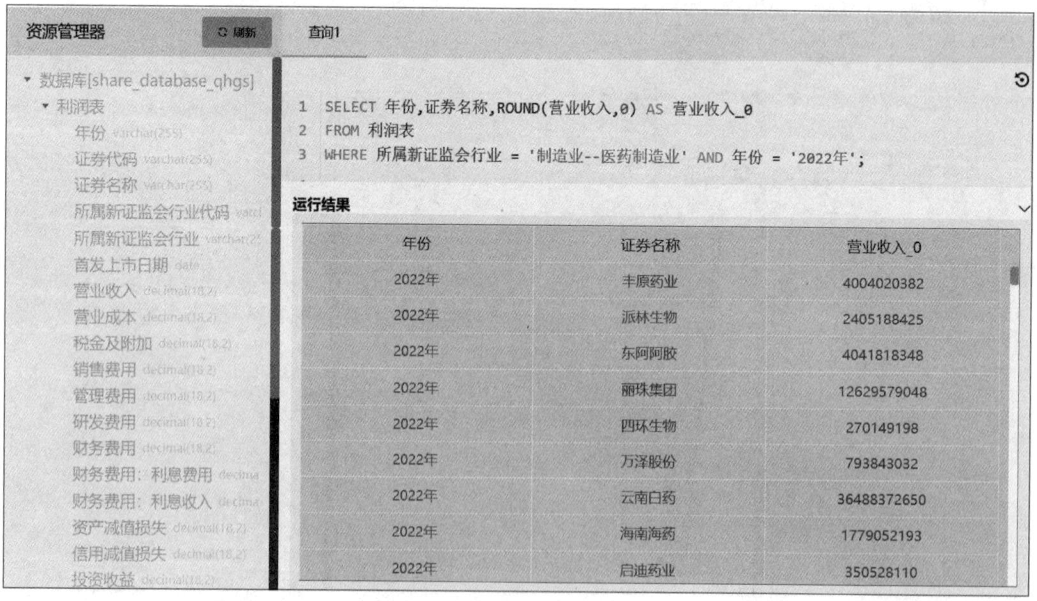

图 3-32　运行过程及结果

（二）POWER 函数

POWER 函数是 SQL 中的一个数学函数，返回一个数字的值，它是另一个数字的幂。在幂函数中，必须将两个数字作为参数传递，其中一个数字作为指数，另一个作为底数。

在 SQL 语言中，可以对表的整数列使用 POWER 函数。基本语法如下：

```
SELECT POWER(column_Name1, column_Name2)AS Alias_Name
FROM Table_Name;
```

比如，根据数据库"利润表"中的数据，计算所属新证监会行业名称为"制造业—医药制造业"2018—2022 年的营业收入年复合增长率，计算结果以百分数显示，且百分号前四舍五入保留 2 位小数。

年复合增长率是一项投资在特定时期内的年度增长率计算方法，为总增长率百分比的 n 方根，n 相等于有关时期内的年数，公式为（现有价值／基础价值）^（1/年数）−1。复合增长率的目的是描述一个投资回报率转变成一个较稳定的投资回报所得到的预想值。

示例代码如下：

```
SELECT
    DISTINCT(
        CONCAT(#CONCAT 函数为字符串拼接函数 , 将在字符串函数中详细介绍。
        ROUND((
            POWER((SELECT SUM( 营业收入 )FROM 利润表 WHERE 所属新证监
                会行业 LIKE'% 制造业 % 医药制造业 %'GROUP BY 所属新证
                监会行业 , 年份 HAVING 年份 = '2022 年 ')
            /
            (SELECT SUM( 营业收入 )FROM 利润表 WHERE 所属新证监
                会行业 LIKE'% 制造业 % 医药制造业 %'GROUP BY 所属新证
                监会行业 , 年份 HAVING 年份 = '2018 年 '),
            1/4)−1
```

```
        )*100,2),

    '%')

    )AS 复合增长率

FROM 利润表
```

运行过程及结果如图 3-33 所示。

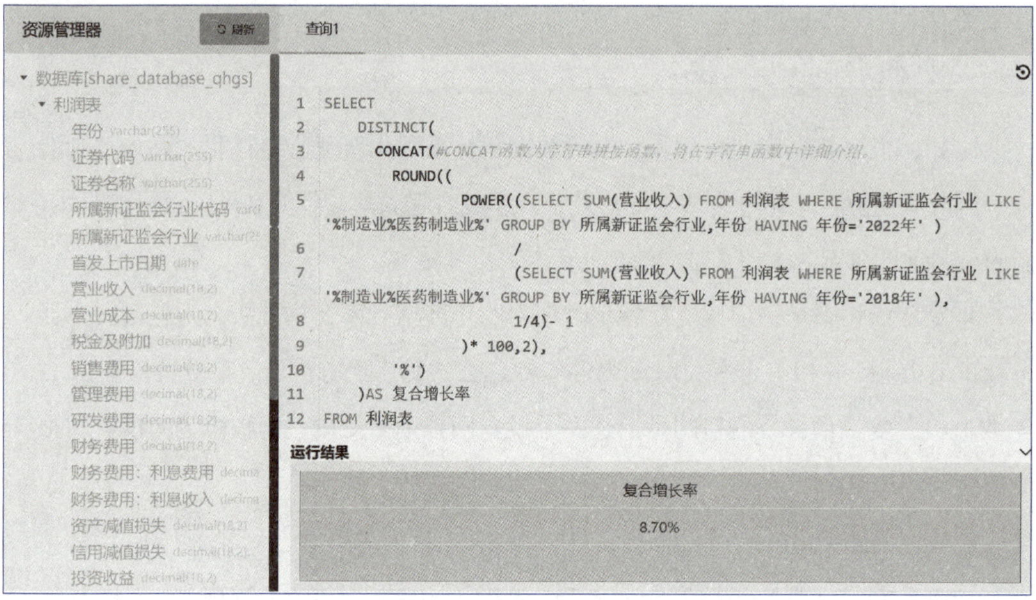

图 3-33　运行过程及结果

三、字符串函数

常用字符串函数主要包括 CONCAT、ASCII、LENGTH 等函数。

（一）CONCAT 函数

CONCAT 函数添加两个或多个字符或字符串以在结果中形成一个新字符串。如果在函数中只传递一个字符串，那么它会在输出中显示错误。因此，CONCAT 函数至少需要两个字符串。基本语法如下：

```
SELECT CONCAT(Column_Name1, column_Name2, Column_Name3, ..., Column_NameN)AS Alias_Name
FROM Table_Name;
```

比如，以 SELECT 查询将数据库"利润表"中的证券名称、首发上市日期列一起使用，并且两个字段中间使用空格。示例代码如下：

```
SELECT CONCAT(证券名称 ,'', 首发上市日期）AS 上市公司首发上市日期
FROM 利润表
WHERE 所属新证监会行业 =' 制造业—医药制造业 'AND 年份 ='2022 年 '
```

运行过程及结果如图 3-34 所示。

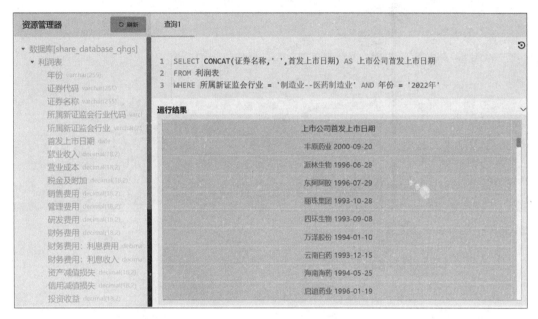

图 3-34　运行过程及结果

（二）ASCII 函数

SQL 语言的 ASCII 函数显示字符串第一个字符的 ASCII 值。还可以将 ASCII 函数与 SQL 表的字符串字段一起使用。基本语法如下：

```
SELECT ASCII(Column_Name)AS Alias_Name
FROM Table_Name;
```

比如，查询将数据库"利润表"中 2022 年所属新证监会行业为"制造业—医药制造业"上市公司证券名称的 ASCII 码值。示例代码如下：

```
SELECT 证券名称 ,ASCII( 证券名称 )AS ASCII 码值
```

FROM 利润表

WHERE 所属新证监会行业 = ' 制造业—医药制造业 'AND 年份 = '2022 年 '

运行过程及结果如图 3-35 所示。

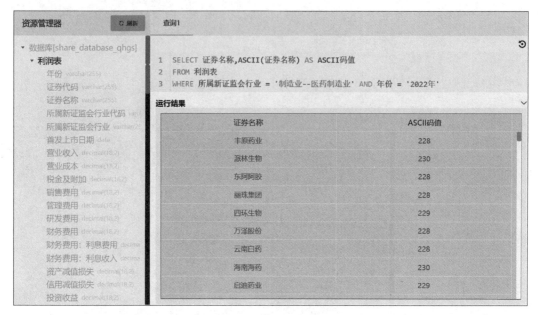

图 3-35　运行过程及结果

（三）LENGTH 函数

SQL 语言的 LENGTH 函数返回给定字符串或单词的字符数。基本语法如下：

SELECT LENGTH(Column_Name)AS Alias_Name

FROM Table_Name;

比如，查询数据库"利润表"中 2022 年所属新证监会行业为"制造业—医药制造业"的上市公司营业收入的字符数。示例代码如下：

SELECT 证券名称 , 营业收入 ,LENGTH(营业收入)AS 营业收入字符数

FROM 利润表

WHERE 所属新证监会行业 = ' 制造业—医药制造业 'AND 年份 = '2022 年 ';

运行过程及结果如图 3-36 所示。

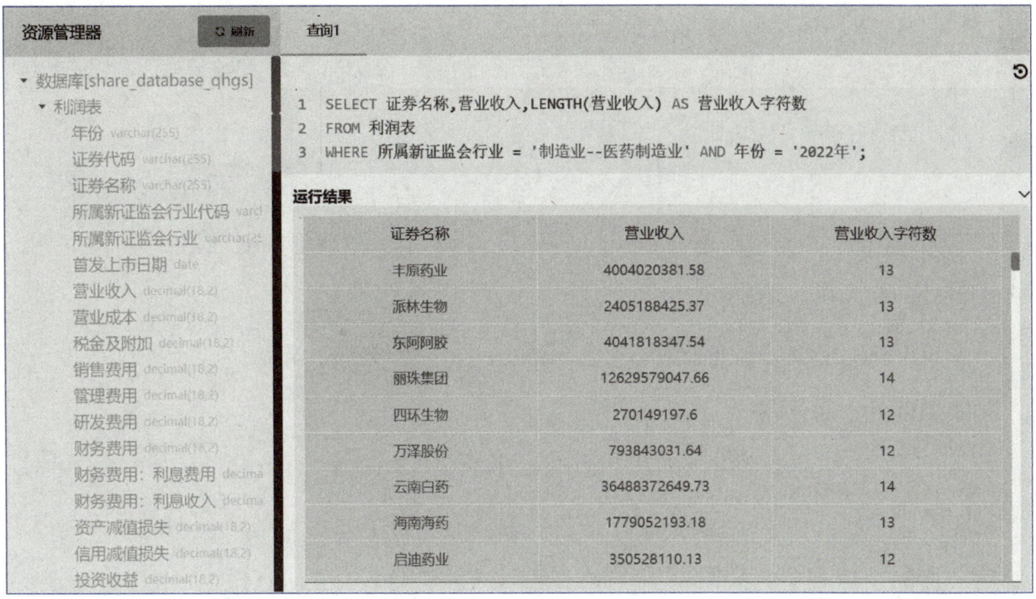

图 3-36　运行过程及结果

【任务实现】

由于单个客户得分 = 各调查项目得分的加权平均，总得分 = 所有客户调查得分的算术平均。因此，需要首先使用"+""*""/"运算符计算单个客户各调查项目的加权平均值，然后再使用 AVG 函数计算所有客户得分的算术平均值。示例代码如下：

```
select avg( 得分 )as 客户满意分

from

(

select

t. 产品运行稳定性 *(select 占比 from 项目占比 where 项目 = ' 产品运行稳定性 ')/100

+t. 使用操作与维护的方便性 *(select 占比 from 项目占比 where 项目 = ' 使用操作与维护的方便性 ')/100

+t. 产品功能满意度 *(select 占比 from 项目占比 where 项目 = ' 产品功能满意度 ')/100

+ t. 售后人员专业水准 *(select 占比 from 项目占比 where 项目 = ' 售后人员专业水准 ')/100

+t. 技术支持人员专业水准 *(select 占比 from 项目占比 where 项目 = ' 技术支持人员
```

专业水准 ')/100

+ t. 售后维系服务及时性 *(select 占比 from 项目占比 where 项目 =' 售后维系服务及时性 ')/100

+ t. 售后维修质量 *(select 占比 from 项目占比 where 项目 =' 售后维修质量 ')/100

+ t. 广告宣传内容与产品一致 *(select 占比 from 项目占比 where 项目 =' 广告宣传内容与产品一致 ')/100

+ t. 促销政策合理性 *(select 占比 from 项目占比 where 项目 =' 促销政策合理性 ')/100

+ t. 产品交付及时性 *(select 占比 from 项目占比 where 项目 =' 产品交付及时性 ')/100

+ t. 产品交付数量与质量情况 *(select 占比 from 项目占比 where 项目 =' 产品交付数量与质量情况 ')/100 as 得分

from 客户满意度调查 as t

)t

运行过程及结果如图 3-37 所示。

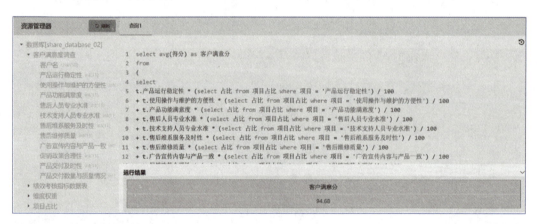

图 3-37　运行过程及结果

【任务测试】

任务 3.3 测试

【拓展学习】

如何在 SQL 中使用"IN"运算符

IN 是 SQL 语言中的逻辑运算符，它允许数据库用户在 WHERE 子句中定义多个值。带有 IN 运算符的 WHERE 子句显示结果中与给定值集匹配的那些记录。还可以在 IN 运算符的括号中指定子查询。可以将 IN 运算符与 SQL 数据库中的 INSERT、SELECT、UPDATE 和 DELETE 查询一起使用。

SQL 中的 IN 运算符替代了查询中多个 OR 条件的过程。基本语法如下：

SELECT Column_Name_1, Column_Name_2, Column_Name_3, ..., Column_Name_N
FROM Table_Name
WHERE Column_Name IN(Value_1, Value_2, Value_3, ..., Value_N);

比如，查询数据库中"利润表"证券名称属于"万科 A""千禾味业"和"同仁堂"的企业对应 2022 年的相关数据。示例代码如下：

SELECT*FROM 利润表
WHERE 证券名称 IN(' 万科 A',' 千禾味业 ',' 同仁堂 ')AND 年份 IN('2021 年 ','2022 年 ')

运行过程及结果如图 3-38 所示。

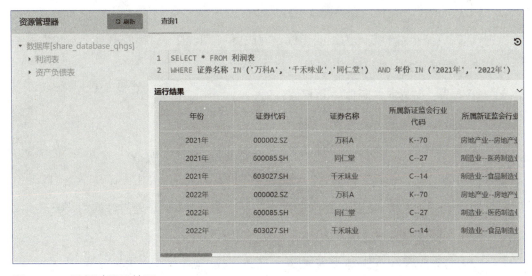

图 3-38　运行过程及结果

任务四　SQL语言编程
——计算完成度

【任务描述】

信合资产有限责任公司财务部员工小李在数据库中新增了"绩效考核指标数据表"，以及查询了数据库中"维度权重"等数据表信息以后，便决定根据上述相关数据，计算完成度、差异率、差异性质、维度完成度及总完成度等指标，以完成对公司的年度绩效考核。

任务布置：

1. 根据数据库中的"绩效考核指标数据"表，利用SQL语言计算并输出指标、目标值、实际值、完成度、差异率及差异性质。

2. 根据数据库中的"绩效考核指标数据"表和"维度权重"表，利用SQL语言计算维度完成度。

3. 根据数据库中的"绩效考核指标数据"表和"维度权重"表，利用SQL语言计算总完成度。

说明：

（1）完成度、差异、差异率及差异性质：

① 完成度：对于方向为正的指标，完成度＝实际值／目标值；对于方向为负的指标，完成度＝2－实际值／目标值；

② 差异：差异＝实际值－目标值；

③ 差异率：差异率＝差异／目标值；

④ 差异性质：方向为正的指标，差异＞0时，差异性质为"＋"，差异＜0时，差异性质为"－"，差异＝0时，差异性质为"0"；方向为负的指标，差异＞0时，差异性质为"－"，差异＜0时，差异性质为"＋"，差异＝0时，差异性质为"0"。

（2）维度完成度 = ∑ 相应指标完成度 × 指标权重；

（3）总完成度 = ∑ 各维度完成度 × 各维度权重。

【相关知识】

一、存储过程

MySQL 是一种常见的关系型数据库管理系统，存储过程是 MySQL 中的一种高级特性。存储过程是一段预编译代码，它可以接受参数、执行一系列的 SQL 语句、控制流程和返回结果集。使用存储过程可以提高数据库的性能、减少网络流量、简化代码管理和安全性。

（一）创建存储过程

在 MySQL 中，可以使用 CREATE PROCEDURE 语句来创建存储过程。基本语法如下：

```
CREATE PROCEDURE 数据库名. 存储过程名 (in 变量名 类型 , out 参数 2, inout])

    BEGIN

        [DECLARE 变量名 类型 [DEFAULT 值 ];]

        存储过程的语句块

    END;
```

存储过程中的参数分别是 in，out，inout 三种类型：

（1）in 代表输入参数（默认情况下为 in 参数），表示该参数的值必须由调用程序指定。

（2）out 代表输出参数，表示该参数的值经存储过程计算后，将 out 参数的计算结果返回给调用程序。

（3）inout 代表即时输入参数，又是输出参数，表示该参数的值即可以调用程序制定，又可以将 inout 参数的计算结果返回给调用程序。

存储过程中的语句必须包含在 BEGIN 和 END 之间。在 SQL 中，BEGIN 和 END 是一对关键字，用于定义事务的开始和结束。

DECLARE 中用来声明变量，变量默认赋值使用的 DEFAULT，语句块中改变变量值，使用 "SET 变量 = 值"。

（二）调用存储过程

在 MySQL 中，可以使用 CALL 语句来调用存储过程。基本语法如下：

```
CALL procedure_name(argument_list);
```

procedure_name 是存储过程的名称；argument_list 是存储过程的参数列表，多个参数之间用逗号分隔。

（三）删除存储过程

存储过程被创建后，就会一直保存在数据库服务器上，直至被删除。当 MySQL 数据库中存在废弃的存储过程时，需要将它从数据库中删除。MySQL 中使用 DROP PROCEDURE 语句来删除数据库中已经存在的存储过程。基本语法如下：

```
DROP PROCEDURE [ IF EXISTS ] < 过程名 >
```

过程名是指定要删除的存储过程的名称；IF EXISTS：指定这个关键字，用于防止因删除不存在的存储过程而引发的错误。

二、流程控制

MySQL 流程控制语句可以通过一组逻辑规则对数据进行操作和处理，主要包括 IF 语句、CASE 语句、WHILE 语句、REPEAT 语句、LOOP 语句等，这些语句都可以让 MySQL 更加灵活和高效地处理数据。通过使用这些流程控制语句，开发人员可以更加方便地编写高效的代码，提高代码质量和开发效率。MySQL 流程控制语句是编程中重要的一环，可以用于处理复杂的业务逻辑，从而达到更好的业务效果。

（一）IF 语句

IF 语句是 MySQL 中最基本的流程控制语句。IF 语句用来进行条件判断，根据是否满足条件（可包含多个条件），来执行不同的语句，是流程控制中最常用的判断语句。基本语法如下：

```
IF(Condition, statement1, statement1)
```

其中，Condition 表示需要判断的条件，如果成立，则执行 statement1，否则执行 statement2。

比如，判断数据库"利润表"中 2022 年所属新证监会行业为"制造业—医药制造业"的上市公司对应的营业收入是否大于 30 亿元。示例代码如下：

```
SELECT 年份 , 证券名称 , 营业收入 ,
IF( 营业收入 >3000000000,' 是 ',' 否 ')AS 营业收入是否大于 30 亿元
FROM 利润表
WHERE 年份 = '2022 年 'AND 所属新证监会行业 = ' 制造业—医药制造业 '
```

运行过程及结果如图 3-39 所示。

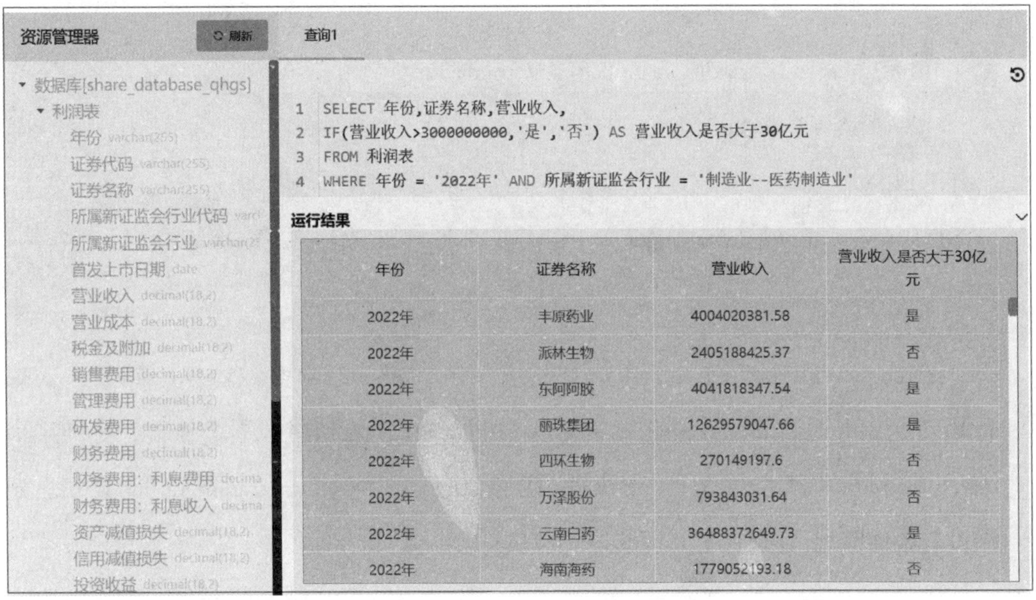

图 3-39　运行过程及结果

（二）CASE 语句

CASE 语句是 MySQL 流程控制语句中非常重要的一种语句，可以有效地处理复杂的业务逻辑。CASE 语句用于根据条件匹配执行不同的语句。CASE 语句可以替换多个 IF 语句或者嵌套 IF 语句的情况，提高了代码的可读性和可维护性。基本语法如下：

```
CASE case_value
    WHEN when_value THEN statement_list
    [ WHEN when_value THEN statement_list ] ...
    [ ELSE statement_list ]
```

END CASE# 如果是放在 begin end 中需要加上 case，如果放在 select 后面不需要加上 case

case_value 参数表示条件判断的变量，决定了哪一个 WHEN 子句会被执行；when_value 参数表示变量的取值，如果某个 when_value 表达式与 case_value 变量的值相同，则执行对应的 THEN 关键字后的 statement_list 中的语句；statement_list 参数表示 when_value 值没有与 case_value 相同值时的执行语句。CASE 语句都要使用 END CASE 结束。

CASE 语句还有另一种形式。该形式的基本语法如下：

CASE
　　WHEN search_condition THEN statement_list
　　［WHEN search_condition THEN statement_list］...
　　［ELSE statement_list］
END CASE# 如果是放在 begin end 中需要加上 case，如果放在 select 后面不需要加上 case

search_condition 参数表示条件判断语句；statement_list 参数表示不同条件的执行语句。与上述语句不同的是，该语句中的 WHEN 语句将被逐个执行，直到某个 search_condition 表达式为真，则执行对应 THE 关键字后面的 statement_list 语句。如果没有条件匹配，ELSE 子句里的语句被执行。

比如，对数据库"利润表"中所属新证监会行业为"制造业—医药制造业"的上市公司 2022 年的营业收入进行分类，如果营业收入大于 100 亿元，为优秀；如果营业收入大于 50 亿元且小于 100 亿元，为良好；如果营业收入大于 20 亿元且小于 50 亿元，为中等；如果营业收入大于 5 亿元且小于 20 亿元，为较差；否则为非常差。示例代码如下：

```
SELECT 年份, 证券名称, 营业收入,
(CASE
    when 营业收入 > 10000000000 then' 优秀 '
    when 营业收入 > 5000000000 and 营业收入 < 10000000000 then' 良好 '
    when 营业收入 > 2000000000 and 营业收入 < 5000000000  then' 中等 '
```

when 营业收入 > 500000000 and 营业收入 < 2000000000 then' 较差 '

ELSE' 非常差 '

END

)as 收入等级

FROM 利润表

WHERE 所属新证监会行业 ＝' 制造业—医药制造业 'AND 年份 ＝'2022 年 '

运行过程及结果如图 3-40 所示。

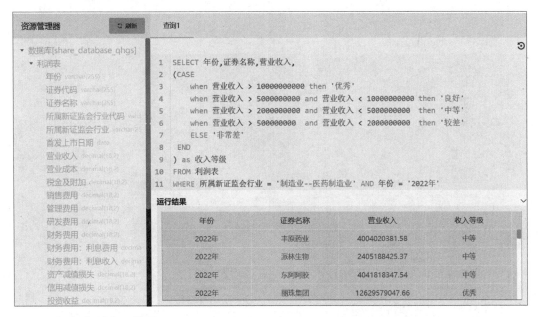

图 3-40　运行过程及结果

（三）WHILE 语句

WHILE 语句是 MySQL 中常用的循环语句，它可以重复执行一段代码块，直到满足退出循环的条件。WHILE 语句创建一个带条件判断的循环过程。WHILE 在执行语句时，先对指定的表达式进行判断，如果为真，就执行循环内的语句，否则退出循环。基本语法如下：

```
WHILE search_condition DO
    statement list
END WHILE
```

search_condition 参数表示循环执行的条件，满足该条件时循环执行；statement_list 参数表示循环的执行语句。WHILE 循环需要使用 END WHILE 来结束。

比如，使用 WHILE 语句计算 1~10 相加的和。示例代码如下：

```
create procedure p10( )      # 创建存储过程
begin
    declare
        sum int default 0;
    declare
        i int default 0;
    while i< = 10 do
    set sum = sum + i;
    set i = i + 1;
    end while;
    select sum as'1-10';
end;
call p10( );
```

运行过程及结果如图 3-41 所示。

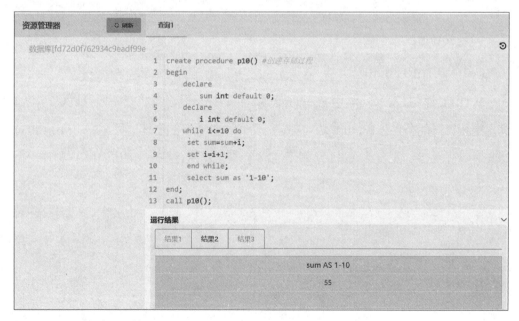

图 3-41　运行过程及结果

（四）REPEAT 语句

REPEAT 语句类似于 java 中的 do…while 循环，不管如何，循环都会先执行一次，然后再判断结束循环的条件，不满足结束条件，循环体继续执行。这和 while 不同，while 是先判断条件是否成立再执行循环体。基本语法如下：

```
[ 标签 :]repeat
    循环体 ;
    until 结束循环的条件
end repeat[ 标签 ];
```

比如，使用 REPEAT 语句计算 1~10 相加的和。示例代码如下：

```
create procedure p9(out r int)        # 创建存储过程
begin
    declare
        sum int default 0;
    declare
        i int default 0;
    ##rr 是标签 按照格式随意命名
    rr:repeat
        set sum = sum + i;
        set i = i + 1;
        until i>10 end repeat rr;
    set r = sum;
end;
call p9(@r);
select@r;
```

运行过程及结果如图 3-42 所示。

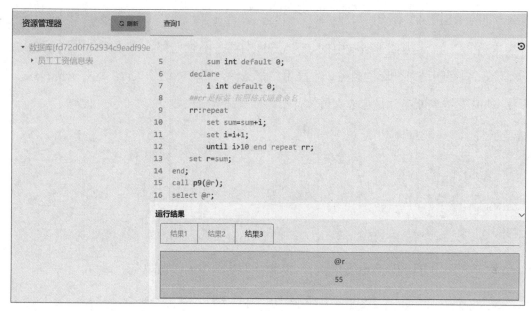

图 3-42　运行过程及结果

（五）LOOP 语句

LOOP 语句可以使某些特定的语句重复执行。与 IF 和 CASE 语句相比，LOOP 语句只实现了一个简单的循环，并不进行条件判断。LOOP 语句本身没有停止循环的语句，必须使用 LEAVE 语句等才能停止循环，跳出循环过程。基本语法如下：

```
[ 标签 :]loop
        循环体 ;
end loop[ 标签 ];
```

loop 相当于一个死循环，需要在循环体中使用 iterate 或者 leave 来控制循环的执行。比如，使用 LOOP 语句输出从 1~10 的偶数。示例代码如下：

```
create procedure p8( )
begin
    declare
        i int default 0;
    ##qq 是标签
        qq: loop
```

```
            set i = i + 1;

            if i%2 = 1 then

                    iterate qq;

            end if;

            select i as' 偶数 ';

            if i> = 10 then

                    leave qq;

            end if;

        end loop qq;

end;

call p8( );        # 调用存储过程
```

运行过程及结果如图 3-43 所示。

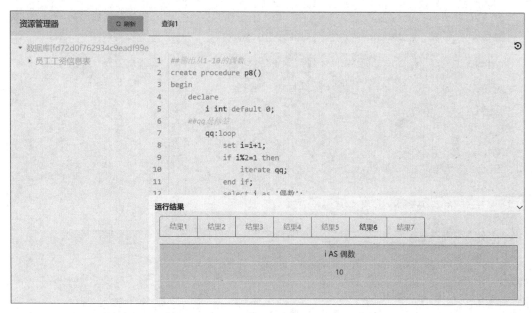

图 3-43　运行过程及结果

【任务实现】

一、计算并输出指标、目标值、实际值、完成度、差异率及差异性质

根据任务布置及相关说明可知，指标完成度需要使用 IF 语句，指标差异性质需要使用 CASE 语句进行流程控制。示例代码如下：

```
select 指标 , 目标值 , 实际值 ,
IF( 方向 = " 正 ", 实际值 / 目标值 ,(2 − 实际值 / 目标值 ))as ' 完成度 ',
( 实际值 − 目标值 )/ 目标值 as 差异率 ,
(
case
when 方向 =' 正 'and 实际值 − 目标值 > 0 then' + '
when 方向 =' 正 'and 实际值 − 目标值 < 0 then' − '
when 方向 =' 负 'and 实际值 − 目标值 < 0 then' + '
when 方向 =' 负 'and 实际值 − 目标值 > 0 then' − '
else'0'END
) as 差异性质
from 绩效考核指标数据表
```

运行过程及结果如图 3-44 所示。

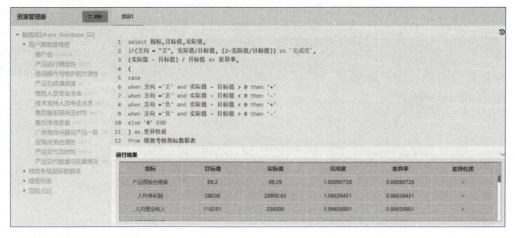

图 3-44   运行过程及结果

二、计算维度完成度

根据任务布置及相关说明可知，维度完成度需要使用 IF 语句进行流程控制。示例代码如下：

```
select 维度 as 维度,
sum(IF( 方向 =" 正 ", 实际值 / 目标值 ,(2 -( 实际值 / 目标值 )))* 指标权重 )as 维度
完成度
from 绩效考核指标数据表
group by 维度
```

运行过程及结果如图 3-45 所示。

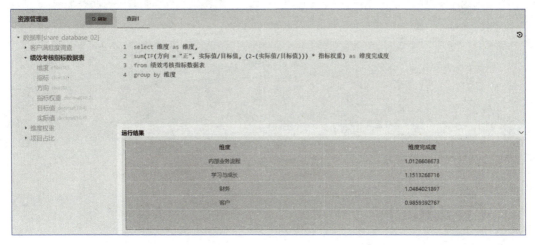

图 3-45　运行过程及结果

三、计算总完成度

根据任务布置及相关说明可知，需要首先使用 IF 流程控制语句完成各维度完成度计算，再使用 SUM 函数计算总完成度。示例代码如下：

```
select sum(z. 维度完成度 *wd. 维度权重 )as 总完成度
from(
select zb. 维度 as 维度,
```

sum(IF(zb.方向＝"正"，zb.实际值/zb.目标值,(2−(zb.实际值/zb.目标值)))*zb.
指标权重)as 维度完成度

from 绩效考核指标数据表 as zb

group by zb.维度

)as z

join 维度权重 as wd on z.维度＝wd.维度

运行过程及结果如图 3-46 所示。

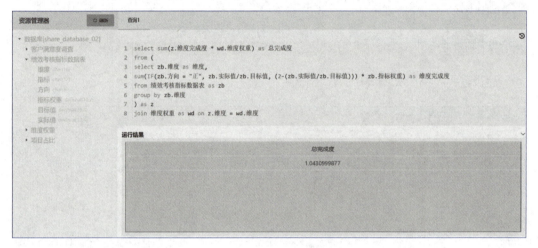

图 3-46　运行过程及结果

【任务测试】

任务 3.4 测试

【拓展学习】

复 制 表

MySQL 中表的复制是指将现有表复制到另一个位置或重命名表的过程。通常使用 CREATE TABLE 语句在终端执行以下语句来创建新表并将旧表的数据插入到新表中，基本语法如下：

```
CREATE TABLE new_table LIKE old_table;
INSERT INTO new_table SELECT*FROM old_table;
```

比如，将本单元任务一中新增的绩效考核指标数据表复制到"绩效"表中。示例代码如下：

```
CREATE TABLE 绩效 LIKE 绩效考核指标数据表；
INSERT INTO 绩效 SELECT*FROM 绩效考核指标数据表；
SELECT*FROM 绩效；
```

运行过程及结果如图 3-47 所示。

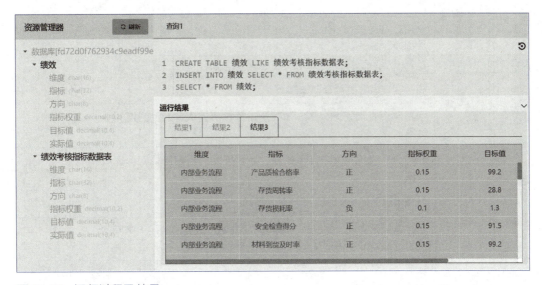

图 3-47　运行过程及结果

单元学习评价

按照表 3-14 SQL 应用学习评价表的考核内容分别评价各项内容的完成度并计算得分，按考核项目的权重计算本单元的总分。

表 3-14　SQL 应用学习评价表

考核项目	权重 /%	考核内容	分值	得分
知识	40	按时完成 SQL 认知及数据表操作的相关知识阅读或听讲	10	
		按时完成 SELECT 语句、WHERE 子句、GROUP BY 子句、ORDER BY 子句、HAVING 子句、JOIN 语句、DISTINCT 关键字及 SQL 子查询的相关知识阅读或听讲	10	
		按时完成 SQL 聚合函数、数学函数及字符串函数的相关知识阅读或听讲	15	
		按时完成 SQ 存储过程、流程控制语句的相关知识阅读或听讲	15	
		积极参与本单元规定的 SQL 数据表操作、SQL 数据查询常用语句、SQL 常用函数、运算符、流程控制语句的讨论与交流活动	10	
		正确完成本单元规定的 SQL 数据表操作、SQL 数据查询常用语句、SQL 常用函数、运算符、流程控制语句的线上、线下测试与作业	40	
技能	40	利用 CREATE TABLE、INSERT INTO 等语句新增"绩效考核数据表"	20	
		利用 SELECT、ORDER BY 等语句查询"维度权重""项目占比"和"客户满意度调查"数据表	20	
		利用 SQL 查询语句、SQL 函数及运算符等完成客户满意度得分计算	20	
		利用 SQL 查询语句、SQL 函数、运算符及流程控制语句等完成维度完成度、总完成度计算	40	
素养	20	完成本单元规定的职业素养基本要求	50	
		结合本单元实例,完成有关坚持职业准则,做到迎难而上等问题的讨论或心得感悟短文	50	
总体评价			100	

单元四

数据采集

知识目标

◆ 了解文件的含义，熟悉文件读写方法；

◆ 了解 SQLite 数据库的含义及数据类型，熟悉 SQLite 数据库的基本
操作；

◆ 了解网络爬虫的含义，熟悉网络爬虫的基本流程；

◆ 了解 Requests 库的含义，掌握 Requests 库和 BeautifulSoup 库的
基本使用方法。

技能目标

◆ 利用 Pandas 和 Json 等，正确读写 Excel 等类型文件；

◆ 利用 Pandas 和 SQLite3 模块等，正确进行数据库连接、创建表及
读取数据库等操作；

◆ 利用 Requests 库、lxml 模块及 Xpath 表达式等，正确完成简单网
页数据采集；

◆ 利用 CSV 模块和 Requests 库等，正确完成网络数据库中数据
采集。

素养目标

◆ 通过本单元学习，领悟数据采集的重要性，树立系统观念，学会前
瞻性思考、全局性谋划、整体性推进的科学思维方法；

◆ 在体验简单网页爬取和网页数据采集的同时，培养执着专注、精益
求精、一丝不苟和追求卓越的工匠精神。

思维导图

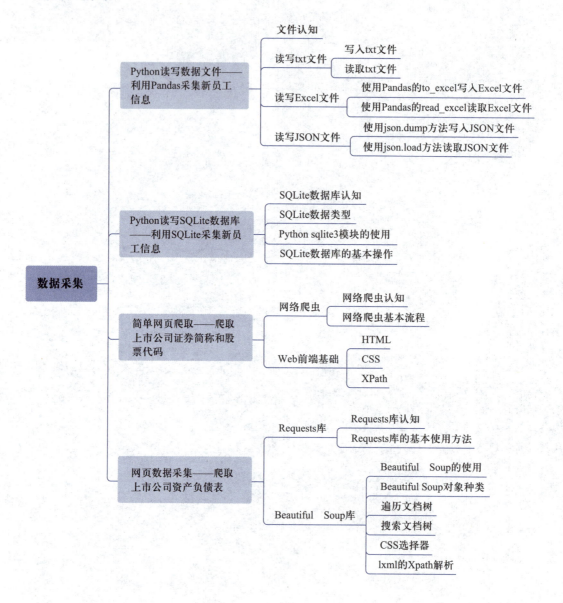

职业素养提升

坚持系统观念，发扬工匠精神

经济社会发展是一个高度耦合、系统集成的统一体，各个部分、各个环节紧密联系、相互作用，只有用全面系统的、普遍联系的、发展变化的观点观察事物，才能把握事物发展的规律。系统观念的整体性原则要求我们在研究系统的各个部分时，应始终把部分放在整体，把着眼点放在全局上，部分必须服从和服务于系统的整体要求，不断提高辩证思维、系统思维，为前瞻性思考、全局性谋划提供科学思维方法。作为财经工作者，在进行数据采集时也应坚持系统观念，统筹考虑所需采集数据的来源、数据类型及储存方式等，只有这样才能做好数据采集工作。

网页数据采集工作复杂程度远超本地数据获取，对于不同来源、不同类型及不同储存方式的数据需要设计不同的采集程序，不仅会花费大量时间，而且会经常出现程序无法采集所需数据的情况。作为财经工作者，要秉持执着专注、精益求精、一丝不苟和追求卓越的工匠精神，设计科学合理的数据采集程序，从而使数据采集工作更加及时、便捷与准确。

任务一　Python读写数据文件
——利用Pandas采集新员工信息

【任务描述】

信合资产有限责任公司由于公司业务增多，人员不足，公司领导研究决定招聘部分员工，经过人力资源部的招聘，有三名员工通过最终的面试，并决定入职公司。由于公司要为新入职员工发放工资，需要将三人的相关信息录入到公司财务系统当中，录入系统之前需要将三人的信息统一登记到 Excel 表格当中，方便导入公司财务系统。

由于财务部员工小李刚刚学习 Python 读写数据文件相关知识，认为可以通过 Pandas 的 to_excel 写入 Excel 文件的方式将三人的相关信息登记到 Excel 表格当中。

三人的相关信息分别如下：

王子恒：男，入职财务部，担任财务经理职位，银行卡号为：6236600009688343

刘华然：男，入职人力资源部，担任人事专员职位，银行卡号为：6236600009688845

王小璐：女，入职市场部，担任市场专员职位，银行卡号为：6236600009688889

任务布置：

1. 请通过 Python 代码编辑器使用 Pandas 的 to_excel 函数，按照第一列至第五列分别为部门、姓名、性别、职位和银行卡号的顺序，将三人的相关信息写入 Excel 文件，并将文件命名为"新入职员工银行卡信息登记表"，保存为.xls 类型文件。

2. 下载并查看"新入职员工银行卡信息登记表.xls"。

【相关知识】

一、文件认知

文件是一个存储在辅助存储器上的数据序列，可以包含任何数据内容。概念上，文件是数据的集合和抽象。用文件形式组织和表达数据是更有效也更灵活的方式。

按照文件不同的编码方式，可以将文件分为文本文件和二进制文件。文本文件是由一组特定编码的字符构成的文件，可以看作存储在硬盘上的长字符串，如记事本文件 txt、Excel 文件、CSV 文件和 JSON 文件等。二进制文件由二进制数"0"和"1"构成，如图形文件、音频文件等，二进制文件把信息以字节串（bytes）进行存储，需用专用软件处理，用文本编辑器通常无法直接阅读和理解，俗称乱码。

无论是文本文件还是二进制文件，操作流程基本一致，首先打开文件并创建文件对象，然后通过该文件对象对文件内容进行读写、删改等操作，最后保存文件内容并关闭。

Python 内置函数 open( ) 可以用指定模式打开文件并创建文件对象，open( ) 函数有两个参数：文件名和模式。

open( ) 函数有以下七种打开文件的不同方法（模式）：

（1）"r" – 读取 – 默认值。打开文件进行读取，如果文件不存在则报错。

（2）"a" – 追加 –。打开供追加的文件，如果不存在则创建该文件。

（3）"w" – 写入 –。打开文件进行写入，如果文件不存在则创建该文件。

（4）"x" – 创建 –。创建指定的文件，如果文件存在则返回错误。

此外，还可以指定文件是应该作为二进制文件还是文本文件进行处理。

（5）"t" – 文本 – 默认值。文本模式。

（6）"b" – 二进制 –。二进制模式（例如图像）。

（7）"+" –。打开文件进行更新（同时读写），与 r、w、a、b 一同出现。

二、读写 txt 文件

（一）写入 txt 文件

如果使用只读模式打开文件，那么就不能在文件上执行写的操作，所以要写文件，则必须使用带'w'模式的 open( ) 函数打开文件。打开文件后可以使用文件对象的 write( ) 函数，将任意字符串写入到文件中。write( ) 函数返回写入文件的字符串长度。

> 👤 **注：** ① Python 中的字符串不仅可以是文字，也可以是二进制数据。
> ② open( ) 函数中第二个参数，'a' 表示要写入的数据会追加到文件的末尾，'w' 表示写入的数据会覆盖任何已有的内容。

示例代码如下：

```
# 写数据到 write.txt 文件中
with open('write.txt', 'w') as fp:
    text = ' 写数据到 write.txt 文件中 '
    num = fp.write(text)
print(num)
```

运行过程及结果如图 4-1 所示。

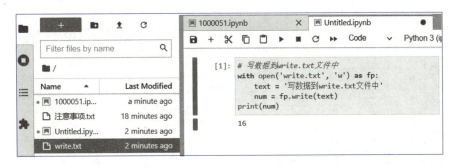

图 4-1　运行过程及结果

从结果中可以看到，write( )函数返回了数字"16"，并且在左侧文档列表中创建了 write.txt 文件，表示写入了 16 个字符到 write.txt 文件中。双击打开 write.txt 文件，运行过程及结果如图 4-2 所示。

图 4-2　运行过程及结果

当多次执行上述程序时，会发现一个有趣的现象，即无论执行多少次程序，write.txt 文件中只有"写数据到 write.txt 文件中"这 16 个字符。这并非代表程序只有第一次运行时生效，而是使用"w"模式打开文件进行写文件操作 wtite( )函数时，后面的操作会把之前写入的数据覆盖掉。

如果要在文件中的内容后追加内容，可以在使用 open( )函数时，使用"a"模式。

示例代码如下：

```
# 写数据到 write.txt 文件中
with open('write.txt', 'a') as fp:
    text = ' 在文件中追加内容 '
    num = fp.write(text)
print(num)
```

运行过程及结果如图 4-3 所示。

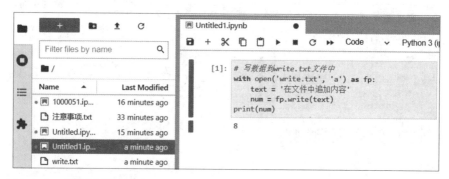

图 4-3　运行过程及结果

运行结果表示向 write.txt 文件中成功写入了 8 个字符。双击打开 write.txt 文件，运行结果如图 4-4 所示。

图 4-4　运行结果

写文件不仅可以像上述介绍的按字符串来写，也可以按照行来写。Python 中的 writelines( ) 函数，可以把列表作为参数写入文件。writelines( ) 函数接收一个参数，这个参数必须是列表。列表的每个元素就是想要写到文件中的内容在一行上，如果需要换行，需要手动添加换行符。

示例代码如下：

```
# 写数据到 write.txt 文件中
with open('write.txt', 'a') as fp:
    # 定义一个数组，用于存放要写入文件的数据
    # 写入文件时，先换行，用于区分此次写入内容
    content = ['\n']
    # 通过 for 循环，向数组中添加元素 0~9
    for i in range(10):
        content.append(str(i))
    # 将 0~9 十个元素作为一行写入到文件中
    fp.writelines(content)
```

打开 write.txt 文件，运行结果如图 4-5 所示。

可以看到程序运行后，会在之前创建的 write.txt 文件中的最后一个字符之后先换行，再依次生成 "0" 至 "9" 十个数字。

图 4-5　运行结果

（二）读取 txt 文件

使用 open( ) 函数返回的是一个文件对象，有了文件对象就可以读取其中的内容。如果只是希望读取整个文件并保存到一个字符串中，可以使用 read( ) 函数，该函数通常与关键字 with 一起组成上下文管理语句，以保证文件被正确关闭。

使用 read( ) 函数能够从打开的文件中读取内容到字符串。需要注意的是，Python 的字符串不仅仅是文字、数字、英文，还可以是二进制数据。比如读取前面创建的 "write.txt" 文件并打印出来。

示例代码如下：

```
# 读取 write.txt 文件，打印文件中内容
with open('write.txt') as fp:
    text = fp.read( )
    print(text)
```

运行过程及结果如图 4-6 所示。

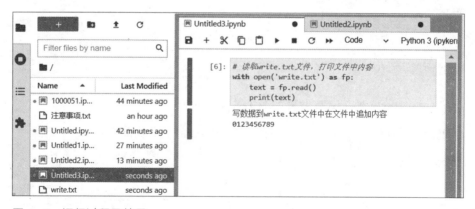

图 4-6　运行过程及结果

因为 "r"（读取）和 "t"（文本）是默认值，所以不需要指定它们，因此也可以采用以下代码进行读取。

示例代码如下：

```
# 读取 write.txt 文件，打印文件中内容
with open('write.txt', 'rt') as fp:
    text = fp.read( )
    print(text)
```

运行过程及结果如图 4-7 所示。

图 4-7　运行过程及结果

read( ) 函数会默认返回整个文本，但也可以指定要返回的字符数。read( ) 函数可以传递参数，用于指定读取多少个字节。

示例代码如下：

```
# 读取 write.txt 文件，打印文件中内容
with open('write.txt') as fp:
    text = fp.read(5)# 读取前 5 个字符
    print(text)
```

运行过程及结果如图 4-8 所示。

图 4-8　运行过程及结果

此外，还可以使用 readline( ) 函数返回一行，通过多次调用 readline( ) 函数，可以读取多行。

示例代码如下：

```
# 读取 write.txt 文件，打印文件中内容
with open('write.txt') as fp:
    print(fp.readline( ))
    print(fp.readline( ))
```

运行过程及结果如图 4-9 所示。

图 4-9　运行过程及结果

三、读写 Excel 文件

Excel 也是一类常用的数据文件，除了用作数据源，也经常用于数据分析和结果展示。

（一）使用 Pandas 的 to_excel 写入 Excel 文件

Pandas 写入 Excel 文件通常使用 to_excel 方法。基本语法格式如下：

```
to_excel(excel_writer, sheet_name = 'sheet1', na_rep = '', float_format = None, columns =
None, headers = True, index_label = None, startrow = 0, startcol = 0, engine = None, merge_
cells = True, encoding = None, inf_rep = 'inf', verbose = True, freeze_panes = None)
```

常用参数说明如表 4-1 所示。

表4-1　to_excel参数说明

参数	说明
excel_writer	字符串或excel_writer对象，必填
sheet_name	字符串，默认是sheet1
header	布尔型或字符串列表，写入Excel中的列名，默认为True。设置为字符串列表将为导出的数据设置列明的别名
index	index是否导出，默认为True

示例代码如下：

```
# 导入 pandas 库
import pandas as pd
# 创建 DataFrame, DataFrame 是 Pandas 中的表格型数据结构，在后续任务中会详细
讲到
newPerson = {' 部门 ':[' 测试 ', ' 研发 ', ' 教研 '], ' 姓名 ':[' 中测 1', ' 中研 1', ' 中教 1'],
' 性别 ':[' 男 ', ' 男 ', ' 男 '], ' 职位 ':[' 测试工程师 ', ' 研发工程师 ', ' 教研老师 ']}# 需要
新写入的数据
df = pd.DataFrame(newPerson)
# 将生成的 DataFrame 数据输出到指定目录下的 Excel 中
```

```
df.to_excel("./zl.xls", sheet_name = " 部门 ", index = False)
```

运行过程及结果如图 4-10 所示。

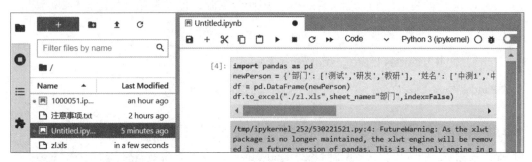

图 4-10　运行过程及结果

可以看到，文件目录中生成了一个 Excel 文件 "zl.xls"，下载并打开查看，如图 4-11 所示。

	A	B	C	D	E	F	G	H
1	部门	姓名	性别	职位				
2	测试	中测1	男	测试工程师				
3	研发	中研1	男	研发工程师				
4	教研	中教1	男	教研老师				
5								
6								
7								
8								

图 4-11　"zl.xls"

（二）使用 Pandas 的 read_excel 读取 Excel 文件

基本语法格式如下：

```
read_excel(io, sheet_name = 0, header = 0, names = None, index_col = None, **kwds)
```

read_excel 常用参数说明如表 4-2 所示。

表4-2　read_excel常用参数说明

参数	说明
io	文件路径、Pandas Excel 或 xlrd 工作簿，必填
sheet_name	None、string、int、字符串列表或整数列表，默认为0。字符串用于工作表名称，整数用于零索引工作表位置，字符串列表或整数列表用于请求多个工作表，为None时获取所有工作表

参数	说明
header	指定作为列名的行，默认0，即取第一行的值为列名。数据为列名行以下的数据；若数据不含列名，则设定header＝None
names	默认为None，要使用的列名列表，如不包含标题行，应显示传递
index_col	指定列为索引列，默认None列（0索引）用作DataFrame的行标签

常用参数使用，读取上面写入的 Excel 文件，示例代码如下：

```
import pandas as pd # 导入 pandas 库
excel = pd.read_excel("./zl.xls", sheet_name = " 部门 ")
print(excel)
```

运行过程及结果如图 4-12 所示。

```
import pandas as pd # 导入pandas库
excel = pd.read_excel("./zl.xls",sheet_name="部门")
print(excel)

    部门   姓名 性别      职位
0  测试  中测1  男   测试工程师
1  研发  中研1  男   研发工程师
2  教研  中教1  男   教研老师
```

图 4-12　运行过程及结果

四、读写 JSON 文件

JSON 是一种轻量级的数据交换格式，由流行的 JavaScript 编程语言创建，广泛应用于 Web 数据交互。JSON 格式简洁、结构清晰，使用键值对（key：value）的格式存储数据对象。Key 是数据对象的属性，value 是数据对象属性的对应值。

读写 Excel 文件

（一）使用 json.dump 方法写入 JSON 文件

使用 json.dump 方法可以将 JSON 对象写入文件。语法格式如下：

```
json.dump(obj, fp, *, skipkeys = False, ensure_ascii = True, check_circular = True,
allow_nan = True, cls = None, indent = None, separators = None, default = None, sort_
keys = False, **kw)
```

常用参数说明如表4-3所示。

表4-3 json.dump参数说明

参数	说明
obj	JSON数据对象
fp	要写入的文件对象，该对象需要支持write( )函数
ensure_ascii	布尔型，设置为False表示可以包含非ASCII编码字符串，如中文

写入 JSON 文件，只需调用 json.dump 方法配合 Python 的原生写入方法即可。
示例代码如下：

```
import json
jsonStr = {'部门':'研发','姓名':'研1','性别':'男','职位':'研发工程师'}
with open("my_data.json", 'w') as f:
    json.dump(jsonStr, f, ensure_ascii = False)
```

运行过程及结果如图4-13所示。

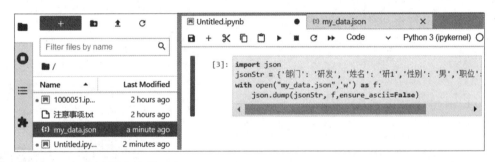

图 4-13   运行过程及结果

可以看到，文件目录中生成了一个 JSON 文件"my_data.json"，双击查看，运行
结果如图 4-14 所示。

图 4-14   运行结果

（二）使用 json.load 方法读取 JSON 文件

使用 json.load 方法可以读取 JSON 文件。基本语法格式如下：

json.load(fp, *, cls = None, object_hook = None, parse_float = None, parse_int = None, parse_constant = None, object_pairs_hook = None, **kw)

常用参数说明如表 4-4 所示。

表4-4　json.load 参数说明

参数	说明
fp	JSON 数据文件对象，该对象需要支持 . read( ) 方法
Object_hook	返回解析后的 JSON 对象，该对象为字典型

示例代码如下：

```
import json
with open("my_data.json", 'r') as g:
    result_data  = json.load(g)
print(result_data)
```

运行过程及结果如图 4-15 所示。

```
import json
with open("my_data.json",'r') as g:
    result_data = json.load(g)
print(result_data)
{'部门': '研发', '姓名': '研1', '性别': '男', '职位': '研发工程师'}
```

图 4-15　运行过程及结果

【任务实现】

一、导入Pandas库

使用 pandas 中的 to_excel 方法写入 Excel 文件，需要导入 Pandas 库。代码如下：

```
import pandas as pd
```

二、创建DataFrame

按照第一列至第五列分别为部门、姓名、性别、职位和银行卡号的顺序创建DataFrame。代码如下：

```
newPerson = {'部门': ['财务部', '人力资源部', '市场部'], '姓名': ['王子恒', '刘华
然', '王小璐'], '性别': ['男', '男', '女'], '职位': ['财务经理', '人事专员', '市场
专员'], '银行卡号': ['6236600009688343', '6236600009688845', '6236600009688889']}
# 需要新写入的数据
df = pd.DataFrame(newPerson)
```

三、将数据写入Excel中

将生成的 DataFrame 数据写入 Excel 中，并将文件命名为"新入职员工银行卡信息登记表.xls"，sheet 名称为"部门"。代码如下：

```
df.to_excel("./新入职员工银行卡信息登记表.xls", sheet_name = "部门", index = False)
```

四、下载并查看结果

选择"新入职员工银行卡信息登记表.xls"，单击鼠标右键，选择"Download"即可将文件下载到本地，打开文件，如图 4-16 所示。

	A	B	C	D	E
1	部门	姓名	性别	职位	银行卡号
2	财务部	王子恒	男	财务经理	6236600009688343
3	人力资源部	刘华然	男	人事专员	6236600009688845
4	市场部	王小璐	女	市场专员	6236600009688889
5					

部门 ＋

图 4-16 "新入职员工银行卡信息登记表.xls"

【任务测试】

任务 4.1 测试

【拓展学习】

写入和读取 CSV 文件

1. 写入 CSV 文件

写入数据到 CSV 文件需要创建一个 writer 对象，主要用到 writerow( ) 和 writerows( ) 两种函数，writerow( ) 函数用于写入一行，writerows( ) 函数用于写入多行。示例代码如下：

```
import csv
headers = [" 学院 ", " 会计学院 ", " 管理学院 ", " 大数据学院 ", " 软件学院 ", " 网络
学院 "]
values  = [
    ('2018 年 ', 1320, 1351, 2251, 3178, 2151),
    ('2019 年 ', 1323, 1402, 2202, 3180, 2190),
    ('2020 年 ', 1466, 1322, 2222, 3162, 2122),
    ('2021 年 ', 1486, 1388, 2248, 3218, 3108)
]
with open(' 信合学院学生人数统计.csv', 'w', encoding = 'utf-8', newline = '') as fp:
    writer = csv.writer(fp)
    writer.writerow(headers)
    writer.writerows(values)
```

运行过程及结果如图 4-17 所示。

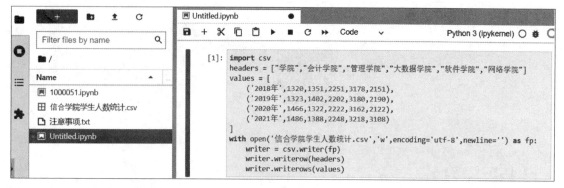

图 4-17　运行过程及结果

可以看到，文件目录中生成了一个 CSV 文件"信合学院学生人数统计.csv"，双击查看，如图 4-18 所示。

	学院	会计学院	管理学院	大数据学院	软件学院	网络学院
1	2018年	1320	1351	2251	3178	2151
2	2019年	1323	1402	2202	3180	2190
3	2020年	1466	1322	2222	3162	2122
4	2021年	1486	1388	2248	3218	3108

图 4-18　"信合学院学生人数统计.CSV"

2. 读取 CSV 文件

调用 CSV 的 reader( ) 函数即可实现对 CSV 文件的读取操作。示例代码如下：

```
import csv
with open(' 信合学院学生人数统计.csv', 'r') as fp:
    reader = csv.reader(fp)
    titles = next(reader)
    for x in reader:
        print(x)
```

运行结果如图 4-19 所示。

```
['2018年', '1320', '1351', '2251', '3178', '2151']
['2019年', '1323', '1402', '2202', '3180', '2190']
['2020年', '1466', '1322', '2222', '3162', '2122']
['2021年', '1486', '1388', '2248', '3218', '3108']
```

图 4-19　运行结果

任务二　Python 读写 SQLite 数据库
——利用 SQLite 采集新员工信息

【任务描述】

信合资产有限责任公司财务部已经将人力资源部招聘的三名新员工相关基本信息导入到公司财务系统当中，但由于系统中缺少三人的基本工资信息，现需要进一步把三人的基本工资信息导入到公司的财务系统中。

由于财务部员工小李正在学习 Python 读写 SQLite 数据库相关知识，认为可以通过 SQLite 数据库将三人的基本工资写入系统中。

三人基本工资分别如下：

王子恒：20 000 元

刘华然：18 000 元

王小璐：19 500 元

任务布置：

1. 请通过 Python 代码编辑器使用 SQLite 模块，按照第一行为姓名、第二行为基本工资的顺序，将三人的基本工资写入 SQLite 数据库，并将文件名命名为"新人基本工资数据表.db"。

2. 使用 Pandas 读取"新人基本工资数据表.db"。

【相关知识】

一、SQLite 数据库认知

SQLite 数据库是一款轻型的数据库，是一种关系型数据库管理系统，在写入或更新资料的过程中遵守 ACID 原则，即原子性（Atomicity，或称不可分割性）；一致性（Consistency）；隔离性（Isolation，又称独立性）；持久性（Durability）。它占用资源非常低。它能够支持 Windows、Linux、Unix 等主流的操作系统，同时又能够跟很多程序语言相结合，比如 Tcl、C#、PHP、Java 等，还有 ODBC 接口，同样比起 Mysql、PostgreSQL 这两款开源的世界著名数据库管理系统来讲，它的处理速度比它们都快。

不像常见的客户–服务器范例，SQLite 数据库不是个程序与之通信的独立进程，而是连接到程序中成为它的一个主要部分。所以主要的通信协议是在编程语言内的直接 API（应用程序接口，Application Program Interface）调用。这在消耗总量、延迟时间和整体简单性上有积极的作用。整个数据库（定义、表、索引和数据本身）都在宿主主机上存储在一个单一的文件中。它简单的设计是通过在开始一个事务的时候锁定整个数据文件而完成的。

因此，SQLite 数据库是内嵌在 Python 中的轻量级、基于磁盘文件的数据库管理系统，不需要安装和配置服务器，支持使用 SQL 语句来访问数据库。SQLite 数据库支持跨平台，操作简单，源码完全开源，能够使用很多语言直接创建数据库文件。

二、SQLite 数据类型

SQLite 数据类型是一个用来指定任何对象的数据类型的属性。SQLite 数据库中的每一列、每个变量和表达式都有相关的数据类型。可以在创建表的同时使用这些数据类型。SQLite 使用一个更普遍的动态类型系统。在 SQLite 数据库中，值的数据类型与值本身是相关的，而不是与它的容器相关。每个存储在 SQLite 数据库中的值都具有表 4–5 中描述的存储类之一。

表 4–5　SQLite 存储类

存储类	说明
NULL	值是一个 NULL 值
INTEGER	值是一个带符号的整数，根据值的大小存储在 1、2、3、4、6 或 8 字节中
REAL	值是一个浮点值，存储为 8 字节的 IEEE 浮点数字
TEXT	值是一个文本字符串，使用数据库编码（UTF–8、UTF–16BE 或 UTF–16LE）存储
BLOB	值是一个 BLOB 数据，完全根据它的输入存储

三、Python sqlite3 模块的使用

SQLite3 可使用 sqlite3 模块与 Python 进行集成，常用的 sqlite3 模块有以下 7 种创建方法。

（一）sqlite3.connect (database[, timeout, other optional arguments])

该 API 打开一个到 SQLite 数据库文件 database 的链接。如果数据库成功打开，

则返回一个连接对象。当一个数据库被多个连接访问，且其中一个修改了数据库，此时 SQLite 数据库被锁定，直到事务提交。timeout 参数表示连接等待锁定的持续时间，直到发生异常断开连接。timeout 参数默认是 5.0（5 秒）。如果给定的数据库名称 filename 不存在，则该调用将创建一个数据库。如果不想在当前目录中创建数据库，那么可以指定带有路径的文件名，这样就能在任意地方创建数据库。

（二）connection.cursor ([cursorClass])

该例程创建一个 cursor（游标），即对象在数据库中的位置，将在 Python 数据库编程中用到。该方法接受一个单一的可选参数 cursorClass。如果提供了该参数，则它必须是一个扩展自 sqlite3.Cursor 的自定义的 cursor 类。

（三）cursor.execute (sql[, optional parameters])

该例程执行一个 SQL 语句。该 SQL 语句可以被参数化（即使用占位符代替 SQL 文本）。sqlite3 模块支持两种类型的占位符：问号和命名占位符（命名样式）。

（四）connection.total_changes( )

该例程返回自数据库连接打开以来被修改、插入或删除的数据库总行数。

（五）connection.commit( )

该例程提交当前的事务。如果未调用该方法，那么自上一次调用 commit( ) 以来所做的任何动作对其他数据库连接来说是不可见的。

（六）connection.rollback( )

该例程回滚自上一次调用 commit( ) 以来对数据库所做的更改。

（七）connection.close( )

该例程关闭数据库连接。请注意，这不会自动调用 commit( )。如果之前未调用 commit( ) 方法，就直接关闭数据库连接，所做的所有更改将全部丢失。

四、SQLite数据库的基本操作

（一）连接数据库

sqlite3 模块是由 Gerhard Haring 编写的。不需要单独安装该模块，因为 Python 2.5.x 以上版本默认自带了该模块。

为了使用 sqlite3 模块，首先必须创建一个表示数据库的连接对象，然后可以有选择地创建光标对象，这将帮助执行所有的 SQL 语句。

下面的 Python 代码表示如何连接到一个现有的数据库。如果数据库不存在，那么它就会被创建，最后将返回一个数据库对象。

示例代码如下：

```
import sqlite3
#Python 代码表示如何连接到一个现有的数据库。如果数据库不存在，那么它就会被创建，最后将返回一个数据库对象
conn = sqlite3.connect('test.db')
print(" 数据库打开成功 ")
```

运行过程及结果如图 4-20 所示。

```
import sqlite3
# Python 代码显示了如何连接到一个现有的数据库。如果数据库不存在，那么它就会被创建，最后将返回一个数据库对象

conn = sqlite3.connect('test.db')
print("数据库打开成功")
```
数据库打开成功

图 4-20　运行过程及结果

（二）创建表

SQLite 数据库的 CREATE TABLE 语句用于在任何给定的数据库创建一个新表。创建表，涉及命名表、定义列及每一列的数据类型。

CREATE TABLE 语句的基本语法格式如下：

```
CREATE TABLE database_name.table_name(
    column1 datatype  PRIMARY KEY(one or more columns),
```

```
        column2 datatype,

        column3 datatype,

        ......

        columnN datatype,);
```

CREATE TABLE 是告诉数据库系统创建一个新表的关键字。CREATE TABLE 语句后跟着表唯一的名称或标识。

下面的代码将用于在先前创建的数据库中创建一个表，示例代码如下：

```
import sqlite3


conn = sqlite3.connect('test.db')
print(" 数据库打开成功 ")
# 创建光标对象
c = conn.cursor( )
# 执行 sql 语句
c.execute('''CREATE TABLE COMPANY
        (ID INT PRIMARY KEY     NOT NULL,
        NAME              TEXT    NOT NULL,
        AGE               INT     NOT NULL,
        ADDRESS           CHAR(50),
        SALARY            REAL);''')
print(" 数据表创建成功 ")
conn.commit( )
conn.close( )
```

运行过程及结果如图 4-21 所示。

```
import sqlite3

conn = sqlite3.connect('test.db')
print ("数据库打开成功")
# 创建光标对象
c = conn.cursor()
# 执行sql语句
c.execute('''CREATE TABLE COMPANY
       (ID INT PRIMARY KEY     NOT NULL,
       NAME           TEXT    NOT NULL,
       AGE            INT     NOT NULL,
       ADDRESS        CHAR(50),
       SALARY         REAL);''')
print ("数据表创建成功")
conn.commit()
conn.close()

数据库打开成功
数据表创建成功
```

图 4-21　运行过程及结果

（三）添加新的数据行

SQLite 数据库的 INSERT INTO 语句用于向数据库的某个表中添加新的数据行。INSERT INTO 语句有两种基本语法，如下所示：

INSERT INTO TABLE_NAME[(column1, column2, column3, ...columnN)]

VALUES(value1, value2, value3, ...valueN);

其中 column1，column2，...columnN 表示要插入数据的表中列的名称。

如果要为表中的所有列添加值，也可以不需要在 SQLite 查询中指定列名称。但要确保值的顺序与列在表中的顺序一致。SQLite 数据库的 INSERT INTO 基本语法格式如下：

INSERT INTO TABLE_NAME VALUES(value1, value2, value3, ...valueN);

下面的代码表示如何在上面创建的 COMPANY 表中创建记录，示例代码如下：

import sqlite3

conn = sqlite3.connect('test.db')

c = conn.cursor( )

print(" 数据库打开成功 ")

c.execute("INSERT INTO COMPANY (ID, NAME, AGE, ADDRESS, SALARY)\

　　　VALUES (1, 'Paul', 32, 'California', 20000.00)")

c.execute("INSERT INTO COMPANY (ID, NAME, AGE, ADDRESS, SALARY)\

```
        VALUES (2, 'Allen', 25, 'Texas', 15000.00)")
c.execute("INSERT INTO COMPANY (ID, NAME, AGE, ADDRESS, SALARY)\
        VALUES (3, 'Teddy', 23, 'Norway', 20000.00)")
c.execute("INSERT INTO COMPANY (ID, NAME, AGE, ADDRESS, SALARY)\
        VALUES (4, 'Mark', 25, 'Rich-Mond', 65000.00)")
conn.commit( )
    print(" 数据插入成功 ")
    conn.close( )
```

运行过程及结果如图 4-22 所示。

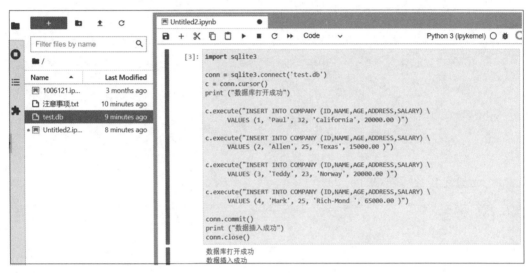

图 4-22　运行过程及结果

（四）获取数据

SELECT 语句用于从 SQLite 数据库表中获取数据，以结果表的形式返回数据。这些结果表也被称为结果集。

SQLite 的 SELECT 语句的基本语法格式如下：

```
SELECT column1, column2, columnN FROM table_name;
```

在这里，column1，column2，... 是表的字段，即要获取的值。如果想获取所有可用的字段，那么可以使用下面的语法：

```
SELECT*FROM table_name;
```

下面的代码表示如何从前面创建的 COMPANY 表中获取并显示记录，示例代码如下：

```
import sqlite3
conn = sqlite3.connect('test.db')
c = conn.cursor( )
print(" 数据库打开成功 ")
cursor = c.execute("SELECT id, name, address, salary from COMPANY")
for row in cursor:
    print("ID = ", row[0])
    print("NAME = ", row[1])
    print("ADDRESS = ", row[2])
    print("SALARY = ", row[3])
    print("\n")
print(" 数据操作成功 ")
conn.close( )
```

运行过程及结果如图 4-23 所示。

```
import sqlite3

conn = sqlite3.connect('test.db')
c = conn.cursor()
print("数据库打开成功")

cursor = c.execute("SELECT id, name, address, salary  from COMPANY")
for row in cursor:
    print("ID = ", row[0])
    print("NAME = ", row[1])
    print("ADDRESS = ", row[2])
    print("SALARY = ", row[3])
    print("\n")

print("数据操作成功")
conn.close()
数据库打开成功
ID =  1
NAME =  Paul
ADDRESS =  California
SALARY =  20000.0


ID =  2
NAME =  Allen
ADDRESS =  Texas
SALARY =  15000.0


ID =  3
NAME =  Teddy
ADDRESS =  Norway
SALARY =  20000.0


ID =  4
NAME =  Mark
ADDRESS =  Rich-Mond
SALARY =  65000.0


数据操作成功
```

图 4-23　运行过程及结果

（五）更新数据

SQLite 的 UPDATE 查询用于修改表中已有的记录。可以使用带有 WHERE 子句的 UPDATE 查询来更新选定行，否则所有的行都会被更新。

带有 WHERE 子句的 UPDATE 查询的基本语法格式如下：

```
UPDATE table_name
SET column1 = value1, column2 = value2...., columnN = valueN
WHERE[condition];
```

下面的代码表示如何使用 UPDATE 语句来更新任何记录，例如将员工 Paul 的工资修改为 25 000 元，示例代码如下：

```
import sqlite3
conn = sqlite3.connect('test.db')
c = conn.cursor( )
print(" 数据库打开成功 ")
c.execute("UPDATE COMPANY set SALARY = 25000.00 where NAME = 'Paul';")
conn.commit( )
print(" 数据操作成功 ")
conn.close( )
```

运行过程及结果如图 4-24 所示。

```
import sqlite3

conn = sqlite3.connect('test.db')
c = conn.cursor()
print("数据库打开成功")

c.execute("UPDATE COMPANY set SALARY = 25000.00 where NAME='Paul';")
conn.commit()

print("数据操作成功")
conn.close()

数据库打开成功
数据操作成功
```

图 4-24　运行过程及结果

（六）删除已有记录

SQLite 数据库的 DELETE 查询用于删除表中已有的记录。可以使用带有 WHERE 子句的 DELETE 查询来删除选定行，否则所有的记录都会被删除。

带有 WHERE 子句的 DELETE 查询的基本语法格式如下：

```
DELETE FROM table_name
WHERE[condition];
```

下面的代码表示如何使用 DELETE 语句删除任何记录，然后从 COMPANY 表中获取并显示剩余的记录，示例代码如下：

```
import sqlite3
conn = sqlite3.connect('test.db')
c = conn.cursor( )
print(" 数据库打开成功 ")
# 删除名字为 Paul 这条记录
c.execute("DELETE from COMPANY where NAME = 'Paul';")
conn.commit( )
# 查询删除信息后表中的数据
cursor = conn.execute("SELECT id, name, address, salary from COMPANY")
for row in cursor:
    print("ID = ", row[0])
    print("NAME = ", row[1])
    print("ADDRESS = ", row[2])
    print("SALARY = ", row[3])
    print("\n")
print(" 数据操作成功 ")
conn.close( )
```

运行过程及结果如图 4-25 所示。

```
import sqlite3

conn = sqlite3.connect('test.db')
c = conn.cursor()
print("数据库打开成功")
# 删除名字为Paul这条记录
c.execute("DELETE from COMPANY where NAME='Paul';")
conn.commit()
# 查询删除信息后表中的数据
cursor = conn.execute("SELECT id, name, address, salary  from COMPANY")
for row in cursor:
    print("ID = ", row[0])
    print("NAME = ", row[1])
    print("ADDRESS = ", row[2])
    print("SALARY = ", row[3])
    print("\n")

print("数据操作成功")
conn.close()

数据库打开成功
ID =  2
NAME =  Allen
ADDRESS =  Texas
SALARY =  15000.0


ID =  3
NAME =  Teddy
ADDRESS =  Norway
SALARY =  20000.0


ID =  4
NAME =  Mark
ADDRESS =  Rich-Mond
SALARY =  65000.0


数据操作成功
```

图 4-25　运行过程及结果

（七）数据库读取操作

通过 pandas 读取该数据库文件，示例代码如下：

```
# 导入 pandas 库
import pandas as pd
#Create your connection.
cnx = sqlite3.connect('test.db')
# 读取数据库文件
df = pd.read_sql_query("SELECT*FROM COMPANY", cnx)
df
```

名字为 Paul 的相关信息已经从"test.db"数据库中删除。如图 4-26 所示。

SQLite 数据库操作

	ID	NAME	AGE	ADDRESS	SALARY
0	2	Allen	25	Texas	15000.0
1	3	Teddy	23	Norway	20000.0
2	4	Mark	25	Rich-Mond	65000.0

图 4-26　查看信息

【任务实现】

一、导入 SQLite3 模块

使用 SQLite3 模块，需要导入 SQLite3 模块，代码如下：

```
import sqlite3
```

二、连接数据库

连接数据库"新人基本工资数据表.db"，由于文件列表中并不存在该数据库，因此会创建数据库，并且返回一个数据库对象，示例代码如下：

```
conn = sqlite3.connect(' 新人基本工资数据表.db')
```

三、创建表

通过创建表将王子恒、刘华然及王小璐的基本工资信息写入"新人基本工资数据表.db"中，示例代码如下：

```
# 创建光标对象
c = conn.cursor( )
# 执行 sql 语句
c.execute("'CREATE TABLE stocks( 姓名 , 王子恒 , 刘华然 , 王小璐 )'")
c.execute("INSERT INTO stocks VALUES(' 基本工资 ', '20000', '18000', '19500')")
# 提交事务
conn.commit( )
```

四、关闭数据库连接

数据库创建完毕之后，需关闭数据库，示例代码如下：

```
conn.close( )
```

五、读取数据库文件

使用 pandas 读取上述数据库文件"新人基本工资数据表.db"，示例代码如下：

```
# 导入 pandas 库
import pandas as pd
# 连接数据库
cnx = sqlite3.connect(' 新人基本工资数据表.db')
# 读取数据库文件
df = pd.read_sql_query("SELECT*FROM stocks", cnx)
df
```

新人基本工资数据表如图 4-27 所示。

	姓名	王子恒	刘华然	王小曦
0	基本工资	20000	18000	19500

图 4-27　新人基本工资数据表

【任务测试】

任务 4.2 测试

【拓展学习】

SQLite 常用函数

SQLite 有许多内置函数用于处理字符串或数字数据，并且所有函数都是对大小写不敏感，即可以使用这些函数的小写形式、大写形式或混合形式进行操作。SQLite

常用函数及说明如表 4-6 所示。

表4-6　SQLite 常用函数及说明

函数	说明
SQLite COUNT( )	用来计算一个数据库表中的行数
SQLite MAX( )	选择某列的最大值
SQLite MIN( )	选择某列的最小值
SQLite AVG( )	计算某列的平均值
SQLite SUM( )	为一个数值列计算总和
SQLite ABS( )	返回数值参数的绝对值
SQLite LENGTH( )	返回字符串的长度

任务三　简单网页爬取
——爬取上市公司证券简称和股票代码

【任务描述】

信合资产有限责任公司财务部员工小李在学习了简单网页爬取相关知识以后，觉得爬虫技术对于日常工作有很大的帮助，可以解决从网络上获取信息的难题，于是决定对所学简单网页爬取的相关内容进行运用，尝试通过 Python 代码编辑器编辑代码的形式，爬取所需要的证券简称和股票代码。

任务布置：

请通过 Python 代码编辑器爬取海天味业股份有限公司对应的证券简称和股票代码。

【相关知识】

一、网络爬虫

（一）网络爬虫认知

网络爬虫，以前经常称之为网络蜘蛛，是指按照一定的规则，自动浏览万维网并抓取信息的程序（或脚本）。爬虫技术曾经被广泛地应用于互联网搜索引擎。使用过互联网和浏览器的人都知道，网页中除了供用户阅读的文字信息之外，还包含一些超链接。网络爬虫系统正是通过网页中的超链接信息不断获得网络上的其他页面。正因如此，网络数据采集的过程就像一个爬虫或者蜘蛛在网络上漫游，所以才被形象地称为网络爬虫或者网络蜘蛛。网络爬虫的应用领域十分广泛，经常应用于搜索引擎、新闻聚合、社交应用及行业数据等方面。

（二）网络爬虫基本流程

网络爬虫的基本流程可以分为四步，如图 4-28 所示。

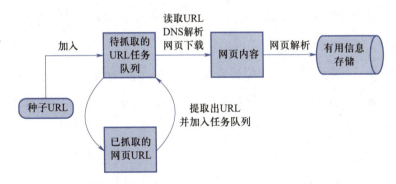

图 4-28　网络爬虫基本流程

第一步：首先选取一部分精心挑选的种子 URL。

第二步：将挑选好的 URL 放入待抓取 URL 任务队列中。

第三步：从待抓取 URL 任务队列中读取待抓取队列的 URL，解析 DNS，并将 URL 对应的网页下载下来。

第四步：分析下载的页面，得到有用信息并进行数据存储。

二、Web 前端基础

Web 前端依据 W3C 标准进行开发。W3C，即万维网联盟，它是 Web 技术领域最具有权威和影响力的国际中立性技术标准机构。W3C 标准不是某一个标准，而是一系列标准的集合，主要包括结构标准、表现标准和行为标准三个方面。① 结构标准：用于对网页元素进行整理与分类，主要由 HTML 等标签组成。② 表现标准：用于设置网页元素的版式、颜色、大小等外观样式，主要指 CSS 样式表。③ 行为标准：指网页模型的定义及交互的编写，主要包括对象模型（如 W3C DOM）、ECMAScript 等。

CSS 在网页代码中非常重要，是一门将 HTML 文件样式化的语言。选择器由 CSS 定义，并与特定的 HTML 元素的样式相关联。而 XPath 是一门用来在 HTML 文件中选择节点的语言，可以用来在文件中对元素和属性进行遍历。HTML、CSS 与 XPath 基本上覆盖了爬虫开发所需要了解的 WEB 前端知识。

（一）HTML

HTML 不是编程语言，是一种表示网页信息的符号标记语言，用来描述网页。Web 浏览器的作用是读取 HTML 文件，并以网页的形式显示出来，浏览器不会显示 HTML 标记，而使用标记来解释页面内容。

HTML 语言的特点包括：可以设置文本格式，比如标题、字号、文本颜色、段落等；可以创建列表；可以插入图像和媒体；可以建立表格以及使用鼠标单击超链接来实现页面之间跳转。

下面从 HTML 的基本结构、文档设置标记、表格三个方面讲解。

1. HTML 的基本结构

首先在浏览器访问百度网站，如图 4-29 所示。鼠标右键选择查看源代码，如图 4-30 所示。

从百度首页的源代码中可以分析出 HTML 的基本机构：

（1）<html> 内容 </html>：HTML 文件由 <html></html> 标记包裹，这对标记分别位于网页的最前端和最后端，以 <html> 为文件开始，</html> 为文件的结束。

（2）<head> 内容 </head>：HTML 文件头标记，用来包含文件的基本信息，比如网页的标题和关键字，也可以嵌套 <title></title>，<style></style> 等标记。注：

<head></head> 标记内的内容不会在浏览器中显示。

（3）<title> 内容 </title>：HTML 文件标题标记，显示在浏览器窗口的最上面。

（4）<meta> 内容 </meta>：页面的元信息，比如：针对搜索引擎、更新频度的描述和关键词，必须放到 <head></head> 元素中。

（5）<body> 内容 </body>：网页的主体内容，在此标记之间可以包含 <p></p>、<h1></h1>、
</br> 等标记，这部分的内容是浏览器主要展示的内容。

图 4-29 百度网站首页

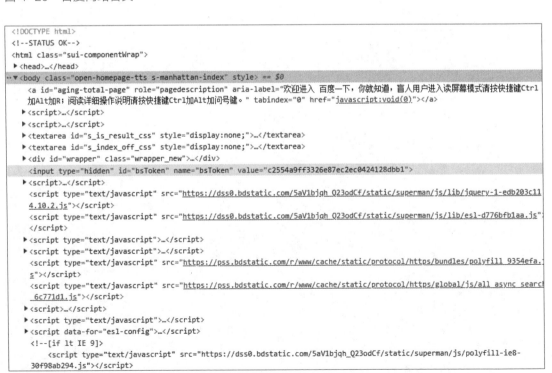

图 4-30 百度首页源代码

2. 文档设置标记

文档设置标记分为格式标记和文本标记。

（1）格式标记。通过下面标准的 HTML 文件对格式标记进行介绍，示例代码如下：

```
<html>
<head>
    <title> 介绍文档设置 </title>
    <meta charset = "UTF-8">
</head>
<body>
    文档设置标记 <br>
    <p> 这个段落 ( 一 )</p>
    <p> 这个段落 ( 二 )</p>
    <hr>
    <center> 居中标记 ( 一 )</center>
    <center> 居中标记 ( 二 )</center>
    <hr>
    <pre>
床前明月光，疑是地上霜。
举头望明月，低头思故乡。
    </pre>
    <hr>
    <ul>
        <li> 苹果 </li>
        <li> 橘子 </li>
    </ul>

    <ol type = "A">
```

```
        <li> 奔驰 </li>

        <li> 宝马 </li>

    </ol>

    <d1>

        <dt> 计算机 </dt>

        <dd> 用来计算的仪器......</dd>

    </d1>

    <div>

        <h3>W3C</h3>

    </div>

</body>

</html>
```

将上述 HTML 文件在浏览器中打开运行，运行结果如图 4-31 所示。

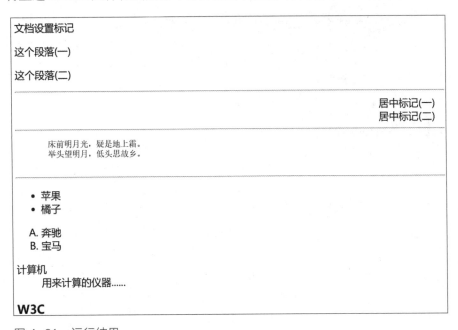

图 4-31　运行结果

标记格式包括：

①
：强制换行标记。让后面的文字、图片、表格等，显示在下一行。

② <p>：换段落标记。

③ <center>：居中对齐标记。让段落或者是文字相对于父标记居中显示。

④ <pre>：预格式化标记，保留预先编排好的格式。

⑤ <li>：列表项目标记，每个列表使用一个 <li> 标记。

⑥ <ul>：无序列表标记，<ul> 声明这个列表没有序号。

⑦ <ol>：有序列表标记，可以显示特定的一些顺序。

⑧ <dl><dt><dd>：定义型列表，对这个列表条目进行简短说明。

⑨ <hr>：水平分割线标记，可以用作段落之间的分割线。

⑩ <div>：分区显示标记，也称为层标记。常用来编排一大段的 HTML 段落，也可以用于将表格格式化，可以多层嵌套使用。

（2）文体标记。接下来通过一个 HTML 文件对文本标记进行讲解，文档示例代码如下：

```
<html>
<head>
    <title> 介绍文档设置 </title>
    <meta charset = "UTF-8">
</head>
<body>
    Hn 标题标记 ----->
    <br>
        <h1>Python 爬虫 </h1>
        <h2>Python 爬虫 </h2>
    font 标题标记 ----->
    <font size = "1"> 床前明月光 </font>
    <font size = "2" color = "red" face = " 宋体 "> 床前明月光 </font>
    <br>
    i 标记斜体 -------->
    <i> 疑是地上霜 </i>
    <br>
```

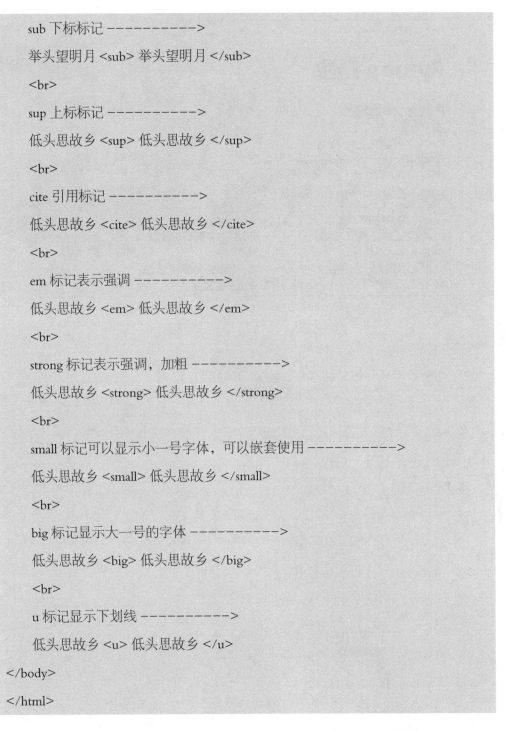

sub 下标标记 ----------->

举头望明月 <sub> 举头望明月 </sub>

sup 上标标记 ----------->

低头思故乡 <sup> 低头思故乡 </sup>

cite 引用标记 ----------->

低头思故乡 <cite> 低头思故乡 </cite>

em 标记表示强调 ----------->

低头思故乡 <em> 低头思故乡 </em>

strong 标记表示强调，加粗 ----------->

低头思故乡 <strong> 低头思故乡 </strong>

small 标记可以显示小一号字体，可以嵌套使用 ----------->

低头思故乡 <small> 低头思故乡 </small>

big 标记显示大一号的字体 ----------->

低头思故乡 <big> 低头思故乡 </big>

u 标记显示下划线 ----------->

低头思故乡 <u> 低头思故乡 </u>

</body>

</html>

将上述 HTML 文件在浏览器中打开运行，运行结果如图 4-32 所示。

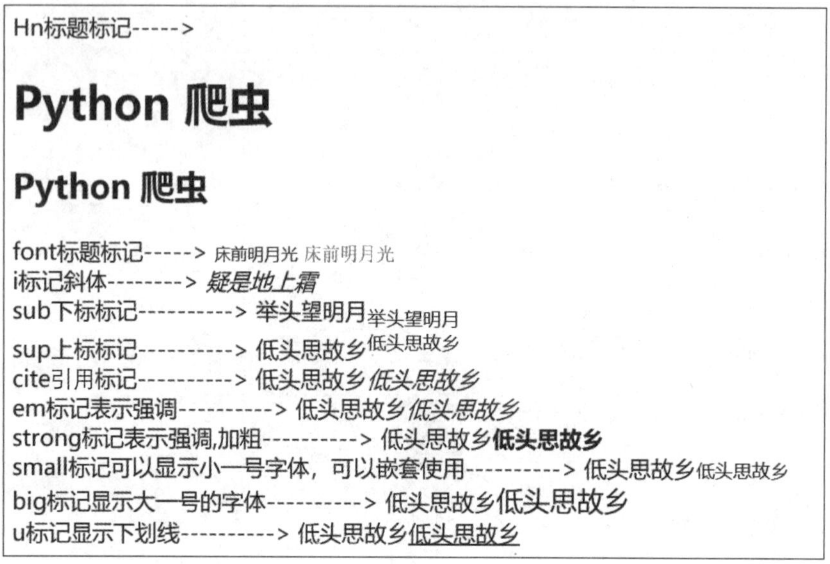

图 4-32 运行结果

其中文本标记包括以下 12 种：

① <hn>：标题标记，共有 6 个级别，n 的范围 1~6，不同的级别对应不同显示大小。

② <font>：字体设置标记，用来设置字体，一般有三个常用属性：size（字体大小），color（颜色），face（字体）。

③ <b>：粗字体标记。

④ <i>：斜字体标记。

⑤ <sub>：文字下标字体标记。

⑥ <sup>：文字上标字体标记

⑦ <cite>：引用方式的字体，通常是斜体。

⑧ <em>：表示强调，通常为斜字体。

⑨ <strong>：表示强调，通常显示为粗字体。

⑩ <small>：小一号字体标记。

⑪ <big>：大一号字体标记。

⑫ <u>：下划线字体标记。

3. 表格

表格的基本结构包括 <table><tr><td> 和 <th> 等标记。

（1）<table> 标记的基本格式为 <table 属性 1 = "属性值 1"，...，属性 n = "属性值 n" > 表格内容 </table>。

<table> 标记有以下常见属性：

① Width：表示表格的宽度，属性值可以是像素（px），也可以是父级元素的百分比（%）。

② Height：表示表格的高度，属性值可以是像素（px），也可以是父级元素的百分比（%）。

③ Border：表示表格外边框的宽度。

④ Align：表示表格的显示位置，left 为居左显示，center 为居中显示，right 为居右显示。

⑤ Cellspacing：表示单元格之间的间距，默认值是 2px，单位为像素。

⑥ Cellpadding：表示单元格内容与单元格边框的显示间距，单位为像素。

⑦ Frame：用来控制表格边框最外层的四条线框。

（2）<tr> 标记用来定义表格的行，对于每个表格行，都有一堆 <tr></tr> 标记表示，每行 <tr> 标记内可以嵌套多个 <td> 或 <th> 标记。

<tr> 标记中的常见属性包括：

① Bgcolor：设置背景颜色。

② Align：用来设置垂直方向的对齐方式，格式为 align = "值"。值为 bottom 时，表示靠顶对齐；值为 top 时，表示靠底部对齐；值为 middle 时，表示居中对齐。

③ Valign：用来设置水平方向的对齐方式，格式为 valign = "值"。值为 left 时，表示靠左对齐；值为 right 时，表示靠右对齐。

（3）<td> 和 <th> 都是单元格的标记，必须嵌套在 <tr> 标记内，成对出现。<th> 是表头标记，通常位于首行或首列；<td> 是数据标记，表示该单元格具体数据。

<td><th> 两者的标记属性都是一样的，常用属性如下：

① Bgcolor：设置背景颜色。

② Align：设置单元格垂直方向的对齐方式。

③ Valign：设置单元格水平方向的对齐方式。

④ Width：设置单元格宽度。

⑤ Height：设置单元格高度。

⑥ Rowspan：设置单元格所占行数。

⑦ Colspan：设置单元格所占列数。

下面通过一个 HTML 文件来介绍表格的使用，文档示例代码如下：

```
<html>
<head>
    <title> 学生信息表 </title>
    <meta charset = "UTF-8">
</head>
<body>
    <table width = "960" align = "center" border = "1" rules = "all" cellpadding = 15>
    <tr>
        <th> 学号 </th>
        <th> 班级 </th>
        <th> 姓名 </th>
        <th> 年龄 </th>
        <th> 籍贯 </th>
    </tr>
    <tr>
        <th>1500001</th>
        <th>(1) 班 </th>
        <th> 张三 </th>
        <th>16</th>
        <th> 上海 </th>
    </tr>
    <tr>
        <th>1500011</th>
        <th>(2) 班 </th>
```

```
        <th> 李四 </th>

        <th>16</th>

        <th bgcolor = "#ccc"> 上海 </th>

    </tr>


    </table>

</body>

</html>
```

将上述 HTML 文件在浏览器中打开运行，文件如图 4-33 所示。

学号	班级	姓名	年龄	籍贯
1500001	(1) 班	张三	16	上海
1500011	(2) 班	李四	16	上海

Web 前端基础 -HTML

图 4-33　学生信息表展示图

（二）CSS

CSS 指层叠样式表，描述了如何在屏幕、纸张或其他媒体上显示 HTML 元素，其中层叠就是多个样式可以作用在同一个 HTML 元素上，同时生效。

1. CSS 的使用

CSS 必须结合 HTML 标签使用，其主要是用来修饰和美化相关标签的，与 CSS 结合使用，有以下三种用法：

（1）内联样式表：CSS 代码直接写在现有的 HTML 标记中，直接使用 style 属性改变样式，例如：<div style = "color:red">Hello World</div>。

（2）嵌入式样式表：CSS 代码写在 <style type = "text/css"></style> 标记之间，一般情况嵌入式 CSS 写在 <head></head> 之间。

（3）外部样式表：CSS 代码写在一个单独的外部文件中，这个 CSS 样式文件以".CSS"为扩展名，在 <head> 内使用 <link> 标记将 CSS 样式文件链接到 HTML 文件内。例如：<link rel = "stylesheet"herf = "style.css"></link>。

2. CSS 的规则

CSS 规则由两部分构成：

（1）选择器：通常指的是需要修改样式的 HTML 元素，每条声明由一个属性和一个值组成，例如：.intro{background-color:yellow;}。

（2）属性：希望设置的样式属性，属性和值由冒号分开。例如：h1{color:blue; font-size:12px}

根据选择器的定义，可将样式表的定义分成三种方式：

① HTML 标记定义：语法，标签名 {}。例如：h1{background-color: yellow;}// 为所有的 h1 元素设置样式。

② ID 选择器定义：语法，#id 名 {}。例如：#top{}// 为 id 为 top 的元素设置样式。

③ 类选择器：语法，.class 名 {}。例如：.box{}// 为所有的 class 值为 box 的元素设置样式。

3. CSS 的属性

CSS 的常见属性主要包括颜色属性、字体属性、背景属性，文本属性。

（1）颜色属性。颜色属性 color 用来定义文本的颜色，可以使用以下方式定义颜色：

① 颜色名称，如 color：green。

② 十六进制，如 color：#ff6600。

③ RGB 方式，如 rgb（255，255，255）、红（R）、绿（G）、蓝（B）的取值范围均为 0～255。

④ RGBA 方式，如 color：rgba（255，255，255，1）、红（R）、绿（G）、蓝（B）和 A（Alpha 的色彩空间透明度）。

（2）字体属性。可以使用字体属性定义文本形式，有如下方法：

① font-size：定义字体大小，如 font-size：14px。

② font-family：定义字体，如 font-family：宋体。

③ font-weight：定义字体加粗，可以使用名称如：normal（默认值）、bold（粗）、bolder（更粗），还可以使用汉字，如 100、200、300～900。

（3）背景属性。可以使用背景属性定义背景颜色、背景图片、背景重复方式和背景的位置，内容如下：

① Background-color：用来定义背景的颜色。

②Background-image：用来定义背景图片，如 background-image:url（图片路径）。

③Background-repeat：用来定义背景重复方式。如 background-repeat:repeat，表示整体重复平铺。

④Background-position：用来定义背景位置，如横向 background-position:left，纵向 background-position:top

（4）文本属性。可以使用文本属性定义文本形式，内容如下：

①Text-align：设置文本对齐方式，属性值可以取 left、center、right。

②line-height：设置文本行高，属性值可以取具体的值，也可以取百分比。

③Text-indent：代表首行缩进，属性值使用 px。

以上讲解了关于 CSS 爬虫用到的基本知识，接下来通过一个综合的例子将知识点进行说明，HTML 文件如下：

```
<!DOCTYPE html>
<html>
<head>
<style>
h1 {
    background-color: #6495ed;    /*--- 设置背景颜色 ---*/
    color: red; /*--- 设置字体颜色 ---*/
    text-align: center; /*--- 文字居中 ---*/
    font-size: 40px; /*--- 字体大小 ---*/
}
div {
    background-color: #6495ed;
}
p.tc{
    color: rgb(0, 255, 0);
}
p {
```

```
    background-color:#e0ffff;

    text-indent:50px; /*--- 段落首行缩进 ---*/

    font-family:" 宋体 "; /*--- 设置字体 ---*/

}

</style>

</head>

<body>

<h1>Hello World！ </h1>

<div> 这些段落是通过 CSS 设置样式的

<p class = "tc"> 该段落有自己的背景颜色 </p>

</div>

<p> 床前明月光，疑是地上霜。举头望明月，低头思故乡 </p>

</body>

</html>
```

在浏览器中打开文档，效果如图 4-34 所示。

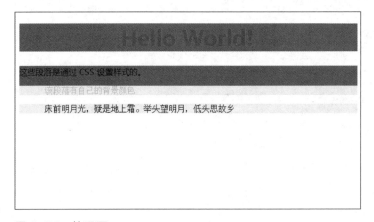

图 4-34　效果图

（三）XPath

XPath 是一门 xml 文档中查询信息的语言，被用于在 xml 文档中通过路径表达式的形式来指定元素。在 Python 爬虫开发中，经常使用 XPath 来提取网页中的信息，并使用 Lxml 模块以支持 XPath 解析方式。

接下来从 XPath 节点、XPath 语法，以及 XPath 解析三个方面讲解 XPath 的使用。

1. XPath 节点

在 Xpath 中，xml 文档是被作为节点树来对待的，有 7 种类型的节点：元素、属性、文本、命名空间、处理指令、注释以及文档（根）节点。树的根被称为文档节点或者根节点。

以下面的 xml 文档为例进行说明，文档如下：

```
<?xml version = "1.0" encoding = "ISO-8859-1"?>
<CATALOG>
    <PLANT>
        <COMMON>Bloodroot</COMMON>
        <BOTANICAL lang = "en">Sanguinaria canadensis</BOTANICAL>
        <ZONE>4</ZONE>
        <LIGHT>Mostly Shady</LIGHT>
        <PRICE>$2.44</PRICE>
        <AVAILABILITY>031599</AVAILABILITY>
    </PLANT>
</CATALOG>
```

上面的 xml 文档中的节点包括：<CATALOG> 文档节点、<COMMON> 元素节点、lang = "en"（属性节点）、Bloodroot（文本）。另外这些节点存在一定的关系，包括：父（Parent）、子（Children）、同胞（Sibling）、先辈（Ancestor）、后代（Descendant）。

在上面的文档中：

（1）PLANT 元素是 COMMON、BOTANICAL、ZONE、LIGHT、PRICE、AVAILABILITY 元素的父元素。

（2）COMMON、BOTANICAL、ZONE、LIGHT、PRICE、AVAILABILITY 都是 PLANT 元素的子元素。

（3）COMMON、BOTANICAL、ZONE、LIGHT、PRICE、AVAILABILITY 都是同胞节点，拥有相同的父节点。

（4）COMMON 元素的先辈元素是 PLANT 元素和 CATALOG 元素，也就是此节点的父节点和父的父节点。

（5）CATALOG 的后代是 COMMON、BOTANICAL、ZONE、LIGHT、PRICE、AVAILABILITY 元素，也就是此节点的子节点和子的子节点。

2. XPath 语法

Xpath 使用路径表达式来选取 xml 文档中的节点或节点集。节点是沿着路径（path）或者步（steps）来选取。重点是如何选取节点，下面给出一个 xml 文档进行解析：

```
<?xml version = "1.0" encoding = "ISO-8859-1"?>
<CATALOG>
    <PLANT>
        <COMMON>Bloodroot</COMMON>
        <BOTANICAL lang = "en">Sanguinaria canadensis</BOTANICAL>
        <ZONE>4</ZONE>
        <LIGHT>Mostly Shady</LIGHT>
        <PRICE>2.44</PRICE>
        <AVAILABILITY>031599</AVAILABILITY>
    </PLANT>
    <PLANT>
        <COMMON>Columbine</COMMON>
        <BOTANICAL lang = "en">Aquilegia canadensis</BOTANICAL>
        <ZONE>3</ZONE>
        <LIGHT>Mostly Shady</LIGHT>
        <PRICE>9.37</PRICE>
        <AVAILABILITY>030699</AVAILABILITY>
    </PLANT>
</CATALOG>
```

先列举出一些常用的路径表达式进行节点的选取，示例如表 4-7 所示。

表4-7　路径表达式示例

路径表达式	说明
nodename	选取此节点的所有子节点
/	从根节点选取
//	选择任意位置的某个节点
.	选取当前节点
..	选取当前节点的父节点
@	选取属性

通过表 4-7 的路径表达式，尝试着对上面的文档进行节点选取，示例如表 4-8 所示。

表4-8　节点选取示例

路径表达式	说明
CATALOG	选取 CATALOG 元素的所有子节点
/CATALOG	选取根元素 CATALOG
CATALOG/PLANT	选取属于 CATALOG 的子元素的所有 PLANT 元素
//PLANT	选取所有 PLANT 子元素，而不管它们在文档中的位置
CATALOG//PLANT	选择属于 CATALOG 元素的后代的所有 PLANT 元素，而不管它们位于 CATALOG 之下的什么位置
//@lang	选取名为 lang 的所有属性

除了选取上面所有符合条件的节点，还可以选择某个特定的节点，或者包含某一个值的节点，就是需要用到谓语，谓语被嵌套在方括号中。谓语示例如表 4-9 所示。

表4-9　谓语示例

路径表达式	说明
/CATALOG/PLANT [1]	选择属性 CATALOG 元素的第一个 PLANT 子元素
/CATALOG/PLANT [last( )]	选择属性 CATALOG 元素的最后一个 PLANT 子元素
/CATALOG/PLANT [position( )<3]	选择最前面的两个属性 CATALOG 元素的子元素的 PLANT 元素
//BOTANICAL [@lang = "en"]	选取所有包含 lang 属性的 BOTANICAL 元素
/CATALOG/PLANT [PRICE>5]	选取 CATALOG 元素的所有 PLANT 元素，且其中 PRICE 元素的值大于 5

在进行节点选取的时候还可以使用通配符"*"匹配位置的元素，同时使用操作符"|"一次选取多条路径，示例如表4-10所示。

表4-10 通配符示例

路径表达式	说明
/CATALOG/*	选取CATALOG元素的所有子元素
//*	选取文档中的所有元素
//BOTANICAL [@*]	选取所有带有属性的BOTANICAL元素
//PLANT/ZONE|//PLANT/PRICE	选取PLANT元素的所有ZONE和PRICE元素

3. XPath 解析

lxml 是 Python 的一个解析库，支持 HTML 和 XML 的解析，并且支持 XPath 解析方式。lxml 中最常用到的是 lmxl.etree 模块，然后用 etree 的 HTML 方法把 response 的字符串文件转换成 HTML，再使用 XPath 来获取元素以及元素属性值。

在 Python 中导入 lxml.etree 模块的语法为：

```
from lxml import etree
```

示例代码如下：

```
import requests        # 导入 requests 库，不然调用不了爬虫的函数
from lxml import etree    # 导入 lxml 库的 etree 模块
response = requests.get("http://quote.eastmoney.com")    # 生成一个 response 对象
selector = etree.HTML(response.text)        # 创建解析对象
# 解析证券简称信息
证券简称 = selector.xpath('//span[@class = "quote_title_name quote_title_name_190"]/text( )')
print( 证券简称 )    # 打印证券简称
```

运行结果为：

```
[' 东方财富 ']
```

示例中 Requests 由客户端向服务端发出，是一个功能强大的网络请求库，可以请求网站获取网页上的数据，引入语法为：import requests。通过网络爬虫爬取网页

最简单的方法是采用 requests.get( ) 方法，通过 Request 调用 get( ) 方法，传入需要获取资源的 URL，即可构造一个 HTTP 请求，并获取响应内容。关于 Requests 的内容将在任务四中进行详细介绍，此处不再过多介绍。而 Response 对象包含爬虫返回的内容，则是由服务端返回给客户端。

【任务实现】

一、导入 Requests 库和 lxml 模块

由于本任务需要调用爬虫程序，并使用 lxml 解析 HTML 文件，因此需要首先导入 Requests 库和 lxml 模块，示例代码如下：

```
import requests # 导入爬虫的库，不然调用不了爬虫的函数
from lxml import etree # 导入 lxml 库的 etree 模块
```

二、生成 response 对象

本任务对应的 URL 为"http://quote.eastmoney.com/sh603288.html"，使用 requests.get( ) 方法生成一个 response 对象，示例代码如下：

```
response = requests.get("http://quote.eastmoney.com/sh603288.html")
```

三、创建解析对象

调用 etree 模块的 HTML( ) 方法来创建 HTML 解析对象。示例代码如下：

```
selector = etree.HTML(response.text)
```

四、调用 Xpath 表达式

根据任务要求，需要解析海天味业的证券简称和股票代码信息，打开 Chrome 浏

览器，输入上述 URL，按"Fn + 12"或单击右上角 ⋮ 按钮并依次选择"更多开具—开发者工具"，找到证券简称和股票代码对应的信息，结果如图 4-35 所示。

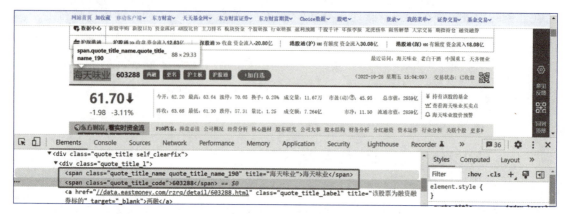

图 4-35 网站信息

根据上述信息调用 Xpath 表达式，用于解析海天味业对应的证券简称和股票代码，代码如下：

证券简称 = selector.xpath('//span[@class = "quote_title_name quote_title_name_190"]/text( )')
股票代码 = selector.xpath('//span[@class = "quote_title_code"]/text( )')

五、打印输出结果

完成上述步骤以后，即可打印输出海天味业对应的证券简称和股票代码，示例代码如下：

```
print( 证券简称 )
print( 股票代码 )
```

运行结果为：

```
[ '海天味业' ]
['603288']
```

【任务测试】

任务4.3测试

【拓展学习】

爬取 Python 词条数量

可以通过网络爬虫工具爬取相关词条出现的数量，比如爬取 Python 在百度上出现的词条数量。代码如下：

```python
import requests
keyword = "python"
try:
    kv = {'wd': keyword}
    r = requests.get("http://www.baidu.com/s",params = kv)
    print(r.request.url)          # 输出得到的搜索连接
    r.raise_for_status( )
    print(len(r.text))            # 输出词条数量
except:
    print(" 爬取异常 ")
```

运行结果为：

```
http://www.baidu.com/s?wd = python
846323
```

从运行结果可以看出，截至当前，Python 词条在百度上共出现 846 323 次。

任务四　网页数据采集
——爬取上市公司资产负债表

【任务描述】

网页上汇集了大量有价值的财经数据信息。上市公司公告发布的网站有：交易所网站，上海证券报，巨潮资讯。正确的理解网页是准确爬取网页数据的基础，所以应当了解网页数据抓取流程与浏览器开发者调试工具，了解 Web 交互原理，学习 Requests 库的 get、post 函数的应用，学习 response 对象的相关函数、属性，并根据自己的兴趣爱好安装自己想要的系统包。

信合资产有限责任公司财务部员工小李在学习了 Python 简单网页爬取及网页数据采集相关知识以后，对网络爬虫非常感兴趣，结合自己所从事的工作岗位，认为可以通过网络爬虫爬取上市公司的财务报表等相关财务资料或者其他网络信息来帮助自己提升职业技能，于是决定通过爬取上市公司海天味业 2017—2021 的资产负债表来检验一下自己对网络爬虫的掌握程度。

任务布置：

请通过 Python 代码编辑器修改对应股票代码，并将文件保存名称修改为"海天味业资产负债表"，爬取并下载查看海天味业 2017—2021 年的资产负债表（年度报表）。

【相关知识】

一、Requests库

（一）Requests 库认知

Requests 库是一个简洁且简单的处理 HTTP 请求的第三方库，它最大优点是程序编写过程更接近正常 URL 访问过程。这个数据库建立在 Python 语言的 urllib3 库的基础上，类似这种在其他函数库之上再封装功能、提供更友好函数的方式在

Python 语言中十分常见。在 Python 生态圈里，任何用户都有通过技术创新或体验创新发表意见和展示才华的机会。

Requests 库支持非常丰富的链接访问功能，包括国际域名和 URL 获取、HTTP 长连接和连接缓存、HTTP 会话和 Cookie 保持、浏览器使用风格的 SSL 验证、基本的摘要认证、有效的键值对 Cookie 记录、自动解压缩、自动内容解码、文件分块上传、HTTP（S）代理功能、连接超时处理、流数据下载等。

（二）Requests 库的基本使用方法

Python 中 Request 实现 HTTP 请求的方式，是爬虫开发中最为常用的方式，Request 实现 HTTP 请求非常简单，操作更加人性化，主要有以下 4 种基本使用方法。

1. 实现一个 HTTP 的请求

Requests 库可以支持 HTTP 协议中的全部请求方式，HTTP 请求方式例如：GET、POST、PUT、DELETE、HEAD、OPTION，其中以 GET 和 POST 请求最为常用，使用方法以 GET 和 POST 为例：

（1）GET 请求如下：

```
import requests
res = requests.get('https://www.baidu.com')
print(res.content)
```

运行过程及结果如图 4-36 所示。

```
import requests
res=requests.get('https://www.baidu.com')
print(res.content)
```

```
b'<!DOCTYPE html>\r\n<!--STATUS OK--><html> <head><meta http-equiv=content-type content=text/html;charset=utf-8><meta http-equiv=X-UA-Compa
tible content=IE=Edge><meta content=always name=referrer><link rel=stylesheet type=text/css href=https://ss1.bdstatic.com/5eN1bjq8AAUYm2zgo
Y3K/r/www/cache/bdorz/baidu.min.css><title>\xe7\x99\xbe\xe5\xba\xa6\xe4\xb8\x80\xe4\xb8\x8b\xef\xbc\x8c\xe4\xbd\xa0\xe5\xb0\xb1\xe7\x9f\xa5
\xe9\x81\x93</title></head> <body link=#0000cc> <div id=wrapper> <div id=head> <div class=head_wrapper> <div class=s_form> <div class=s_for
m_wrapper> <div id=lg> <img hidefocus=true src=//www.baidu.com/img/bd_logo1.png width=270 height=129> </div> <form id=form name=f action=//
www.baidu.com/s class=fm> <input type=hidden name=bdorz_come value=1> <input type=hidden name=ie value=utf-8> <input type=hidden name=f val
ue=8> <input type=hidden name=rsv_bp value=1> <input type=hidden name=rsv_idx value=1> <input type=hidden name=tn value=baidu><span class
="bg s_ipt_wr"><input id=kw name=wd class=s_ipt value maxlength=255 autocomplete=off autofocus=autofocus></span><span class="bg s_btn_wr"><
input type=submit id=su value=\xe7\x99\xbe\xe5\xba\xa6\xe4\xb8\x80\xe4\xb8\x8b class="bg s_btn" autofocus></span> </form> </div> </div> <di
v id=u1> <a href=http://news.baidu.com name=tj_trnews class=mnav>\xe6\x96\xb0\xe9\x97\xbb</a> <a href=https://www.hao123.com name=tj_trhao1
23 class=mnav>hao123</a> <a href=http://map.baidu.com name=tj_trmap class=mnav>\xe5\x9c\xb0\xe5\x9b\xbe</a> <a href=http://v.baidu.com name
=tj_trvideo class=mnav>\xe8\xa7\x86\xe9\xa2\x91</a> <a href=http://tieba.baidu.com name=tj_trtieba class=mnav>\xe8\xb4\xb4\xe5\x90\xa7</a>
<noscript> <a href=http://www.baidu.com/bdorz/login.gif?login&amp;tpl=mn&amp;u=http%3A%2F%2Fwww.baidu.com%2f%3fbdorz_come%3d1 name=tj_login
class=lb>\xe7\x99\xbb\xe5\xbd\x95</a> </noscript> <script>document.write(\'<a href="http://www.baidu.com/bdorz/login.gif?login&tpl=mn&u=\'+
encodeURIComponent(window.location.href+ (window.location.search === "" ? "?" : "&")+ "bdorz_come=1")+ \'" name="tj_login" class="lb">\xe7
\x99\xbb\xe5\xbd\x95</a>\');\r\n                </script> <a href=//www.baidu.com/more/ name=tj_briicon class=bri style="display: block;">
\xe6\x9b\xb4\xe5\xa4\x9a\xe4\xba\xa7\xe5\x93\x81</a> </div> </div> </div> <div id=ftCon> <div id=ftConw> <p id=lh> <a href=http://home.baid
u.com>\xe5\x85\xb3\xe4\xba\x8e\xe7\x99\xbe\xe5\xba\xa6</a> <a href=http://ir.baidu.com>About Baidu</a> </p> <p id=cp>&copy;2017 Baidu&
nbsp;<a href=http://www.baidu.com/duty/>\xe4\xbd\xbf\xe7\x94\xa8\xe7\x99\xbe\xe5\xba\xa6\xe5\x89\x8d\xe5\xbf\x85\xe8\xaf\xbb</a>  <a h
ref=http://jianyi.baidu.com/ class=cp-feedback>\xe6\x84\x8f\xe8\xa7\x81\xe5\x8f\x8d\xe9\xa6\x88</a> \xe4\xba\xacICP\xe8\xaf\x81030173
\xe5\x8f\xb7  <img src=//www.baidu.com/img/gs.gif> </p> </div> </div> </div> </body> </html>\r\n'
```

图 4-36　运行过程及结果

（2）POST 请求与 GET 请求不同，POST 方法使用 data 参数传递客户数据。

示例代码如下：

```
import requests
req = {"key":"value"}
res = requests.post('https://www.xxx.com/login', data = req)
print(res.content)
```

2. HTTP 请求的响应与编码

响应是服务端返回给用户展示的数据，Requests 库获取 HTTP 响应的主要方法为 .text 和 .content，示例代码如下：

```
import requests
res = requests.get("https://www.baidu.com")
print("content----->" + str(res.content))
print("text----->" + res.text)
print("encoding----->" + res.encoding)
res.encoding = "utf-8"      # 设置编码格式为 UTF-8（注：解决乱码问题）
print("text----->" + res.text)
```

其中 res.content 返回的是字节形式，res.text 返回的是文本形式，res.encoding 返回的是根据 HTTP 头猜测的网页编码格式。

res.text 在输出结果中，控制台看到的内容为乱码，运行结果如图 4-37 所示。

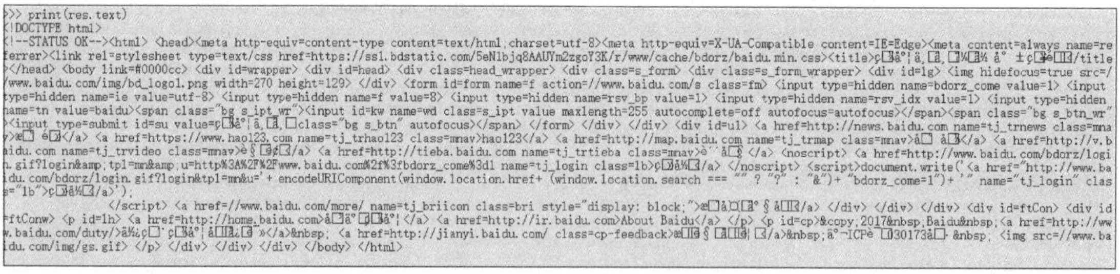

图 4-37　运行结果

产生这种问题是由于 requests 猜测编码错误，导致解析文本出现乱码。requests 也提供了解决方案，可以自行设置编码格式，res.encoding = "utf-8"，解决了乱码问题，运行结果如图 4-38 所示。

```
>>> print(res.text)
<!DOCTYPE html>
<!--STATUS OK--><html> <head><meta http-equiv=content-type content=text/html;charset=utf-8><meta http-equiv=X-UA-Compatible content=IE=Edge><meta content=always name=re
ferrer><link rel=stylesheet type=text/css href=https://ssl.bdstatic.com/5eN1bjq8AAUYm2zgoY3K/r/www/cache/bdorz/baidu.min.css><title>百度一下，你就知道</title></head> <b
ody link=#0000cc> <div id=wrapper> <div id=head> <div class=head_wrapper> <div class=s_form> <div class=s_form_wrapper> <div id=lg> <img hidefocus=true src=//www.baidu.
com/img/bd_logo1.png width=270 height=129> </div> <form id=form name=f action=//www.baidu.com/s class=fm> <input type=hidden name=bdorz_come value=1> <input type=hidden
 name=ie value=utf-8> <input type=hidden name=f value=8> <input type=hidden name=rsv_bp value=1> <input type=hidden name=rsv_idx value=1> <input type=hidden name=tn val
ue=baidu><span class="bg s_ipt_wr"><input id=kw name=wd class=s_ipt value maxlength=255 autocomplete=off autofocus=autofocus></span><span class="bg s_btn_wr"><input typ
e=submit id=su value=百度一下 class="bg s_btn" autofocus></span> </form> </div> </div> <div id=u1> <a href=http://news.baidu.com name=tj_trnews class=mnav>新闻</a> <a h
ref=https://www.hao123.com name=tj_trhao123 class=mnav>hao123</a> <a href=http://map.baidu.com name=tj_trmap class=mnav>地图</a> <a href=http://v.baidu.com name=tj_trvi
deo class=mnav>视频</a> <a href=http://tieba.baidu.com name=tj_trtieba class=mnav>贴吧</a> <noscript> <a href=http://www.baidu.com/bdorz/login.gif?login&amp;tpl=mn&amp;
u=http%3A%2F%2Fwww.baidu.com%2f%3fbdorz_come%3d1 name=tj_login class=lb>登录</a> </noscript> <script>document.write('<a href="http://www.baidu.com/bdorz/login.gif?login
&tpl=mn&u='+ encodeURIComponent(window.location.href+ (window.location.search === "" ? "?" : "&")+ "bdorz_come=1")+ '" name="tj_login" class="lb">登录</a>');
                </script> <a href=//www.baidu.com/more/ name=tj_briicon class=bri style="display: block;">更多产品</a> </div> </div> </div> <div id=ftCon> <div id=ftCon
w> <p id=lh> <a href=http://home.baidu.com>关于百度</a> <a href=http://ir.baidu.com>About Baidu</a> </p> <p id=cp>&copy;2017 Baidu <a href=http://www.baidu.co
m/duty/>使用百度前必读</a>  <a href=http://jianyi.baidu.com/ class=cp-feedback>意见反馈</a> 京ICP证030173号  <img src=//www.baidu.com/img/gs.gif> </p> </
div> </div> </div> </body> </html>
```

图 4-38　运行结果

3. HTTP 请求头处理

Requests 库处理 HTTP 请求头非常简单，只需在请求方法 get( ) 或 post( ) 中，添加 headers 参数即可，以 get( ) 方法为例，示例代码如下：

```
import requests
user_agent = "Mozilla/5.0(Windows NT 10.0; Win64; x64)AppleWebKit/537.36
(KHTML, like Gecko) Chrome/97.0.4692.99 Safari/537.36"
header = {"user-agent":user_agent}
res =  requests.get("https://www.baidu.com", headers = header)
print(res.content)
```

获取响应码使用 requests 中的 status_code 字段，获取响应头使用 requests 中的 headers 字段，示例代码如下：

```
import requests
user_agent = "Mozilla/5.0(Windows NT 10.0; Win64; x64)AppleWebKit/537.36
(KHTML, like Gecko) Chrome/97.0.4692.99 Safari/537.36"
header = {"user-agent":user_agent}
res = requests.get("https://www.baidu.com", headers = header)
if res.status_code == requests.code.ok:
    print(res.status_code) # 响应码
    print(res.headers.get('content-type'))
else:
```

```
print(" 请求响应异常 ")
```

4. Cookie 处理

Cookie 的主要用途是存储用户在特定网站上的用户认证信息，以便后期浏览网站。可以使用自定义 Cookie 实现自动认证过程，只需在请求方法 get( ) 和 post( ) 函数中添加 cookies 参数即可，示例代码如下：

```
import requests
user_agent = "Mozilla/5.0(Windows NT 10.0; Win64; x64)AppleWebKit/537.36
(KHTML, like Gecko) Chrome/97.0.4692.99 Safari/537.36"
header = {"user-agent":user_agent}
cookies = dict(name = 'diye', age = '10')
r = request.get('https://www.xxx.com', headers = header, cookies = cookies)
print(r.content)
```

另外有一种高级的方式，能够自动处理 cookie 的方式，有时候不需要关心 cookie 值是多少，只希望每次访问的时候，自动带上 cookie 的值，像浏览器一样。Requests 库提供了一个 session（会话）的概念，即可以使用 session 会话对象跨请求保持某些参数。比如使用 session 成功登录了某个网站，则可以再次使用该 session 对象请求该网站的其他网页都会默认使用该 session 之前使用的 cookie 等参数，示例代码如下：

```
import requests
loginUrl = "https://www.xxxx.com/login"
s = requests.Session( )
res = s.get(loginUrl, allow_redirects = true)
datas = {"name":"xxx", "password":"xxx"}
res = s.post(loginUrl, data = datas, allow_redirects = true)
print(res.text)
```

上述程序，先为请求分配一个 session，在发送 post 请求时带上 session，系统可以正常返回内容，否则直接调用 post 请求，系统会把请求者当成非法用户。

二、Beautiful Soup库

Beautiful Soup 库是一个可以从 HTML 或 XML 文件中提取数据的 Python 库。它能够通过使用人性化的转换器实现常用的文档导航、查找、修改文档的功能，在 Python 爬虫开发中，主要用到 Beautiful Soup 库的查找提取功能。

Requests 库的使用

Beautiful Soup4 模块是第三方模块，需要额外进行安装，一般有两种安装方式：

（1）使用 pip 进行安装，安装命令为：pip install beautifulsoup4。

（2）可以通过下载源码的方式进行安装。运行下面命令即可完成安装：Python setup install。

Beautiful Soup 库支持 Python 标准库中的 HTML 解析器，同时还支持一些第三方的解析器，其中一个是 lxml。由于 lxml 解析速度比标准库中的 HTML 解析器速度快很多，所以在开发前，会提前安装 lxml 库，安装方法同 Beautiful Soup4 模块。

（一）Beautiful Soup 的使用

安装完成 Beautiful Soup4 模块后，接下来讲解 Beautiful Soup 的使用。

首先导入 Beautiful Soup4（bs4）库：from bs4 import Beautiful Soup，接下来使用 Requests 库请求网页进行解析，以百度网站为例：

```
import requests
from bs4 import BeautifulSoup
res = requests.get("https://www.baidu.com")
res.encoding = "utf-8"
soup = BeautifulSoup(res.text,'lxml',from_encoding = 'utf-8')
print(soup.prettify( ))
```

运行过程及结果如图 4-39 所示。

```
import requests
from bs4 import BeautifulSoup
res = requests.get("https://www.baidu.com")
res.encoding="utf-8"
soup=BeautifulSoup(res.text,'lxml',from_encoding='utf-8')
print(soup.prettify())
```

```
<!DOCTYPE html>
<!--STATUS OK-->
<html>
 <head>
  <meta content="text/html;charset=utf-8" http-equiv="content-type"/>
  <meta content="IE=Edge" http-equiv="X-UA-Compatible"/>
  <meta content="always" name="referrer"/>
  <link href="https://ss1.bdstatic.com/5eN1bjq8AAUYm2zgoY3K/r/www/cache/bdorz/baidu.min.css" rel="stylesheet" type="text/css"/>
  <title>
   百度一下，你就知道
  </title>
 </head>
 <body link="#0000cc">
  <div id="wrapper">
   <div id="head">
    <div class="head_wrapper">
     <div class="s_form">
      <div class="s_form_wrapper">
       <div id="lg">
        <img height="129" hidefocus="true" src="//www.baidu.com/img/bd_logo1.png" width="270"/>
       </div>
       <form action="//www.baidu.com/s" class="fm" id="form" name="f">
        <input name="bdorz_come" type="hidden" value="1"/>
        <input name="ie" type="hidden" value="utf-8"/>
        <input name="f" type="hidden" value="8"/>
        <input name="rsv_bp" type="hidden" value="1"/>
        <input name="rsv_idx" type="hidden" value="1"/>
        <input name="tn" type="hidden" value="baidu"/>
        <span class="bg s_ipt_wr">
         <input autocomplete="off" autofocus="autofocus" class="s_ipt" id="kw" maxlength="255" name="wd" value=""/>
```

图 4-39　运行过程及结果

Beautiful Soup 选择最合适的解析器来解析 Requests 返回来的文档，如果手动指定解析器，那么 Beautiful Soup 会选择指定的解析器来解析文档。

（二）Beautiful Soup 对象种类

Beautiful Soup 将复杂的 HTML 文件转换成复杂的树形结构，每个节点都是 Python 对象，所有节点主要归纳为 TAG 对象、NavigableString 和 Beautiful Soup 对象 3 种。

1. TAG 对象

TAG 对象与 HTML 或 XML 原生文档中的 TAG 含义相同，是标记的意思。例如 <titile>The Documnet story</title> 中的 title 标记和其中的内容被称为 TAG 对象。

示例代码如下：

```
import requests
from bs4 import BeautifulSoup
res = requests.get("https://www.baidu.com")
res.encoding = "utf-8"
soup = BeautifulSoup(res.text,'lxml',from_encoding = 'utf-8')
```

```
print(soup.a)# 抽取 <a> 标签

print(soup.title)# 抽取 <title> 标签
```

运行过程及结果如图 4-40 所示。

```
import requests
from bs4 import BeautifulSoup
res = requests.get("https://www.baidu.com")
res.encoding="utf-8"
soup=BeautifulSoup(res.text,'lxml',from_encoding='utf-8')
print(soup.a) #抽取<a>标签
print(soup.title) # 抽取<title>标签

<a class="mnav" href="http://news.baidu.com" name="tj_trnews">新闻</a>
<title>百度一下，你就知道</title>
```

图 4-40　运行过程及结果

从上面的例子中可以看到，soup.< 标签 > 就可以获取这些标签的内容，另外 TAG 标签中有两个重要的属性：name 和 attributes。每个 TAG 都有自己的名字，可以通过 .name 来获取，示例代码如下：

```
print(soup.a.name)

print(soup.title.name)
```

运行过程及结果如图 4-41 所示。

```
print(soup.a.name)
print(soup.title.name)

a
title
```

图 4-41　运行过程及结果

TAG 不仅可以获取 name，还可以修改 name，改变之后将影响所有通过当前 Beautiful Soup 对象生成的 HTML 文件，示例代码如下：

```
soup.title.name = "newtitle"

print(soup.newtitle.name)

print(soup.title.name)
```

运行过程及结果如图 4-42 所示。

```
soup.title.name="newtitle"
print(soup.newtitle.name)
print(soup.title.name)

newtitle
```

图 4-42　运行过程及结果

这里已经将 <title> 标记成功修改为 <newtitle>。

TAG 对象的属性中，除了 name 属性外，还有其他的属性，操作方法与字典相同。示例代码如下：

```
print(soup.a.get("class"))

print(soup.a.get("href"))
```

运行过程及结果如图 4-43 所示。

```
print(soup.a.get("class"))
print(soup.a.get("href"))

['mnav']
http://news.baidu.com
```

图 4-43　运行过程及结果

也可以使用 "." 获取属性，比如：.attrs，用于获取 TAG 中所有属性，示例代码如下：

```
print(soup.a.attrs)
```

运行过程及结果如图 4-44 所示。

```
print(soup.a.attrs)
{'href': 'http://news.baidu.com', 'name': 'tj_trnews', 'class': ['mnav']}
```

图 4-44　运行过程及结果

和 name 一样，可以对标记中的这些属性和内容进行修改，示例代码如下：

```
soup.a['class'] = "link"

print(soup.a.get("class"))
```

运行过程及结果如图 4-45 所示。

```
soup.a['class']="link"
print(soup.a.get("class"))

link
```

图 4-45　运行过程及结果

2. NavigableString

NavigableString 表示标记内的文字。Beautiful Soup 用 NavigableString 类包装 TAG

中的文本信息，如果想要获取 TAG 内部的文字，只需要用.string。示例代码如下：

```
import requests
from bs4 import BeautifulSoup
res = requests.get("https://www.baidu.com")
res.encoding = "utf-8"
soup = BeautifulSoup(res.text, 'lxml', from_encoding = 'utf-8')
print(soup.a.string)
print(type(soup.a.string))
```

运行过程及结果如图 4-46 所示。

```
import requests
from bs4 import BeautifulSoup
res = requests.get("https://www.baidu.com")
res.encoding="utf-8"
soup=BeautifulSoup(res.text,'lxml',from_encoding='utf-8')
print(soup.a.string)
print(type(soup.a.string))

新闻
<class 'bs4.element.NavigableString'>
```

图 4-46　运行过程及结果

3. Beautiful Soup 对象

Beautiful Soup 对象表示的是一个文档的全部内容。可以简单把它作为特殊的 TAG，同时也具有 TAG 对应的属性，使用方法与 TAG 对象相同。

（三）遍历文档树

Beautiful Soup 库会将 HTML 转化为文档树进行搜索，节点为树结构的重要概念。TAG 标记节点操作，如表 4-11 所示。

表 4-11　TAG 标记节点操作

操作属性	说明
.contents	将 TAG 标记直接子节点以列表的方式输出
.children	返回 TAG 标记元素节点的迭代器
.parent	返回 TAG 标记元素节点的父节点
.next_sibling	返回 TAG 标记元素节点的下一个兄弟节点
.previous_siling	返回 TAG 标记元素节点的上一个兄弟节点

続表

操作属性	说明
.next_element	返回TAG标记元素节点的前一个节点，与兄弟节点不同，是针对当前层次的所有节点
.previous_element	返回TAG标记元素节点的后一个节点，与兄弟节点不同，是针对当前层次的所有节点

TAG 节点的操作以上述百度为例，直接子节点可以使用.contents 和.children 两个属性获取到。.contents 获取的直接子节点以列表方式返回，可以列表的方法对节点进行筛选和操作。.children 属性返回迭代器，操作与.contents 属性相似，这里以 .contents 为例，示例代码如下：

```
import requests
import sys
from bs4 import BeautifulSoup
res = requests.get("https://www.baidu.com")
res.encoding = "utf-8"
soup = BeautifulSoup(res.text,'lxml',from_encoding = 'utf-8')
print(".contents 的数据类型是 :{}".format(type(soup.head.contents)))
print("head 元素的直接子节点有 :{}".format(str(soup.head.contents)))
for t in soup.head.contents:    # 遍历 contents
    if t.name == "title": # 筛选需要的数据
        print("title 标题的内容是 :{}".format(t.string))
```

运行过程及结果如图 4-47 所示。

```
import requests
import sys
from bs4 import BeautifulSoup
res = requests.get("https://www.baidu.com")
res.encoding="utf-8"
soup=BeautifulSoup(res.text,'lxml',from_encoding='utf-8')
print(".contents的数据类型是:{}".format(type(soup.head.contents)))
print("head元素的直接子节点有:{}".format(str(soup.head.contents)))
for t in soup.head.contents:  #遍历contents
    if t.name == "title": #筛选需要的数据
        print("title标题的内容是:{}".format(t.string))

.contents的数据类型是:<class 'list'>
head元素的直接子节点有:[<meta content="text/html;charset=utf-8" http-equiv="content-type"/>, <meta content="IE=Edge" http-equiv="X-UA-Compatible"/>, <meta content="always" name="referrer"/>, <link href="https://ss1.bdstatic.com/5eN1bjq8AAUYm2zgoY3K/r/www/cache/bdorz/baidu.min.css" rel="stylesheet" type="text/css"/>, <title>百度一下，你就知道</title>]
title标题的内容是:百度一下，你就知道
```

图 4-47   运行过程及结果

256 财经大数据技术应用基础

在获取到子节点后，需要考虑如果获取子节点的内容，除了上面提到的.string属性外，.strings属性可以获取多个子节点的内容，可通过循环遍历进行筛选数据，示例代码如下：

```
print(".strings 的数据类是 :{}".format(type(soup.head.strings)))
for t in soup.head.strings:
    print(t)
```

运行过程及结果如图4-48所示。

```
print(".strings的数据类是:{}".format(type(soup.head.strings)))
for t in soup.head.strings:
——▸print(t)

.strings的数据类是:<class 'generator'>
百度一下，你就知道
```

图 4-48　运行过程及结果

遍历文档中的TAG元素的父节点、兄弟节点和前后节点，使用格式基本上与子节点相同。

（四）搜索文档树

Beautiful Soup库定义了很多搜索方法，这里重点介绍find_all函数，其他函数用法类似。

find_all函数，用于搜索当前TAG的所有子节点，并判断是否符合过滤器的条件，基本语法格式如下：

```
find_all(name,attrs,recursive,text,**kwargs)
```

find_all函数中各个参数有不同的功能，接下来讲解常用参数：name、kwargs、text。

1. name 参数

name参数可以查找所有名字为name的TAG对象，字符串对象会被自动过滤掉，name参数可以是字符串、正则表达式、列表、True和方法。

（1）字符串是最简单的过滤器，在搜索方法中传入字符串，Beautiful Soup会查找与字符串完全匹配的内容，返回内容为列表。以上面提到的百度为例子，示例代码如下：

```
import requests
import sys
from bs4 import BeautifulSoup
res = requests.get("https://www.baidu.com")
res.encoding = "utf-8"
soup = BeautifulSoup(res.text,'lxml',from_encoding = 'utf-8')
meta = soup.find_all("meta")
print(" 搜索的 meta 标签后的类型是 :{}".format(type(meta)))
print(" 搜索的 meta 标签后的内容是 :{}".format(meta))
```

运行过程及结果如图 4-49 所示。

```
import requests
import sys
from bs4 import BeautifulSoup
res = requests.get("https://www.baidu.com")
res.encoding="utf-8"
soup=BeautifulSoup(res.text,'lxml',from_encoding='utf-8')
meta = soup.find_all("meta")
print("搜索的meta标签后的类型是:{}".format(type(meta)))
print("搜索的meta标签后的内容是:{}".format(meta))

搜索的meta标签后的类型是:<class 'bs4.element.ResultSet'>
搜索的meta标签后的内容是:[<meta content="text/html;charset=utf-8" http-equiv="content-type"/>, <meta content="IE=Edge" http-e
quiv="X-UA-Compatible"/>, <meta content="always" name="referrer"/>]
```

图 4-49　运行过程及结果

（2）如果传入正则表达式作为参数，Beautiful Soup 会通过正则表达式的 match( )
函数来匹配内容，返回内容为列表，例如：

```
import re
meta = soup.find_all(re.compile("^meta"))
meta
```

运行过程及结果如图 4-50 所示。

```
import re
meta = soup.find_all(re.compile("^meta"))
meta

[<meta content="text/html;charset=utf-8" http-equiv="content-type"/>,
 <meta content="IE=Edge" http-equiv="X-UA-Compatible"/>,
 <meta content="always" name="referrer"/>]
```

图 4-50　运行过程及结果

（3）如果传入参数为列表，Beautiful Soup 将返回与列表中所有任意元素匹配的内容，示例代码如下：

```
meta = soup.find_all(["meta",'title'])
meta
```

运行过程及结果如图 4-51 所示。

```
meta = soup.find_all(["meta",'title'])
meta

[<meta content="text/html;charset=utf-8" http-equiv="content-type"/>,
 <meta content="IE=Edge" http-equiv="X-UA-Compatible"/>,
 <meta content="always" name="referrer"/>,
 <title>百度一下，你就知道</title>]
```

图 4-51　运行过程及结果

（4）如果传入的参数为 True，True 可以匹配任何值，但不包括字符串对象，如果上述过滤器都不能满足要求，还可以自定义方法。比如，采用 hasA( ) 方法接收一个 TAG 节点元素，如果这个元素符合过滤条件，返回当前匹配到的元素，否则返回None。示例代码如下：

```
def hasA(tag):
return tag.has_attr("href") and tag.has_attr("name")
meta = soup.find_all(hasA)
print("meta 搜索到的内容为 :{}".format(meta))
```

运行过程及结果如图 4-52 所示。

```
def hasA(tag):
    return tag.has_attr("href") and tag.has_attr("name")
meta = soup.find_all(hasA)
print("meta搜索到的内容为:{}".format(meta))

meta搜索到的内容为:[<a class="mnav" href="http://news.baidu.com" name="tj_trnews">新闻</a>, <a class="mnav" href="https://ww
w.hao123.com" name="tj_trhao123">hao123</a>, <a class="mnav" href="http://map.baidu.com" name="tj_trmap">地图</a>, <a class
="mnav" href="http://v.baidu.com" name="tj_trvideo">视频</a>, <a class="mnav" href="http://tieba.baidu.com" name="tj_trtieb
a">贴吧</a>, <a class="lb" href="http://www.baidu.com/bdorz/login.gif?login&amp;tpl=mn&amp;u=http%3A%2F%2Fwww.baidu.com%2f%3
fbdorz_come%3d1" name="tj_login">登录</a>, <a class="bri" href="//www.baidu.com/more/" name="tj_briicon" style="display: blo
ck;">更多产品</a>]
```

图 4-52　运行过程及结果

2. kwargs 参数

kwargs 参数在 Python 中表示 key_value 参数。搜索时会把该参数当作指定 TAG

的属性来搜索。搜索指定的 TAG 属性时，可以使用的参数值包括：字符串、正则表达式、列表、True。

以上述百度为例，查找 id 属性为"wrapper"的 TAG，示例代码如下：

```
import requests

import sys

import re

from bs4 import BeautifulSoup

res = requests.get("https://www.baidu.com")

res.encoding = "utf-8"

soup = BeautifulSoup(res.text,'lxml',from_encoding = 'utf-8')

print(soup.find_all(id = "wrapper"))
```

运行过程及结果如图 4-53 所示。

```
import requests
import sys
import re
from bs4 import BeautifulSoup
res = requests.get("https://www.baidu.com")
res.encoding="utf-8"
soup=BeautifulSoup(res.text,'lxml',from_encoding='utf-8')
print(soup.find_all(id="wrapper"))

[<div id="wrapper"> <div id="head"> <div class="head_wrapper"> <div class="s_form"> <div class="s_form_wrapper"> <div id="lg"> <img height="129" hidefocus="true" src="//www.baidu.com/img/bd_logo1.png" width="270"/> </div> <form action="//www.baidu.com/s" class="fm" id="form" name="f"> <input name="bdorz_come" type="hidden" value="1"/> <input name="ie" type="hidden" value="utf-8"/> <input name="f" type="hidden" value="8"/> <input name="rsv_bp" type="hidden" value="1"/> <input name="rsv_idx" type="hidden" value="1"/> <input name="tn" type="hidden" value="baidu"/><span class="bg s_ipt_wr"><input autocomplete="off" autofocus="autofocus" class="s_ipt" id="kw" maxlength="255" name="wd" value=""/></span><span class="bg s_btn_wr"><input autofocus="" class="bg s_btn" id="su" type="submit" value="百度一下"/></span> </form> </div> </div> <div id="u1"> <a class="mnav" href="http://news.baidu.com" name="tj_trnews">新闻</a> <a class="mnav" href="https://www.hao123.com" name="tj_trhao123">hao123</a> <a class="mnav" href="http://map.baidu.com" name="tj_trmap">地图</a> <a class="mnav" href="http://v.baidu.com" name="tj_trvideo">视频</a> <a class="mnav" href="http://tieba.baidu.com" name="tj_trtieba">贴吧</a> <noscript> <a class="lb" href="http://www.baidu.com/bdorz/login.gif?login&amp;tpl=mn&amp;u=http%3A%2F%2Fwww.baidu.com%2f%3fbdorz_come%3d1" name="tj_login">登录</a> </noscript> <script>document.write('<a href="http://www.baidu.com/bdorz/login.gif?login&tpl=mn&u='+ encodeURIComponent(window.location.href+ (window.location.search === "" ? "?" : "&")+ "bdorz_come=1")+ '" name="tj_login" class="lb">登录</a>');
                </script> <a class="bri" href="//www.baidu.com/more/" name="tj_briicon" style="display: block;">更多产品</a> </div> </div> </div> <div id="ftCon"> <div id="ftConw"> <p id="lh"> <a href="http://home.baidu.com">关于百度</a> <a href="http://ir.baidu.com">About Baidu</a> </p> <p id="cp">©2017 Baidu <a href="http://www.baidu.com/duty/">使用百度前必读</a>  <a class="cp-feedback" href="http://jianyi.baidu.com/">意见反馈</a> 京ICP证030173号  <img src="//www.baidu.com/img/gs.gif"/> </p>
</div> </div> </div>]
```

图 4-53　运行过程及结果

通过上述结果可以看到，如果设置参数 id ="wrapper"，Beautiful Soup 库会搜索每个包含 id ="wrapper"属性的 TAG。

还可以使用正则表达式，通过正则匹配，搜索 TAG 标签包含特定属性的 TAG

标签，返回时一个列表，示例代码如下：

```
print(soup.find_all(src = re.compile("baidu")))
```

运行过程及结果如图 4-54 所示。

```
print(soup.find_all(src=re.compile("baidu")))
[<img height="129" hidefocus="true" src="//www.baidu.com/img/bd_logo1.png" width="270"/>, <img src="//www.baidu.com/img/gs.g
if"/>]
```

图 4-54　运行过程及结果

如果筛选包含某个属性的固定 TAG 标签，可以使用组合属性方式，示例代码

如下：

```
print(soup.find_all("a",class_ = "mnav",href = re.compile("baidu")))
```

运行过程及结果如图 4-55 所示。

```
print(soup.find_all("a",class_="mnav",href=re.compile("baidu")))
[<a class="mnav" href="http://news.baidu.com" name="tj_trnews">新闻</a>, <a class="mnav" href="http://map.baidu.com" name="t
j_trmap">地图</a>, <a class="mnav" href="http://v.baidu.com" name="tj_trvideo">视频</a>, <a class="mnav" href="http://tieba.b
aidu.com" name="tj_trtieba">贴吧</a>]
```

图 4-55　运行过程及结果

需要注意的是，标签中的 class 属性，在 Python 中是关键字，不能直接使用，需

要在 class 后面加下划线代替。

3. text 参数

通过 text 参数可以搜索文档中 TAG 标签 .string 属性与 text 值相同的 TAG 标签对

象。与 name 参数的可选值一样，text 参数接收字符串、正则表达式、列表、True。

示例代码如下：

```
print(soup.find_all("a",text = " 登录 "))
```

运行过程及结果如图 4-56 所示。

```
print(soup.find_all("a",text="登录"))
[<a class="lb" href="http://www.baidu.com/bdorz/login.gif?login&amp;tpl=mn&amp;u=http%3A%2F%2Fwww.baidu.com%2f%3fbdorz_come%
3d1" name="tj_login">登录</a>]
```

图 4-56　运行过程及结果

text 参数虽然用于搜索字符，还可配合其他参数混合使用，筛选出符合需求的标签。如果筛选的结果过多，搜索过程会很慢，可以使用 limit 参数限制返回结果的数量。

示例代码如下：

```
print(soup.find_all("a",text = " 登录 ",limit = 2))
```

运行过程及结果如图 4-57 所示。

```
print(soup.find_all("a",text="登录",limit=2))
[<a class="lb" href="http://www.baidu.com/bdorz/login.gif?login&amp;tpl=mn&amp;u=http%3A%2F%2Fwww.baidu.com%2f%3fbdorz_come%3d1" name="tj_login">登录</a>]
```

图 4-57　运行过程及结果

以上介绍了 find_all 函数的主要参数，其他函数的使用方法和这个类似，搜索函数如表 4-12 所示。

表 4-12　搜索函数

函数	说明
find (name, attrs, recursive, text, **kwargs)	与 find_all( ) 函数唯一的区别是 find_all( ) 函数的返回结果是所有满足要求的值组成的列表，而 find( ) 函数直接返回 find_all( ) 搜索结果中的第一个值
find_parents (name, attrs, recursive, text, **kwargs) find_parent (name, attrs, recursive, text, **kwargs)	find_parents 和 find_parent 函数用来搜索当前节点的父节点，两者的区别是：find_parents 返回所有符合条件的父节点，find_parent 只返回匹配的第一个父节点
find_next_siblings (name, attrs, recursive, text, **kwargs) find_next_sibling (name, attrs, recursive, text, **kwargs)	find_next_siblings 和 find_next_sibling 函数返回符合条件的后面兄弟节点。两者的区别是：find_next_siblings 会返回所有符合条件的兄弟节点，find_next_sibling 只会返回匹配的第一个兄弟节点
find_previous_siblings (name, attrs, recursive, text, **kwargs) find_previous_sibling (name, attrs, recursive, text, **kwargs)	这两个方法都是返回当前 TAG 的前面兄弟节点，两者的区别是：find_previous_siblings 函数返回所有符合条件的前面的兄弟节点，find_previous_sibling 方法返回第一个符合条件的兄弟节点

（五）CSS 选择器

在任务三中，介绍了 CSS 语法，通过 CSS 也可以定位元素位置。简单回顾，在写 CSS 时，标记名不用任何修饰，类名前加 "，"，id 名前加 "#"，在这里也可以利用类似的方法筛选元素，用到的方法是 soup.select( )，返回的是 list。

通过标记名称可以直接查找、逐层查找，也可以找到某个标记的直接子标记和兄弟节点标记，以上述百度例子为例。

示例代码如下：

```
import requests
import sys
import re
from bs4 import BeautifulSoup
res = requests.get("https://www.baidu.com")
res.encoding = "utf-8"
soup = BeautifulSoup(res.text,'lxml',from_encoding = 'utf-8')
print(soup.select("form"))# 直接查找 form 标记
print(soup.select("form > span > input"))# 逐层查找 input 标记
print(soup.select("div#u1 > a"))# 查找 id 为 u1 下的所有 a 标签
print(soup.select("#lg + .fm"))# 查找紧跟着 id 为 lg 之后 class = fm 的子标记
```

运行过程及结果如图 4-58 所示。

```
import requests
import sys
import re
from bs4 import BeautifulSoup
res= requests.get("https://www.baidu.com")
res.encoding="utf-8"
soup=BeautifulSoup(res.text,'lxml',from_encoding='utf-8')
soup
print(soup.select("form")) #直接查找form标记
print(soup.select("form > span > input")) # 逐层 查找 input 标记
print(soup.select("div#u1 > a")) #查找id为u1下的所有a标签
print(soup.select("#lg + .fm")) #查找紧跟着id为lg之后class=fm的子标记

[<form action="//www.baidu.com/s" class="fm" id="form" name="f"> <input name="bdorz_come" type="hidden" value="1"/> <input
name="ie" type="hidden" value="utf-8"/> <input name="f" type="hidden" value="8"/> <input name="rsv_bp" type="hidden" value
="1"/> <input name="rsv_idx" type="hidden" value="1"/> <input name="tn" type="hidden" value="baidu"/><span class="bg s_ipt_
wr"><input autocomplete="off" autofocus="autofocus" class="s_ipt" id="kw" maxlength="255" name="wd" value=""/></span><span
class="bg s_btn_wr"><input autofocus="" class="bg s_btn" id="su" type="submit" value="百度一下"/></span> </form>]
[<input autocomplete="off" autofocus="autofocus" class="s_ipt" id="kw" maxlength="255" name="wd" value=""/>, <input autofoc
us="" class="bg s_btn" id="su" type="submit" value="百度一下"/>]
[<a class="mnav" href="http://news.baidu.com" name="tj_trnews">新闻</a>, <a class="mnav" href="https://www.hao123.com" name
="tj_trhao123">hao123</a>, <a class="mnav" href="http://map.baidu.com" name="tj_trmap">地图</a>, <a class="mnav" href="htt
p://v.baidu.com" name="tj_trvideo">视频</a>, <a class="mnav" href="http://tieba.baidu.com" name="tj_trtieba">贴吧</a>, <a c
lass="bri" href="//www.baidu.com/more/" name="tj_briicon" style="display: block;">更多产品</a>]
[<form action="//www.baidu.com/s" class="fm" id="form" name="f"> <input name="bdorz_come" type="hidden" value="1"/> <input
name="ie" type="hidden" value="utf-8"/> <input name="f" type="hidden" value="8"/> <input name="rsv_bp" type="hidden" value
="1"/> <input name="rsv_idx" type="hidden" value="1"/> <input name="tn" type="hidden" value="baidu"/><span class="bg s_ipt_
wr"><input autocomplete="off" autofocus="autofocus" class="s_ipt" id="kw" maxlength="255" name="wd" value=""/></span><span
class="bg s_btn_wr"><input autofocus="" class="bg s_btn" id="su" type="submit" value="百度一下"/></span> </form>]
```

图 4-58　运行过程及结果

除了上述通用的方法还可以使用 CSS 的类名和某个元素的属性来进行查找，示例代码如下：

```
print(soup.select(".mnav"))# 根据类型查找

print(soup.select("img[hidefocus＝\"true\"]"))# 根据标签属性值查找
```

运行过程及结果如图 4-59 所示。

```
print(soup.select(".mnav"))  # 根据类型查找
print(soup.select("img[hidefocus=\"true\"]")) #根据标签属性值查找

[<a class="mnav" href="http://news.baidu.com" name="tj_trnews">新闻</a>, <a class="mnav" href="https://www.hao123.com" name
="tj_trhao123">hao123</a>, <a class="mnav" href="http://map.baidu.com" name="tj_trmap">地图</a>, <a class="mnav" href="htt
p://v.baidu.com" name="tj_trvideo">视频</a>, <a class="mnav" href="http://tieba.baidu.com" name="tj_trtieba">贴吧</a>]
[<img height="129" hidefocus="true" src="//www.baidu.com/img/bd_logo1.png" width="270"/>]
```

图 4-59　运行过程及结果

（六）lxml 的 Xpath 解析

Beautiful Soup 库可以将 lxml 库作为默认的解析器，同样 lxml 库也可以单独使用，这两者之间的优缺点如下：

Beautiful Soup 库与 lxml 库的原理不一样，Beautiful Soup 库是基于 dom 结构的，会载入整个文档，解析整个 dom 数，因此时间和内存的开销会更大。而 lxml 库是使用 Xpath 技术查询处理 HTML 和 XML 文档的库，只遍历局部，所以更快。现在 Beautiful Soup 库支持 lxml 库解析。

Beautiful Soup 库用起来简单，API 人性化，支持 CSS 选择器，相对于 lxml 解析器，开发效率会高。但是也不是绝对的，如果可以熟练使用 Xpath 的话，使用 lxml 库是更好的选择。

任务三中已经讲了 Xpath 的用法，所以这里直接介绍如何使用 lxml 库来解析网页。

示例代码如下：

```
import requests

import sys

import re

from lxml import etree

res＝requests.get("https://www.baidu.com")
```

```
res.encoding = "utf-8"

html = etree.HTML(res.text)

img = html.xpath("//div[@id = \"head\"]/div/div/div/div/img")

print(img)
```

运行过程及结果如图 4-60 所示。

```
import requests
import sys
import re
from lxml import etree
res = requests.get("https://www.baidu.com")
res.encoding="utf-8"
html=etree.HTML(res.text)
img=html.xpath("//div[@id=\"head\"]/div/div/div/div/img")
print(img)

[<Element img at 0x7f0d181dfcc0>]
```

图 4-60 运行过程及结果

【任务实现】

一、导入 CSV 模块和 Requests 库

调用爬虫程序，需要导入 Requests 库。由于需要将文件保存为 CSV 格式，因此也需要导入 csv 模块。代码如下：

```
import csv       # 导入 csv 模块
import requests   # 导入 requests 请求库
```

二、定义获取网页链接响应的函数

定义获取网页链接响应的函数，需要知道请求网址 URL，对应的 headers 及参数 data 信息。

请求网址为：URL = "http://listxbrl.sse.com.cn/companyInfo/showBalance.do"

headers 可以通过打开上述网址，单击右上角 ⋮ 按钮，依次选择"更多工具""开发者工具"，单击"Network"，选择"showBalance.do"，在"Headers"下即可查找

headers 信息，在"Payload"下可查找参数 data 信息。代码如下：

```python
def get_data( ):   #定义获取网页链接响应的函数
    url = "http://listxbrl.sse.com.cn/companyInfo/showBalance.do"# 请求 Json 数据的链接
    headers = {
        'Accept':'*/*',
        'Accept-Encoding':'gzip,deflate',
        'Accept-Language':'zh-CN,zh;q = 0.9',
        'Connection':'keep-alive',
        'Content-Length':'54',
        'Content-Type':'application/x-www-form-urlencoded;charset = UTF-8',
        'Host':'listxbrl.sse.com.cn',
        'Origin':'http://listxbrl.sse.com.cn',
        'Referer':
'http://listxbrl.sse.com.cn/companyInfo/toCompanyInfo.do?stock_id = 603288&report_
period_id = 5000',
        'User-Agent':'Mozilla/5.0(Windows NT 10.0;Win64;x64)AppleWebKit/
537.36(KHTML,like Gecko)Chrome/81.0.4044.138 Safari/538.36',
        'X-Requested-With':'XMLHttpRequest',
    }   #headers 为请求头信息，从网页复制后需要转换为 python 字典类型
# 构造 post 请求，设置请求的 url，headers 和提交的字典参数 data
    content = requests.post(url = url, headers = headers,
                            data = {'report_year':'2021',   #report_year      报表年份
                                    'stock_id':'603288',   #stock_id          股票代码
                                    'report_period_id':'5000'}).json( )   #report_period_id
报表类型
    # 报表类型四种：年报 5000、一季报 4000、半年报 1000、三季报 4400
    return content   # 将请求的响应返回
```

三、定义解析及保存数据的函数

定义解析及保存数据的函数。由于需要将爬取的资产负债表保存至 CSV 文件，因此需要查找资产负债表的指标名称。

在"开发者工具中"单击"Sources"，选择"companyInfo"下"to companyInfo. do?"，即可在里面查询到资产负债表的指标名称。

接下来需要整理表头信息，并将数据写入 CSV 文件。代码如下：

```
def save_csv(data, path):    # 定义解析及保存数据的函数
    name = [" 货币资金 ( 元 )"," 结算备付金 ( 元 )"," 拆出资金 ( 元 )"," 交易性金融
资产 ( 元 )"," 应收票据 ( 元 )"," 应收账款 ( 元 )",
                " 预付账款 ( 元 )"," 应收保费 ( 元 )"," 应收分保账款 ( 元 )"," 应
收分保合同准备金 ( 元 )"," 应收利息 ( 元 )"," 应收股利 ( 元 )"," 其他应收款 ( 元 )",
                " 买入返售金融资产 ( 元 )"," 存货 ( 元 )"," 一年内到期的非
流动资产 ( 元 )"," 其他流动资产 ( 元 )"," 流动资产合计 ( 元 )"," 发放贷款和垫款
( 元 )",
                " 可供出售金融资产 ( 元 )"," 持有至到期投资 ( 元 )"," 长期应
收款 ( 元 )"," 长期股权投资 ( 元 )"," 投资性房地产 ( 元 )"," 固定资产净额 ( 元 )",
                " 在建工程 ( 元 )"," 工程物资 ( 元 )"," 固定资产清理 ( 元 )"," 生
产性生物资产 ( 元 )"," 油气资产 ( 元 )"," 无形资产 ( 元 )"," 开发支出 ( 元 )",
                " 商 誉 ( 元 )"," 长 期 待 摊 费 用 ( 元 )"," 递 延 税 款 借 项 合 计
( 元 )"," 其他长期资产 ( 元 )"," 非流动资产合计 ( 元 )"," 资产总计 ( 元 )",
                " 短期借款 ( 元 )"," 向中央银行借款 ( 元 )"," 吸收存款及同业
存放 ( 元 )"," 拆入资金 ( 元 )"," 交易性金融负债 ( 元 )"," 应付票据 ( 元 )",
                " 应付账款 ( 元 )"," 预收账款 ( 元 )"," 卖出回购金融资产款
( 元 )"," 应付手续费及佣金 ( 元 )"," 应付职工薪酬 ( 元 )"," 应交税金 ( 元 )",
                " 应付利息 ( 元 )"," 应付股利 ( 元 )"," 其他应付款 ( 元 )"," 应付
分保账款 ( 元 )"," 保险合同准备金 ( 元 )"," 代理买卖证券款 ( 元 )",
                " 代理承销证券款 ( 元 )"," 一年内到期的长期负债 ( 元 )"," 其
他流动负债 ( 元 )"," 流动负债合计 ( 元 )"," 长期借款 ( 元 )"," 应付债券 ( 元 )",
```

"长期应付款(元)","专项应付款(元)","预计负债(元)","递延税款贷项合计(元)","其他长期负债(元)","长期负债合计(元)",

"负债合计(元)","股本(元)","资本公积(元)","库存股(元)","盈余公积(元)","一般风险准备(元)","未分配利润(元)",

"外币报表折算差额(元)","归属于母公司所有者权益合计(元)","少数股东权益(元)","股东权益合计(元)","负债和股东权益合计(元)"]
资产负债表的指标名称

```
header_list = [' 指标 / 年份 ']
for i in data["columns"][0]:
    header_list.append(i.get('title'))    # 整理表头信息，一共六列
try:
    csvfile = open(path,"w",newline = '',encoding = 'utf-8-sig')    # 创建写入的文件
    writer = csv.writer(csvfile)    # 创建写入的对象
    writer.writerow(header_list)    # 写入第一行表头信息
    for index,num in enumerate(data['rows']):    # 解析报表 Json 数据
        row_data = [ ]
        row_data.append(name[index])
        row_data.extend([num['value0'],num['value1'],
                        num['value2'],num['value3'],num['value4']])
        writer.writerow(row_data)    # 按行写入数据，包含每行开头的指标名称
except Exception as e:
    print("write error == >",e)
```

四、调用保存函数

将上述爬取的海天味业资产负债表数据保存至 CSV 文件，并命名为"海天味业资产负债表.csv"，并打印"爬取完成"。代码如下：

```
save_csv(get_data( )," 海天味业资产负债表.csv")# 调用函数
print(' 爬取完成 ')
```

运行过程及结果如图 4-61 所示。

图 4-61　运行过程及结果

五、读取爬取的"海天味业资产负债表.csv"

海天味业资产负债表爬取完成以后，可双击查看资产负债表数据，也可将爬取的资产负债表下载至计算机本地进行查看。

除此之外也可通过 Pandas 中的 read_csv( ) 函数读取资产负债表信息。代码如下：

```
import pandas as pd# 导入 pandas 库
df = pd.read_csv(' 海天味业资产负债表.csv')
df
```

海天味业资产负债表如图 4-62 所示。

	指标/年份	2021	2020	2019	2018	2017
0	货币资金(元)	19,813,767,427.18	16,957,675,015.45	13,455,532,720.24	9,457,209,973	5,612,919,179.01
1	结算备付金(元)	0	0	0	0	0
2	拆出资金(元)	0	0	0	0	0
3	交易性金融资产(元)	5,377,818,664.42	5,054,735,186.75	4,878,142,342.48	0	0
4	应收票据(元)	0	0	0	0	0
...	...	...	...	...	...	...
75	外币报表折算差额(元)	0	0	0	0	0
76	归属于母公司所有者权益合计(元)	23,401,517,470.83	20,068,416,163.35	16,581,955,058.64	13,875,131,982.49	11,753,339,999.07
77	少数股东权益(元)	98,331,095.55	97,618,381.61	15,751,723.19	12,694,158.02	10,833,508.54
78	股东权益合计(元)	23,499,848,566.38	20,166,034,544.96	16,597,706,781.83	13,887,826,140.51	11,764,173,507.61
79	负债和股东权益合计(元)	33,337,724,549.58	29,533,620,038.66	24,753,888,098.68	20,143,788,853.33	16,336,012,255.77

80 rows × 6 columns

图 4-62　海天味业资产负债表

六、下载 "海天味业资产负债表.cvs"

选中获取的 "海天味业资产负债表.cvs"，单击鼠标右键，选择 "Download" 即可下载至计算机本地。

【任务测试】

任务4.4测试

【拓展学习】

爬取北交所实时交易信息

代码如下：

```
#-*-coding:utf-8-*-
import datetime
import requests
import pandas as pd


zh_name = {'ticktime':'更新时间','symbol':'代码','name':'名称','trade':'最新价',
'pricechange':'涨跌额',
        'changepercent':'涨跌幅','buy':'买入','sell':'卖出','settlement':'昨收','open':
'今开',
        'high':'最高','low':'最低','volume':'成交量/手','amount':'成交额/万元'}
# 指标中英文对照


headers = {
    "Accept":"*/*",
```

```
        "Accept-Encoding":"gzip,deflate",

        "Accept-Language":"zh-CN,zh;q = 0.9,en-US;q = 0.8,en;q = 0.7,zh-TW;q = 0.6",

        "Connection":"keep-alive",

        "Content-type":"application/x-www-form-urlencoded",

        "Host":"vip.stock.finance.sina.com.cn",

        "Referer":"http://vip.stock.finance.sina.com.cn/mkt/",

        "User-Agent":"Mozilla/5.0(Windows NT 10.0;Win64;x64)AppleWebKit/537.36
(KHTML,like Gecko)Chrome/96.0.4664.45 Safari/537.36",
}   # 请求头


data = pd.DataFrame( )   # 创建空的 DataFrame 结构数据
for i in range(1,4):
    url = f'http://vip.stock.finance.sina.com.cn/quotes_service/api/json_v2.php/Market_
Center.getHQNodeData?page = {i}&num = 40&sort = symbol&asc = 1&node = hs_
bjs&symbol = &_s_r_a = page'   # 请求网址

    con = requests.get(url = url,headers = headers).json( )   # 将响应 json 数据转换为
Python 支持的对象

    con = pd.DataFrame(con)   #json 类型的数据，转换为 DataFrame 结构

    data = data.append(con,ignore_index = True)   #DataFrame 结构的数据追加


data.rename(columns = zh_name,inplace = True)   #data 更新列名
data ['日期']= datetime.datetime.now( ).date( )   # 获取当前年月日 ( 格式 :2023-2-
02), 保存为新的日期列
end_data = data [['日期','更新时间','代码','名称','最新价','涨跌额','涨跌幅',
                  '买入','卖出','昨收','今开','最高','最低','成交量 / 手','成
交额 / 万元']]  # 选取部分列
end_data.to_csv('北 交 所.csv',mode = 'w',encoding = 'utf-8-sig',index = False)   # 保 存
数据
print(end_data)   # 最终 DataFrame 结构的 end_data
```

北交所实时交易信息如图 4-63 所示。

	日期	更新时间	代码	名称	最新价	涨跌额	涨跌幅
1	2022-09-27	14:59:57	bj430047	诺思兰德	11.000	0.29	2.708
2	2022-09-27	14:59:57	bj430090	同辉信息	3.070	0.02	0.656
3	2022-09-27	14:59:57	bj430198	微创光电	4.970	0.05	1.016
4	2022-09-27	14:59:57	bj430418	苏轴股份	8.880	0.04	0.452
5	2022-09-27	14:59:57	bj430489	佳先股份	6.890	0.16	2.377
6	2022-09-27	14:59:57	bj430510	丰光精密	10.150	-0.2	-1.932
7	2022-09-27	14:59:57	bj430564	天润科技	7.090	-0.21	-2.877
8	2022-09-27	14:59:57	bj830799	艾融软件	6.450	-0.33	-4.867
9	2022-09-27	14:59:57	bj830832	齐鲁华信	5.900	0.24	4.24
10	2022-09-27	14:59:57	bj830839	万通液压	5.470	0.07	1.296
11	2022-09-27	14:59:57	bj830946	森萱医药	8.230	0.2	2.491
12	2022-09-27	14:59:57	bj830964	润农节水	3.400	0.03	0.89
13	2022-09-27	14:59:57	bj831010	凯添燃气	4.250	-0.03	-0.701

图 4-63　北交所实时交易信息

单元学习评价

按照表 4-13 数据采集学习评价表的考核内容分别评价各项内容的完成度并计算得分，按考核项目的权重计算本单元的总分。

表 4-13　数据采集学习评价表

考核项目	权重 /%	考核内容	分值	得分
知识	40	按时完成文件认知、读写 txt 文件、读写 Excel 文件、读写 JSON 文件的阅读或听讲	10	
		按时完成 SQLite 数据库认知、SQLite 数据类型、Python sqlite3 模块的使用、SQLite 数据库的基本操作的阅读或听讲	10	
		按时完成网络爬虫认知、Web 前端基础的阅读或听讲	15	
		按时完成 Requests 库的使用、Beautiful Soup 库的阅读或听讲	15	
		积极参与 Python 读写数据文件、Python 读写 SQLite 数据库、简单网页爬取和网页数据采集的讨论与交流活动	10	
		正确完成 Python 读写数据文件、Python 读写 SQLite 数据库、简单网页爬取和网页数据采集的线上、线下测试与作业	40	

考核项目	权重/%	考核内容	分值	得分
技能	40	利用Pandas的to_excel函数将新入职员工信息写入Excel文件	20	
		利用Sqlite3模块将新入职员工工资信息写入数据库，并利用Pandas中的read_sql_query函数读取工资信息	20	
		利用Requests库、lxml模块、Xpath表达式等爬取上市公司的证券简称和股票代码	25	
		利用CSV模块、Requests库、URL等爬取上市公司资产负债表等信息	35	
素养	20	完成本单元规定的职业素养培养基本要求	50	
		结合本单元实例，完成有关坚持系统观念，发扬工匠精神等职业素养的讨论或撰写心得感悟短文	50	
总体评价			100	

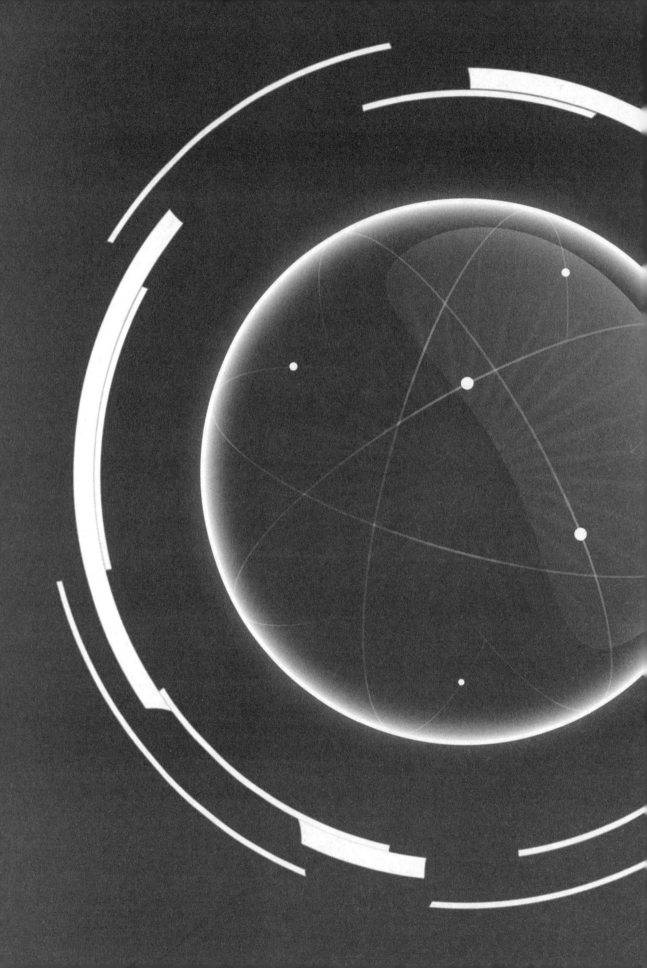

数据预处理

知识目标

◆ 了解 Numpy 库的含义，熟悉 Numpy 库的数据类型；

◆ 熟悉 Numpy 创建数组、访问和修改数组等常用方法；

◆ 熟悉 Pandas 的引入规则和基本使用方法；

◆ 熟悉重复值、缺失值、数据连接等常用清洗方法和函数。

技能目标

◆ 能够利用 Numpy 正确进行数组创建及数值计算等相关操作；

◆ 能够利用 Pandas 正确进行 DataFrame 的创建、新增与删除行列以及将 Excel 转换成 DataFrame 等相关操作；

◆ 能够利用 Pandas 正确进行不一致数据、无效数据、缺失数据和重复数据的处理等相关操作。

素养目标

◆ 通过本单元学习，在协同进行数据预处理时，培养团队协作精神和集体意识；

◆ 在进行缺失值填充、重复值删除及数据类型转换等操作时，培养坚持诚实守信、弘扬诚信文化，强化诚信为本、不弄虚作假的职业道德。

思维导图

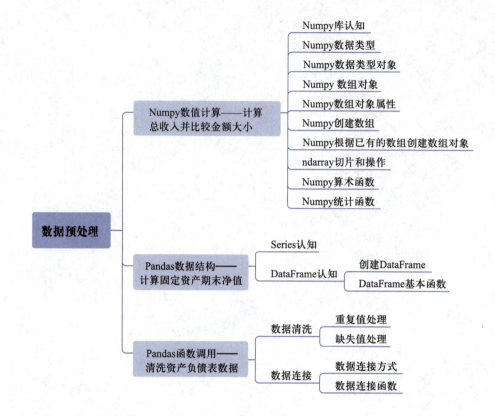

职业素养提升

注重团队协作，坚持诚实守信

团结是发展的动力，团结是社会和谐的源泉。作为财经工作者，在进行数据预处理时要注重团队协作精神和集体意识，要将每个人的工作融入公司整体，相互帮助，相互支持，能够对发现的问题提出建议，养成理性的公民意识和公民监督。

诚实守信是经济社会健康发展的重要保障，是社会主义核心价值观的重要内容，是中华民族的传统美德，在我国思想道德建设中具有重要的意义。近年来，财务数据造假案例层出不穷，造假手段复杂隐蔽，形式不断翻新，给企业和社会造成了严重危害。作为财经工作者，我们要始终坚持诚实守信、大力弘扬诚信文化，强化诚信为本、不弄虚作假的职业道德。

任务一　Numpy数值计算
——计算总收入并比较金额大小

【任务描述】

随着全球经济一体化进程的加快，信合资产有限责任公司的跨国业务也随之增多，2022年公司的收入主要有四种货币，分别为美元、英镑、欧元和人民币，该公司收入信息表如表5-1所示。

表5-1　信合资产有限责任公司收入信息表

币种	美元	英镑	欧元	人民币
收入金额 / 万	13 500	11 250	12 800	81 285.25
人民币汇率	6.665 1	8.222 0	7.032 3	1.000 0

任务布置：

根据上述资料，计算信合资产有限责任公司总收入金额（人民币）、收入最多和最少的分别为哪一种货币及对应的人民币金额。

【相关知识】

一、Numpy库认知

Numpy（Numerical Python）是一个开源的Python库，广泛用于科学和工程领域。它是在Python中处理数值数据的通用标准，也是科学Python和PyData生态系统的核心。Numpy用户包括从初学者到科研经验丰富的研究人员。Numpy API广泛用于Pandas、SciPy、Matplotlib、scikit-learn、scikit-image和大部分其他数据科学和科学Python包中。

Numpy作为科学计算的基础包，包括以下特点。

（1）强大的N维数组。Numpy库的矢量化、索引和广播概念快速且通用，是目前阵列计算的事实标准。

（2）数值计算工具。Numpy 库提供全面的数学函数、随机数生成器、线性代数例程、傅里叶变换等。

（3）高性能。Numpy 库的核心是经过优化的 C 代码，拥有 Python 的灵活性和编译代码的速度。

（4）使用方便。Numpy 库的高级语法使所有程序员都可以使用并能提高效率。

二、Numpy 数据类型

Numpy 支持的数据类型比 Python 内置的数据类型要多很多，基本上可以和 C 语言的数据类型相对应，其中部分类型对应为 Python 内置的类型。Numpy 基本数据类型如表 5-2 所示。

表5-2　Numpy基本数据类型

数据类型	说明
bool_	布尔数据类型（True 或者 False）
int_	默认的整数类型（类似于 C 语言中的 long，int32 或 int64）
intc	与 C 语言中的 int 类型一样，一般是 int32 或 int64
intp	用于索引的整数类型（类似于 C 语言中的 ssize_t，一般情况下仍然是 int32 或 int64）
int8	字节（−128~127）
int16	整数（−32768~32767）
int32	整数（−2147483648~2147483647）
int64	整数（−9223372036854775808~9223372036854775807）
uint8	无符号整数（0~255）
uint16	无符号整数（0~65535）
uint32	无符号整数（0~4294967295）
uint64	无符号整数（0~18446744073709551615）
float_	float64 类型的简写
float16	半精度浮点数，包括：1 个符号位，5 个指数位，10 个尾数位

数据类型	说明
float32	单精度浮点数，包括：1个符号位，8个指数位，23个尾数位
loat64	双精度浮点数，包括：1个符号位，11个指数位，52个尾数位
complex_	complex128类型的简写，即128位复数
complex64	复数，表示双32位浮点数（实数部分和虚数部分）
complex128	复数，表示双64位浮点数（实数部分和虚数部分）

Numpy 的数值类型实际上是数据类型对象（dtype）的实例，并对应唯一的字符，包括 np.bool_，np.int32，np.float32 等。

三、Numpy 数据类型对象

Numpy 数据类型对象（dtype）用来描述如何使用与数组对应的内存区域。它描述了数据的以下几个方面：

（1）数据的类型：整数、浮点数或者 Python 对象。

（2）数据的大小：例如整数使用多少个字节存储。

（3）数据的字节顺序：小端法或大端法。字节顺序是一个字节类型的数据在内存中的存放顺序，若首先取高字节的数据存放在低地址，则是大端法；若首先取低字节的数据存放在低地址，则是小端法。

dtype 对象使用的基本语法格式如下：

```
numpy.dtype(object, align, copy)
```

dtype 常用参数说明如表 5-3 所示。

表5-3　dtype常用参数说明

参数	说明
object	要转换为的数据类型对象
align	如果为true，填充字段使其类似C的结构体
copy	复制dtype对象，如果为false，则是对内置数据类型对象的引用

示例代码如下:

```
import numpy as np
dt = np.dtype(np.int16)
print(dt)
```

运行过程及结果如图 5-1 所示。

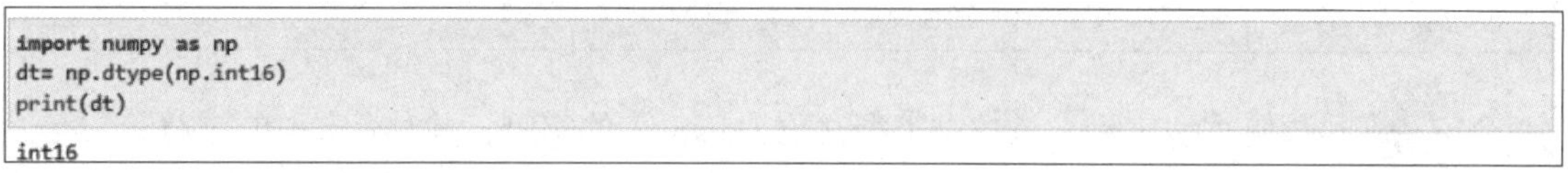

```
import numpy as np
dt= np.dtype(np.int16)
print(dt)

int16
```

图 5-1　运行过程及结果

字节顺序还可以通过"<"或">"对数据类型设定来决定。"<"意味着小端法（最小值存储在最小的地址，即低位组放在最前面）。">"意味着大端法（最重要的字节存储在最小的地址，即高位组放在最前面），示例代码如下:

```
import numpy as np
# 预设字节顺序
dt = np.dtype('<i8')
print(dt)
```

运行过程及结果如图 5-2 所示。

```
import numpy as np
# 预设字节顺序
dt = np.dtype('<i8')
print(dt)

int64
```

图 5-2　运行过程及结果

dtype 对象结构化数据类型的使用，创建类型字段和对应的实际类型。

示例代码如下:

```
import numpy as np
dt = np.dtype([('num',np.int8)])    # 创建结构化数据类型
a = np.array([(40,),(20,),(30,)],dtype = dt)    # 将数据类型应用于 ndarray 对象
print(a['num'])    # 类型字段名可以用于存取实际的列
```

运行过程及结果如图 5-3 所示。

```
import numpy as np
dt = np.dtype([('num',np.int8)]) # 创建结构化数据类型
a = np.array([(40,),(20,),(30,)], dtype = dt) #将数据类型应用于 ndarray 对象
print(a['num'])#类型字段名可以用于存取实际的列
[40 20 30]
```

图 5-3 运行过程及结果

四、Numpy 数组对象

Numpy 概述

Numpy 最重要的一个特点是其 N 维数组对象 ndarray，它是一系列同类型数据的集合，以 0 下标为开始进行集合中元素的索引，其内部由以下内容组成。

（1）一个指向数据（内存或内存映射文件中的一块数据）的指针。

（2）数据类型或 dtype，描述在数组中的固定大小值的格子。

（3）一个表示数组形状（shape）的元组，表示各维度大小的元组。

（4）一个跨度元组（stride），其中的整数是为了前进到当前维度下一个元素需要"跨过"的字节数。跨度可以是负数，这样会使数组在内存中向后移动，切片中 obj［：：−1］或 obj［：，：：−1］就是如此。

ndarray 的内部结构如图 5-4 所示。

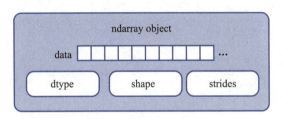

图 5-4 ndarray 的内部结构

创建一个 ndarray 数组对象只需调用 Numpy 库的 array( ) 函数即可，例如：

numpy.array(object, dtype = None, copy = True, order = None, subok = False, ndmin = 0)

array( ) 函数常用参数说明如表 5-4 所示。

表 5-4   array( ) 函数常用参数说明

参数	说明
object	数组或嵌套的数列
dtype	数组元素的数据类型，可选
copy	对象是否需要复制，可选
order	创建数组的样式，C 为行方向，F 为列方向，A 为任意方向（默认）
subok	默认返回一个与基类类型一致的数组
ndmin	指定生成数组的最小维度

示例代码如下：

```
import numpy as np
a = np.array([1,2,3])
print(a)


a = np.array([[1,2],[3,4]])   # 多余一个维度
print(a)


a = np.array([1,2,3,4,5],ndmin = 2)    # 使用最小维度
print(a)


a = np.array([1,2,3,4,5],dtype = float)    # 为参数指定类型
print(a)
```

运行过程及结果如图 5-5 所示。

```
import numpy as np
a = np.array([1,2,3])
print(a)

a = np.array([[1,2],[3,4]]) #多余一个维度
print(a)

a = np.array([1,2,3,4,5],ndmin=2) # 使用最小维度
print(a)

a = np.array([1,2,3,4,5],dtype=float) # 为参数指定类型
print(a)


[1 2 3]
[[1 2]
 [3 4]]
[[1 2 3 4 5]]
[1. 2. 3. 4. 5.]
```

图 5-5   运行过程及结果

五、Numpy 数组对象属性

Numpy 数组的维数称为秩（rank），秩就是轴（axis）的数量，即数组的维度，一维数组的秩为 1，二维数组的秩为 2。axis＝0，表示沿着第 0 轴进行操作，即对每一列进行操作；axis＝1，表示沿着第 1 轴进行操作，即对每一行进行操作。

Numpy 数组中 ndarray 对象属性如表 5-5 所示。

表5-5　ndarray对象属性

属性	说明
ndarray.ndim	秩，即轴的数量或维度的数量
ndarray.shape	数组的维度，对于矩阵，n 行 m 列
ndarray.size	数组元素的总个数，相当于 .shape 中 n*m 的值
ndarray.dtype	ndarray 对象的元素类型
ndarray.itemsize	ndarray 对象中每个元素的大小，以字节为单位
ndarray.flags	ndarray 对象的内存信息
ndarray.real	ndarray 元素的实部
ndarray.imag	ndarray 元素的虚部
ndarray.data	包含实际数组元素的缓冲区，由于一般通过数组的索引获取元素，所以通常不需要使用这个属性

以最为常用的方法为例，ndarray.ndim 用于返回数组的维数，示例代码如下：

```
import numpy as np
a = np.arange(24)
print(a.ndim)


a = a.reshape(2,4,3)
print(a.ndim)
```

运行过程及结果如图 5-6 所示。

```
import numpy as np
a = np.arange(24)
print(a.ndim)

a = a.reshape(2,4,3)
print(a.ndim)
```

```
1
3
```

图 5-6　运行过程及结果

ndarray.shape 表示数组的维度，返回一个元组，其维度表示"行数"和"列数"。

示例代码如下：

```
import numpy as np
a = np.array([[1,2,3],[4,5,6]])

print(a.shape)
```

运行过程及结果如图 5-7 所示。

```
import numpy as np
a = np.array([[1,2,3],[4,5,6]])
print(a.shape)
```

```
(2, 3)
```

图 5-7　运行过程及结果

可以使用".shape =（x，y）"和 reshape 函数来调整数组大小，示例代码如下：

```
import numpy as np
a = np.array([[1,2,3],[4,5,6]])

print(a.shape)

a.shape = (3,2)    # 调整数组大小的第一种方法

print(a.shape)

a = a.reshape(2,3)    # 调整数组大小的第二种方法

print(a)

print(a.shape)
```

运行过程及结果如图 5-8 所示。

```
import numpy as np
a = np.array([[1,2,3],[4,5,6]])
print(a.shape)

a.shape=(3,2) #调整数组大小的第一种方法
print(a.shape)

a = a.reshape(2,3) #调整数组大小的第二种方法
print(a)

print(a.shape)
```

```
(2, 3)
(3, 2)
[[1 2 3]
 [4 5 6]]
(2, 3)
```

图 5-8　运行过程及结果

六、Numpy 创建数组

ndarray 数组除了可以使用底层 ndarray 构造器来创建外，还可以通过以下几种方式。

（1）numpy.empty：该方法用来创建一个指定形状（shape）、数据类型（dtype）且未初始化的数组。

（2）numpy.zeros：该方法用来创建指定大小的数组，数组元素以 0 来填充。

（3）numpy.ones：该方法用来创建指定形状的数组，数组元素以 1 来填充。

以常用方法 numpy.zeros 为例，其他方法用法相同，基本语法格式如下：

numpy.ones(shape, dtype = float, order = 'C')

numpy.zeros 常用参数说明如表 5-6 所示。

表5-6　numpy.zeros 常用参数说明

参数	说明
shape	数组形状
dtype	数据类型，可选
order	可选，有"C"和"F"两个选项，分别代表行优先和列优先，在计算机内存中的存储元素的顺序

示例代码如下：

import numpy as np

a = np.ones(5)

```
print(a)


a = np.ones([2,2],dtype = int)

print(a)
```

运行过程及结果如图 5-9 所示。

```
import numpy as np
a = np.ones(5)
print(a)

a = np.ones([2,2],dtype=int)
print(a)

[1. 1. 1. 1. 1.]
[[1 1]
 [1 1]]
```

图 5-9　运行过程及结果

七、Numpy 根据已有的数组创建数组对象

Numpy 根据已有的数组创建 ndarray 对象有三种方式，分别是：

（1）numpy.asarray：numpy.asarray 类似 numpy.array。

（2）numpy.frombuffer：用于实现动态数组，接受 buffer 输入参数，以流的形式读入转化成 ndarray 对象。

（3）numpy.fromiter：方法从可迭代对象中建立 ndarray 对象，返回一维数组。

以常用方法 numpy.asarray 为例，其基本语法格式如下：

numpy.asarray(a, dtype = None, order = None)

numpy.asarray 常用参数说明如表 5-7 所示。

表 5-7　numpy.asarray 常用参数说明

参数	说明
a	任意形式的输入参数，可以是列表、列表的元组、元组、元组的元组、元组的列表、多维数组
dtype	数据类型，可选
order	可选，有"C"和"F"两个选项，分别代表行优先和列优先，是计算机内存中的存储元素的顺序

示例代码如下：

```
import numpy as np
x = [1,2,3]
a = np.asarray(x)    # 参数为列表
print(a)


x = (1,2,3)
a = np.asarray(x)    # 参数为元组
print(a)


x = [(1,2,3),(4,5)]    # 参数为多维数组
a = np.asarray(x)

print(a)
```

运行过程及结果如图 5-10 所示。

```
import numpy as np
x = [1,2,3]
a= np.asarray(x)  #参数为列表
print(a)

x = (1,2,3)
a= np.asarray(x)  #参数为元组
print(a)

x = [(1,2,3),(4,5)] #参数为多维数组
a=np.asarray(x)
print(a)

[1 2 3]
[1 2 3]
[(1, 2, 3) (4, 5)]
```

图 5-10   运行过程及结果

八、ndarray 切片和操作

ndarray 对象的内容可以通过索引或切片来访问和修改，与 Python 中 list 的切片操作一样。ndarray 数组可以基于 0~n 的下标进行索引，切片对象可以通过内置的 slice 函数，并设置 start，stop 及 step 参数进行，从原数组中切割出一个新数组。

示例代码如下：

```
import numpy as np
a = np.arange(20)
s = slice(1,15,2)
print(a[s])
```

运行过程及结果如图 5-11 所示。

```
import numpy as np
a = np.arange(20)
s = slice(1,15,2)
print(a[s])

[ 1  3  5  7  9 11 13]
```

图 5-11　运行过程及结果

除上面的切片方式以外，还可以使用 Python 列表的切片方法，通过"："分隔切片参数 start：stop：step 来进行切片操作。

示例代码如下：

```
import numpy as np
a = np.arange(30)
x = a[1：25：3]
print(x)
```

运行过程及结果如图 5-12 所示。

```
import numpy as np
a = np.arange(30)
x = a[1:25:3]
print(x)

[ 1  4  7 10 13 16 19 22]
```

图 5-12　运行过程及结果

多维数组同样适用上述索引提取方法。

示例代码如下：

```
import numpy as np
a = np.array([[1,2,3],[3,4,5],[4,5,6]])
print(a)
```

```
print(a[1：])    # 从索引 a[1：] 处开始切割
```

运行过程及结果如图 5-13 所示。

```
import numpy as np
a = np.array([[1,2,3],[3,4,5],[4,5,6]])
print(a)

print(a[1:]) #从索引a[1:]处开始切割

[[1 2 3]
 [3 4 5]
 [4 5 6]]
[[3 4 5]
 [4 5 6]]
```

图 5-13　运行过程及结果

切片还可以包括省略号 "…"，来使选择元组的长度与数组的维度相同。如果在行位置使用省略号，它将返回包含行中元素的 ndarray。

示例代码如下：

```
import numpy as np
a = np.array([["a","b","c"],["d","e","f"],["x","y","z"]])
print(a[...,1])


print(a[1,...])
```

运行过程及结果如图 5-14 所示。

```
import numpy as np
a=np.array([["a","b","c"],["d","e","f"],["x","y","z"]])
print(a[...,1])

print(a[1,...])

['b' 'e' 'y']
['d' 'e' 'f']
```

图 5-14　运行过程及结果

除了切片以外，ndarray 可以使用 astype 方法对数据进行类型转换和数据替换等。示例代码如下：

```
import numpy as np
s = np.array([1,2,3,4])
print(s.dtype)
```

```
x = s.astype(np.float64)    # 将 int 类型转换为 float 类型

print(x.dtype)

y = x.astype(np.int64)    # 将 float 类型转化为 int 类型

print(y.dtype)
```

运行过程及结果如图 5-15 所示。

```
import numpy as np
s= np.array([1,2,3,4])
print(s.dtype)

x = s.astype(np.float64) #将int类型转换为float类型

print(x.dtype)

y = x.astype(np.int64) #将float类型转化为int类型
print(y.dtype)
int64
float64
int64
```

图 5-15   运行过程及结果

　　数据替换可以通过条件进行替换，也可以使用类似 Python 列表操作的方式进行替换，示例代码如下：

```
import numpy as np
s = np.array([[2,3,5,2],[6,2,8,2],[9,2,6,3],[6,5,5,4]])
print(s)


s[s = = 2] = 1    #s 列表中元素为 2 的值都会被替换
print(s)


s[0：2,0：2] = [[0,0],[0,0]]# 类似 python 列表中替换方式进行替换
print(s)
```

运行过程及结果如图 5-16 所示。

```
import numpy as np
s = np.array([[2,3,5,2],[6,2,8,2],[9,2,6,3],[6,5,5,4]])
print(s)

s[s==2]=1    # s列表中元素为2的值都会被替换
print(s)

s[0:2,0:2]=[[0,0],[0,0]]  #类似python列表中替换方式进行替换
print(s)
[[2 3 5 2]
 [6 2 8 2]
 [9 2 6 3]
 [6 5 5 4]]
[[1 3 5 1]
 [6 1 8 1]
 [9 1 6 3]
 [6 5 5 4]]
[[0 0 5 1]
 [0 0 8 1]
 [9 1 6 3]
 [6 5 5 4]]
```

图 5-16　运行过程及结果

九、Numpy 算术函数

Numpy 算术函数包含简单的加减乘除：add( )、subtract( )、multiply( ) 和 divide( )。需要注意的是数组必须具有相同的形状或符合数组广播规则。

示例代码如下：

```
import numpy as np

x = np.arange(9,dtype = np.float_).reshape(3,3)

print(x)


y = np.array([10,10,10])

print(y)


print(np.add(x,y))    # 数组加法


print(np.subtract(x,y))    # 数组减法


print(np.multiply(x,y))    # 数组乘法


print(np.divide(x,y))    # 数组除法
```

运行过程及结果如图 5-17 所示。

```
import numpy as np
x = np.arange(9,dtype=np.float_).reshape(3,3)
print(x)

y = np.array([10,10,10])
print(y)

print(np.add(x,y))      #数组加法

print(np.subtract(x,y)) #数组减法

print(np.multiply(x,y)) #数组乘法

print(np.divide(x,y))   #数组除法

[[0. 1. 2.]
 [3. 4. 5.]
 [6. 7. 8.]]
[10 10 10]
[[10. 11. 12.]
 [13. 14. 15.]
 [16. 17. 18.]]
[[-10.  -9.  -8.]
 [ -7.  -6.  -5.]
 [ -4.  -3.  -2.]]
[[ 0. 10. 20.]
 [30. 40. 50.]
 [60. 70. 80.]]
[[0.  0.1 0.2]
 [0.3 0.4 0.5]
 [0.6 0.7 0.8]]
```

图 5-17　运行过程及结果

numpy.power( ) 函数将第一个输入数组中的元素作为底数，计算它与第二个输入数组中相应元素的幂。

示例代码如下：

```
import numpy as np
a = np.array([1,2,3])
print(a)


x = np.array([4,5,6])
print(x)


print(np.power(a,x))
```

运行过程及结果如图 5-18 所示。

```
import numpy as np
a = np.array([1,2,3])
print(a)

x = np.array([4,5,6])
print(x)

print(np.power(a,x))

[1 2 3]
[4 5 6]
[  1  32 729]
```

图 5-18　运行过程及结果

除了上述的函数例子，Numpy 还支持更多的函数，以下是一些常用函数，示例代码如下：

```
import numpy as np
score = np.array([[88,80],[67,83],[74,75],[67,79],[56,76]])
print(score)

score.max(axis = 0)# 根据行取最大值

score.min(axis = 0)# 根据行取最小值

score.sum(axis = 1)# 根据列求和

score.sum(axis = 0)# 根据行求和

score.mean(axis = 0)# 根据行求平均数

score.std(axis = 0)# 根据行求标准差
```

运行过程及结果如图 5-19 所示。

```
import numpy as np
score = np.array([[88,80],[67,83],[74,75],[67,79],[56,76]])
print(score)

print(score.max(axis=0)) # 根据行取最大值

print(score.min(axis=0)) # 根据行取最小值

print(score.sum(axis=1))# 根据列求和

print(score.sum(axis=0)) # 根据行求和

print(score.mean(axis=0)) #根据行求平均数

print(score.std(axis=0)) #根据行求标准差
[[88 80]
 [67 83]
 [74 75]
 [67 79]
 [56 76]]
[88 83]
[56 75]
[168 150 149 146 132]
[352 393]
[70.4 78.6]
[10.51855503  2.87054002]
```

图 5-19　运行过程及结果

十、Numpy 统计函数

Numpy算术
函数

Numpy 提供了很多统计函数，用于从数组中查找最小元素、最大元素、百分位标准差和方差等。

（1）使用 numpy.amin( ) 和 numpy.amax( ) 函数沿指定轴计算数组中元素的最小值和最大值，使用方法示例代码如下：

```
import numpy as np
a = np.array([[13,7,5],[8,14,3],[12,4,9]])
print(' 我们的数组是：')
print(a)
print(' 调用 amin( ) 函数：')
print(np.amin(a,1))
print(' 再次调用 amin( ) 函数：')
print(np.amin(a,0))
print(' 调用 amax( ) 函数：')
print(np.amax(a))
print(' 再次调用 amax( ) 函数：')
print(np.amax(a,axis = 0))
```

运行过程及结果如图 5-20 所示。

```
import numpy as np
a = np.array([[13,7,5],[8,14,3],[12,4,9]])
print ('我们的数组是：')
print (a)
print ('调用 amin() 函数：')
print (np.amin(a,1))
print ('再次调用 amin() 函数：')
print (np.amin(a,0))
print ('调用 amax() 函数：')
print (np.amax(a))
print ('再次调用 amax() 函数：')
print (np.amax(a, axis = 0))
```
```
我们的数组是：
[[13  7  5]
 [ 8 14  3]
 [12  4  9]]
调用 amin() 函数：
[5 3 4]
再次调用 amin() 函数：
[8 4 3]
调用 amax() 函数：
14
再次调用 amax() 函数：
[13 14  9]
```

图 5-20　运行过程及结果

（2）使用 numpy.ptp( ) 函数计算数组中元素最大值与最小值的差，使用方法示例代码如下：

```
import numpy as np
a = np.array([[13,7,5],[8,14,3],[12,4,9]])
print(' 我们的数组是：')
print(a)
print(' 调用 ptp( ) 函数：')
print(np.ptp(a))
print(' 沿轴 1 调用 ptp( ) 函数：')
print(np.ptp(a,axis = 1))
print(' 沿轴 0 调用 ptp( ) 函数：')
print(np.ptp(a,axis = 0))
```

运行过程及结果如图 5-21 所示。

```
import numpy as np
a = np.array([[13,7,5],[8,14,3],[12,4,9]])
print ('我们的数组是：')
print (a)
print ('调用 ptp() 函数：')
print (np.ptp(a))
print ('沿轴 1 调用 ptp() 函数：')
print (np.ptp(a, axis = 1))
print ('沿轴 0 调用 ptp() 函数：')
print (np.ptp(a, axis = 0))

我们的数组是：
[[13  7  5]
 [ 8 14  3]
 [12  4  9]]
调用 ptp() 函数：
11
沿轴 1 调用 ptp() 函数：
[ 8 11  8]
沿轴 0 调用 ptp() 函数：
[ 5 10  6]
```

图 5-21　运行过程及结果

（3）使用 numpy.median( ) 函数计算数组 a 中元素的中位数，使用方法示例代码如下：

```
a = np.array([[13,7,5],[8,14,3],[12,4,9]])
print(' 我们的数组是：')
print(a)
print(' 调用 median( ) 函数：')
```

```
print(np.median(a))

print('沿轴 0 调用 median( ) 函数：')

print(np.median(a,axis = 0))

print('沿轴 1 调用 median( ) 函数：')

print(np.median(a,axis = 1))
```

运行过程及结果如图 5-22 所示。

```
a = np.array([[13,7,5],[8,14,3],[12,4,9]])
print ('我们的数组是：')
print (a)
print ('调用 median() 函数：')
print (np.median(a))
print ('沿轴 0 调用 median() 函数：')
print (np.median(a, axis = 0))
print ('沿轴 1 调用 median() 函数：')
print (np.median(a, axis = 1))

我们的数组是：
[[13  7  5]
 [ 8 14  3]
 [12  4  9]]
调用 median() 函数：
8.0
沿轴 0 调用 median() 函数：
[12.  7.  5.]
沿轴 1 调用 median() 函数：
[7. 8. 9.]
```

图 5-22　运行过程及结果

（4）使用 numpy.mean( ) 函数计算数组中元素的算术平均值。如果提供了轴，则用沿轴的元素的总和除以元素的数量，使用方法示例代码如下：

```
a = np.array([[13,7,5],[8,14,3],[12,4,9]])

print(' 我们的数组是：')

print(a)

print(' 调用 mean( ) 函数：')

print(np.mean(a))

print(' 沿轴 0 调用 mean( ) 函数：')

print(np.mean(a,axis = 0))

print(' 沿轴 1 调用 mean( ) 函数：')

print(np.mean(a,axis = 1))
```

运行过程及结果如图 5-23 所示。

```
a = np.array([[13,7,5],[8,14,3],[12,4,9]])
print ('我们的数组是：')
print (a)
print ('调用 mean() 函数：')
print (np.mean(a))
print ('沿轴 0 调用 mean() 函数：')
print (np.mean(a, axis = 0))
print ('沿轴 1 调用 mean() 函数：')
print (np.mean(a, axis = 1))
我们的数组是：
[[13  7  5]
 [ 8 14  3]
 [12  4  9]]
调用 mean() 函数：
8.333333333333334
沿轴 0 调用 mean() 函数：
[11.          8.33333333  5.66666667]
沿轴 1 调用 mean() 函数：
[8.33333333 8.33333333 8.33333333]
```

图 5-23 运行过程及结果

（5）使用 numpy.std( ) 计算数组的标准差，使用方法示例代码如下：

```
print(np.std([13,7,5,8]))
```

运行过程及结果如图 5-24 所示。

```
print (np.std([13,7,5,8]))
2.947456530637899
```

图 5-24 运行过程及结果

【任务实现】

一、导入 Numpy 库

导入 Numpy 库，并设置别名为 np。代码如下：

```
import numpy as np
```

二、创建数组

根据表 5-1 的信合资产有限责任公司收入信息表，创建"收入信息表"数组。
代码如下：

```
信合资产有限责任公司收入信息表 = [[" 美元 ",13500,6.6651],[" 英镑 ",11250,8.2220],
[" 欧元 ",12800,7.0323],[" 人民币 ",81285.25,1.00]]
收入信息表 = np.array( 信合资产有限责任公司收入信息表 )
```

三、自定义函数计算各币种对应的人民币收入

自定义函数计算各币种对应的人民币收入，汇率保留 4 位小数进行计算。代码如下：

```
def calcIncome(incomeType):
    for 收入信息 in 收入信息表:
        if incomeType in 收入信息 [0]:
            return int( 收入信息 [1])*round(float( 收入信息 [2]),4)
```

四、打印输出各币种对应的人民币收入

输入上述代码以后，可通过 print( ) 函数打印输出各币种对应的人民币收入，并将数据输出格式设置为保留 2 位小数。代码如下：

```
收入 = calcIncome(" 美元 ")
print(" 信合美元收入为: {:.2f}".format( 收入 ))


收入 = calcIncome(" 英镑 ")
print(" 信合英镑收入为: {:.2f}".format( 收入 ))


收入 = calcIncome(" 欧元 ")
print(" 信合欧元收入为: {:.2f}".format( 收入 ))
```

运行结果为：

信合美元收入为：89978.85

信合英镑收入为：92497.50

信合欧元收入为：90013.44

五、自定义函数计算收入总和

自定义函数计算各币种对应的人民币收入总和。代码如下：

```
def totalRateIncome( ):
return 收入信息表 [...,1].astype(np.float32)* 收入信息表 [...,2].astype(np.float32)
totalIncome = totalRateIncome( )
```

六、打印输出结果

完成上述步骤以后，即可打印信合人民币收入总和、人民币最大收入及人民币最小收入对应的金额，并将数据输出格式设置为保留 2 位小数。代码如下：

```
print(" 信合人民币收入总和是：{ :.2f}".format(totalIncome.sum( )))
print(" 信合人民币最大收入：{ :.2f}".format(totalIncome.max( )))
print(" 信合人民币最小收入：{ :.2f}".format(totalIncome.min( )))
```

运行结果为：

信合人民币收入总和是：353775.03

信合人民币最大收入：92497.50

信合人民币最小收入：81285.25

从上述结果可知，信合资产有限责任公司 2022 年的总收入金额为人民币 353 775.03 万元；最大收入币种为英镑，其对应人民币金额为 92 497.50 万元；最小收入币种为人民币，其对应人民币金额为 81 285.25 万元。

【任务测试】

任务5.1测试

【拓展学习】

Numpy 随机数函数

在 Numpy 下的 random 模块中有很多可以产生随机数构成数组的函数，比如生成随机整数、0~1 内的浮点数等。Numpy 中常用的随机数函数如表 5-8 所示。

表5-8　Numpy随机数函数

函数	说明
np.random.rand (d0, d1, ...dn)	创建给定形状的随机数数组，返回 [0, 1) 均匀分布的浮点数，如未提供参数返回单个Python浮点数
np.random.randn (d0, d1, ...dn)	创建给定形状的随机数数组，标准正态分布，如未提供参数返回单个Python浮点数
np.random.random (size = None)	返回随机浮点数，范围 [0, 1)，size表示输出数组形状，可选整数或元组
np.random.randint (low, high = None, size = None, dtype = int)	返回随机整数，位于半开区间 [low, high)
np.random.choice (a, size = None, replace = True, p = None)	从给定的一维数组 (a) 生成一个随机样本，replace表示采样是否允许重复（默认为True），p表示一维数组中每个元素被采样的概率

比如，生成一组范围在 [10，50) 内的 3 行 3 列的随机整数。代码如下：

```
import numpy as np# 导入 Numpy 库
a = np.random.randint(10,50,(3,3))# 生成 [10,50) 随机整数
print(a)
```

运行结果为：

```
[[20 44 45]

[24 27 31]

[13 20 40]]
```

任务二 Pandas 数据结构
——计算固定资产期末净值

【任务描述】

信合资产有限责任公司部分固定资产相关财务信息如表 5-9 所示，现在财务部需要计算各项固定资产的期末净值，各项固定资产均采用直线法计提折旧，于是让财务部小李计算一下各项固定资产的期末净值。

小李正在学习 Python 中 Pandas 数据结构的相关内容，认为可以通过 Pandas 将表 5-9 的相关资料创建一个 DataFrame，并根据创建的 DataFrame 添加"期末净值"列的方式计算各项固定资产净值。

表5-9 信合资产有限责任公司部分固定资产财务信息表   单位：元

资产名称	资产原值	残值率	残值额	期限（月）	累计折旧	本月折旧
联想电脑	4 000	0.05	200	60	316.65	63.33
打印机	3 000	0.05	150	60	237.50	47.50
空调	2 500	0.05	125	60	197.90	39.58
小轿车	300 000	0.05	15 000	120	4 750.00	2 375.00

任务布置：

根据部分固定资产财务信息表创建 DataFrame，再根据创建的 DataFrame 添加"期末净值"列。

说明：期末净值的相关公式如下：

期末净值＝资产原值－累计折旧

【相关知识】

Pandas 是一个扩展程序库，可以把它理解为数据工具箱，用于数据分析。Pandas 的优点在于，它纳入了大量数据库和数据模型，提供了高效操作大型数据集所需要的工具。因此，使用它处理数据会更加简单、便捷。经过多年的发展与完善后，Pandas 目前已被广泛应用于大数据分析的各个领域。

作为 Python 的第三方模块，Pandas 可以通过语句 import pandas 导入，为方便后续调用，一般会为其设置一个别名"pd"。Pandas 引入规则语法如下：

```
import pandas as pd
```

Pandas 主要提供了两种数据结构：Series 和 DataFrame。Series 是一维数据结构，DataFrame 是二维数据结构。

一、Series 认知

Series 是一维数据结构，类似于 Excel 表格中的一个列（column），可以保存任何数据类型（整数、浮点数等）。Series 由一组数据和与之相关的数据索引组成。仅有一组数据也可以产生 Series 对象。其基本语法格式如下：

```
pandas.Series( data, index, dtype, name, copy)
```

pandas.Series 常用参数说明如表 5-10 所示。

表5-10　pandas.Series 常用参数说明

参数	描述
data	数组、ndarray 对象、字典
index	数据索引标签，如果不指定，默认从0开始
dtype	数据类型，默认会自己判断
name	设置名称
copy	拷贝数据，默认为False

示例代码如下：

```
import pandas as pd
x = [4,5,6]
y = pd.Series(x)# 参数为数组
print(x)
print(y)
print(y[1])
y = pd.Series(x,index = ["x","y","z"])   # 自定义索引
print(y)
s = {1："x",2："y",3："z"}
y = pd.Series(s)   # 参数为字典
print(y)
dtype：object
y.get(1)# 取值
```

运行过程及结果如图 5-25 所示。

```
import pandas as pd
x = [4,5,6]
y = pd.Series(x) #参数为数组
print(x)
print(y)
print(y[1])
y= pd.Series(x,index=["x","y","z"]) #自定义索引
print(y)
s = {1:"x",2:"y",3:"z"}
y = pd.Series(s) #参数为字典
print(y)
dtype: object
y.get(1) #取值

[4, 5, 6]
0    4
1    5
2    6
dtype: int64
5
x    4
y    5
z    6
dtype: int64
1    x
2    y
3    z
dtype: object
'x'
```

图 5-25   运行过程及结果

Series 类型索引、切片、运算类似于 ndarray 和 Python 字典类型的操作，包括保

留字 in 操作、使用 .get( ) 方法等。

二、DataFrame 认知

DataFrame 是二维数据结构，相当于 Excel 表格，它含有一组有序的列，每列值可以是不同的数据类型（数值、字符串、布尔型等）。DataFrame 既有行索引也有列索引，它可以被看作由 Series 组成的字典（共同用一个索引）。DataFrame 示例图如图 5-26 所示。

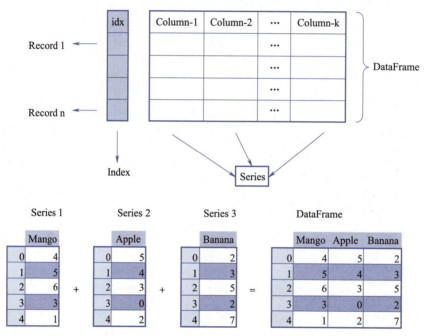

图 5-26　DataFrame 示例图

（一）创建 DataFrame

DataFrame 可以通过同名函数进行创建，包含有 3 个参数：data 是数据参数，可以是一组数据；columns 是列索引，不输入时默认为 0 开始的正整数；index 是行索引，不输入时默认为 0 开始的正整数。基本语法格式如下：

```
pd.DataFrame( data, columns = [ 序列 ], index = [ 序列 ])
```

DataFrame 支持通过列表、字典等数据类型进行创建。

示例代码如下：

```
import pandas as pd
# 通过列表创建 DataFrame
x = [[" 张三 "," 男 ","10"],[" 李四 "," 男 ","15"],[" 王五 "," 男 ","17"]]
df = pd.DataFrame(x,columns = [" 姓名 "," 性别 "," 年龄 "])
print(df)

# 通过字典创建 DataFrame
x = {' 姓名 ':[' 张四 ',' 李五 ',' 王六 ']," 性别 ":[' 男 ',' 男 ',' 女 ']," 年龄 ":[10,15,17]}
df = pd.DataFrame(x)
print(df)
```

运行过程及结果如图 5-27 所示。

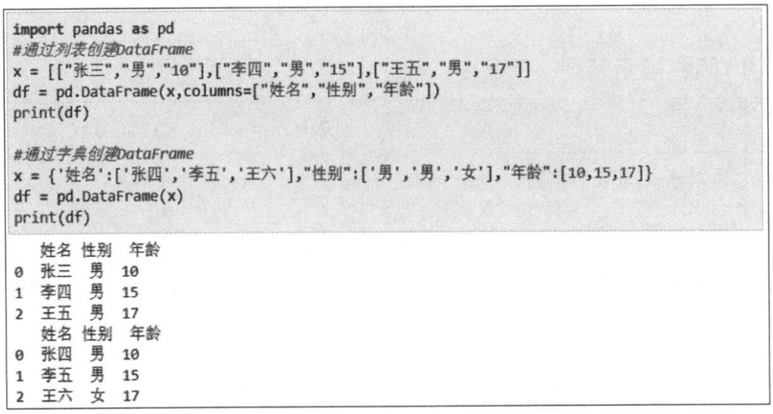

```
import pandas as pd
#通过列表创建DataFrame
x = [["张三","男","10"],["李四","男","15"],["王五","男","17"]]
df = pd.DataFrame(x,columns=["姓名","性别","年龄"])
print(df)

#通过字典创建DataFrame
x = {'姓名':['张四','李五','王六'],"性别":['男','男','女'],"年龄":[10,15,17]}
df = pd.DataFrame(x)
print(df)

   姓名 性别  年龄
0  张三  男  10
1  李四  男  15
2  王五  男  17
   姓名 性别  年龄
0  张四  男  10
1  李五  男  15
2  王六  女  17
```

图 5-27　运行过程及结果

上述两种方式能够得到同样的结果。但与列表创建方式不同，使用字典创建 DataFrame，字典的键将作为列索引输出，无须再设置 columns 参数。行索引没有设置参数，默认从 0 开始排序，想要修改行索引，可以通过 index 设置。

（二）DataFrame 基本函数

DataFrame 的操作函数有许多，基本函数如表 5-11 所示。

表 5-11　DataFrame 基本函数

函数	描述
rename( )	修改行索引/列名

函数	描述
insert( )	插入列
drop( )	删除行列
head( )	返回DataFrame前n行
tail( )	返回DataFrame后n行

（1）rename( )函数：对行索引及列名重命名，修改列名传入columns参数、修改行索引传入index参数。基本语法格式如下：

```
DataFrame.rename(mapper = None,index = None,columns = None,axis = None,copy = True,inplace = False,level = None,errors = 'ignore'
```

rename( )函数常用参数说明如表5-12所示。

表5-12　rename( )函数常用参数

参数	说明
mapper	映射器，类似于字典，应用于特定轴标签，与axis联合使用
index	更改行索引名称
columns	更改列索引名称
axis	{0或'index'，1或'columns'}，默认为0，确定mapper所针对的轴
inplace	默认为False，返回新的DataFrame，True表示直接在原数据上修改

首先创建一个DataFrame，示例代码如下：

```
# 引入 pandas
import pandas as pd


# 创建二维列表
data = [['2020 年 12 月 31 日 ',21000000,9000000,12000000],
    ['2021 年 12 月 31 日 ',23800000,10000000,13800000],
    ['2022 年 12 月 31 日 ',24500000,10700000,13800000]]
```

```
# 创建 DataFrame
df = pd.DataFrame(data,columns = ['时间','资产总额','负债总额','所有者权益总额'],
index = range(1,4))
df
```

运行结果 1 如图 5-28 所示。

	时间	资产总额	负债总额	所有者权益总额
1	2020年12月31日	21000000	9000000	12000000
2	2021年12月31日	23800000	10000000	13800000
3	2022年12月31日	24500000	10700000	13800000

图 5-28　运行结果 1

接下来通过 rename( ) 函数修改上述 DataFrame 中的列名称。示例代码如下：

```
df.rename(columns = {'资产总额':'资产','负债总额':'负债','所有者权益总额':'所有者权益'},inplace = True)
df
```

运行结果 2 如图 5-29 所示。

	时间	资产	负债	所有者权益
1	2020年12月31日	21000000	9000000	12000000
2	2021年12月31日	23800000	10000000	13800000
3	2022年12月31日	24500000	10700000	13800000

图 5-29　运行结果 2

（2）insert( ) 函数：将列插入 DataFrame 中的指定位置。其基本语法格式如下：

```
DataFrame.insert(loc,column,value,allow_duplicates = False)
```

insert( ) 函数常用参数说明如表 5-13 所示。

表5-13　insert( ) 函数常用参数说明

参数	说明
loc	int，插入列的位置，表示第几列，插入第一列为loc = 0
column	插入列的列名

参数	说明
value	插入的值
allow_duplicates	是否允许列名重复，默认为False，如果列名已经存在则报错，设置为True表示允许列名重复

比如，在上述创建的 DataFrame 中列索引为 0 的位置插入一列"编号"。示例代码如下：

```
df.insert(0,' 编号 ',range(1,4))
df
```

运行结果 3 如图 5-30 所示。

	编号	时间	资产	负债	所有者权益
1	1	2020年12月31日	21000000	9000000	12000000
2	2	2021年12月31日	23800000	10000000	13800000
3	3	2022年12月31日	24500000	10700000	13800000

图 5-30　运行结果 3

insert( ) 函数是在指定位置插入一列。若对插入列的位置没有要求，则可通过"df[ ] ="方式直接新增一列并进行赋值，此时新增的一列默认在最后。示例代码如下：

```
df[' 资产负债率 '] = round(df[' 负债 ']/df[' 资产 '],2)# 计算结果保留 2 位小数
df
```

运行结果 4 如图 5-31 所示。

	编号	时间	资产	负债	所有者权益	资产负债率
1	1	2020年12月31日	21000000	9000000	12000000	0.43
2	2	2021年12月31日	23800000	10000000	13800000	0.42
3	3	2022年12月31日	24500000	10700000	13800000	0.44

图 5-31　运行结果 4

（3）drop( ) 函数：删除指定行列。其基本语法格式如下：

```
DataFrame.drop(labels = None,axis = 0,index = None,columns = None,level = None,inplace =
False,errors = 'raise')
```

drop( )函数常用参数说明如表5-14所示。

表5-14 drop( )函数常用参数说明

参数	说明
labels	单个标签或标签列表
axis	{0或'index'1或'columns'}，是从索引还是列中删除标签，默认0，从行索引中删除
index	单个标签或标签列表：index = labels等效于labels，axis = 0
columns	单个标签或标签列表：columns = labels等效于labels，axis = 1
inplace	默认为False，返回新的DataFrame，True则表示在原数据上删除

从上述DataFrame中删除新增的"编号"列。

示例代码如下：

```
df.drop(columns = ' 编号 ',inplace = True)
df
```

运行结果5如图5-32所示。

	时间	资产	负债	所有者权益	资产负债率
1	2020年12月31日	21000000	9000000	12000000	0.43
2	2021年12月31日	23800000	10000000	13800000	0.42
3	2022年12月31日	24500000	10700000	13800000	0.44

图 5-32 运行结果 5

DataFrame删除数据，除了drop( )函数，也可以通过使用del方式实现。使用del加变量名索引某列，即可删除被索引的列数据。示例代码如下：

```
del df[' 资产负债率 ']
df
```

运行结果6如图5-33所示。

	时间	资产	负债	所有者权益
1	2020年12月31日	21000000	9000000	12000000
2	2021年12月31日	23800000	10000000	13800000
3	2022年12月31日	24500000	10700000	13800000

图 5-33　运行结果 6

如果想要删除整个 DataFrame，直接使用 del 加变量名即可。删除整个 DataFrame 之后，再读取数据，程序会出现报错。

（4）head( ) 和 tail( ) 函数分别表示返回 DataFrame 中的前 n 行和后 n 行。其语法格式如下：

> DataFrame.head(n = 5)，返回 DataFrame 前 n 行，n 默认为 5
>
> DataFrame.tail(n = 5)，返回 DataFrame 后 n 行，n 默认为 5

示例代码如下：

```
df.head(2)# 查看上述 DataFrame 中的前 2 行
```

运行结果 7 如图 5-34 所示。

DataFrame
基本函数

	时间	资产	负债	所有者权益
1	2020年12月31日	21000000	9000000	12000000
2	2021年12月31日	23800000	10000000	13800000

图 5-34　运行结果 7

【任务实现】

一、导入Pandas库

导入 Pandas 库，并设置别名为 pd。代码如下：

```
import pandas as pd
```

二、创建 DataFrame

根据表 5-9 的固定资产财务信息表，创建一个 DataFrame。代码如下：

```
# 创建 DataFrame
data = [['联想电脑',4000,0.05,200,60,316.65,63.33],
        ['打印机',3000,0.05,150,60,237.50,47.50],
        ['空调',2500,0.05,125,60,197.90,39.58],
        ['小轿车',300000,0.05,15000,120,4750.00,2375.00]]


# 设置列索引属性，"期限／月"为中文状态下的括号
Columns = ['资产名称','资产原值','残值率','残值额','期限／月','累计折旧','本月
          折旧']


# 设置行索引属性，从 1 开始地数字
Index = range(1,5)


# 创建 DataFrame
df = pd.DataFrame(data,columns = Columns,index = Index)
df
```

固定资产财务信息，如图 5-35 所示。

	资产名称	资产原值	残值率	残值额	期限／月	累计折旧	本月折旧
1	联想电脑	4000	0.05	200	60	316.65	63.33
2	打印机	3000	0.05	150	60	237.50	47.50
3	空调	2500	0.05	125	60	197.90	39.58
4	小轿车	300000	0.05	15000	120	4750.00	2375.00

图 5-35　固定资产财务信息

三、计算期末净值

计算期末净值并添加至最后一列。代码如下：

```
# 计算"期末净值"

df[' 期末净值 '] = df[' 资产原值 ']−df[' 累计折旧 ']

df
```

期末净值如图 5-36 所示。

	资产名称	资产原值	残值率	残值额	期限 / 月	累计折旧	本月折旧	期末净值
1	联想电脑	4000	0.05	200	60	316.65	63.33	3683.35
2	打印机	3000	0.05	150	60	237.50	47.50	2762.50
3	空调	2500	0.05	125	60	197.90	39.58	2302.10
4	小轿车	300000	0.05	15000	120	4750.00	2375.00	295250.00

图 5-36　期末净值

【任务测试】

任务5.2测试

【拓展学习】

DataFrame 转置

为了在数据处理分析过程中更充分地利用行列的关系，可对原数据的行列进行互换。在 Pandas 中可以使用 df.T 实现数据转置。

首先创建一个 DataFrame，示例代码如下：

```
# 引入 pandas

import pandas as pd


# 创建二维列表

data = [['2020 年 12 月 31 日 ',21000000,9000000,12000000],

    ['2021 年 12 月 31 日 ',23800000,10000000,13800000],
```

```
['2022 年 12 月 31 日 ',24500000,10700000,13800000]]
```

```
# 创建 DataFrame
df = pd.DataFrame(data,columns = [' 日期 ',' 资产 ',' 负债 ',' 所有者权益 '],index = range(1,4))
df
```

二维列表如图 5-37 所示。

	日期	资产	负债	所有者权益
1	2020年12月31日	21000000	9000000	12000000
2	2021年12月31日	23800000	10000000	13800000
3	2022年12月31日	24500000	10700000	13800000

图 5-37　二维列表

接下来使用 df.T 实现行列互换。示例代码如下:

```
df.T
```

行列互换如图 5-38 所示。

		1	2	3
日期		2020年12月31日	2021年 2月31日	2022年12月31日
资产		21000000	23800000	24500000
负债		9000000	10000000	10700000
所有者权益		12000000	13800000	13800000

图 5-38　行列互换

任务三　Pandas 函数调用
——清洗资产负债表数据

【任务描述】

信合资产有限责任公司财务部每年年末都需要将本公司相关财务指标与行业财

务指标进行对比分析，以便更好地帮助企业经营管理者做出经济决策，但财务部每年获得的上市公司财务报表中均含有空值，不便于分析，因此财务部经理让小李将财务报表中的空值替换为 0。

小李学习了 Pandas 数据结构和函数调用的相关知识，认为可以通过 Pandas 将财务报表中的空值替换为 0。

任务布置：

1. 使用 Pandas 读取"资产负债表 2022"。

2. 将值为 NaN 的单元格替换为 0.00。

3. 将"资产负债表 2022"按照"货币资金"金额由大到小进行排序，并将文件重新保存为"资产负债表 2022（新）"。

资产负债表 2022

4. 读取"资产负债表 2022（新）.xls"。

【相关知识】

一、数据清洗

很多数据集存在数据缺失、数据格式错误、数据错误或数据重复的情况，如果想要数据分析结果更加准确，就需要对这些数据进行处理。以表 5-15 数据清洗表的数据为例。

数据清洗

表5-15　数据清洗表
单位：元

期间	存货	货币资金	其他流动资产	短期借款	应付账款	应付职工薪酬
1月	70，000	60000	NaN	￥50000	80000.0	70000.0
2月	NaN	NaN	NaN	NaN	NaN	NaN
3月	65，000	73000	NaN	￥80000	90000.0	70000.0
3月	65，000	73000	NaN	￥80000	90000.0	70000.0
4月	78，000	77000	NaN	￥80000	95000.0	70000.0
5月	80000	80 000	NaN	￥70000	90000.0	NaN
5月	80000	80 000	NaN	￥70000	90000.0	NaN

通过预览数据可知，数据清洗表中存在如下问题：

（1）重复行：行索引 2 和 3、5 和 6 数据重复。

（2）缺失值：NaN 部分。

（3）存在异常符号：¥、逗号、空格。

可以通过调用 Pandas 相关函数进行重复值、缺失值等异常值的处理。

（一）重复值处理

对于重复值处理，首先可以检验是否存在重复值，然后将重复值删除。Pandas 提供了两个专门处理重复值的函数，分别是 duplicated( ) 函数和 drop_duplicates( ) 函数。

1. duplicated( ) 函数

duplicated( ) 函数：用于查找重复项，返回布尔值，将重复项标记为 True，非重复项标记为 False。

基本语法格式如下：

```
DataFrame.duplicated(subset = None,keep = 'first')
```

duplicated( ) 函数常用参数说明如表 5-16 所示。

表5-16　duplicated( ) 函数常用参数说明

参数	说明
subset	根据特定列识别重复项，默认使用所有列
keep	确定要标记的重复项，可选 'first' 'last' False，默认为 'first'，表示标记除第一次出现的重复项，'last' 表示标记除最后一次出现的重复项，False 表示标记所有重复项

示例代码如下：

```
import pandas as pd# 导入 pandas
df = pd.read_excel(" 数据清洗 .xls")# 读取数据清洗 .xls 信息
df.duplicated( )# 使用 duplicated( ) 函数查找重复项
```

运行结果为：

```
0    False
1    False
```

2	False
3	True
4	False
5	False
6	True

dtype：bool

通过运行结果可知，序号为 3 和 6 的这两行返回结果为 True，说明这两行数据是重复的。重复值有可能会影响数据分析结果，需要查明重复原因。通常情况下，如果确定重复值是冗余数据，最直接的做法就是删除重复值。删除重复值可以通过 drop_duplicates( ) 函数实现。

2. drop_duplicates( ) 函数

drop_duplicates( ) 函数：返回删除重复行的 DataFrame。语法格式如下：

DataFrame.drop_duplicates(subset = None,keep = 'first',inplace = False,ignore_index = False)

drop_duplicates( ) 函数常用参数说明如表 5–17 所示。

表5–17　drop_duplicates( ) 函数常用参数说明

参数	说明
subset	根据特定列识别重复项，默认使用所有列
keep	确定要标记的重复项，可选 'first' 'last'、False，默认为 'first'，表示标记除第一次出现的重复项，'last' 表示标记除最后一次出现的重复项，False 表示标记所有重复项
inplace	默认为False，True表示直接在原数据上删除
ignore_index	重建索引，默认为False

示例代码如下：

```
# 使用 drop_duplicates( ) 函数在原数据上删除重复项
df.drop_duplicates(inplace = True)
df
```

删除重复项如图 5-39 所示。

	期间	存货	货币资金	其他流动资产	短期借款	应付账款	应付职工薪酬
0	1月	70000	60000	NaN	￥50000	80000.0	70000.0
1	2月	NaN	NaN	NaN	NaN	NaN	NaN
2	3月	65,000	73000	NaN	￥80000	90000.0	70000.0
4	4月	78,000	77000	NaN	￥80000	95000.0	70000.0
5	5月	80000	80 000	NaN	￥70000	90000.0	NaN

图 5-39　删除重复项

（二）缺失值处理

在处理缺失值之前可以先检查缺失值数量，然后根据数据分析要求，选择以下常用方法进行处理。

（1）删除数据：根据缺失比例删除行、列。

（2）使用默认值填充：可用空字符串或数值 0 替换。

（3）使用估算值填充：采用平均值、中位数等进行数值替换。

处理缺失值常用函数主要有 isna( ) 函数、dropna( ) 函数、fillna( ) 和 astype( ) 函数。

1. isna( ) 函数

isna( ) 函数：检测缺失值，返回布尔值，缺失值被映射为 True，非缺失值被映射为 False。isna( ) 函数常用方法如表 5-18 所示。

表 5-18　isna( ) 函数常用方法

方法	说明
df.isna( )	查看缺失值位置
df.isna( ). any( )	判断某一列是否有缺失值
df.isna( ). sum( )	统计每列缺失值数量
df.isna( ). sum( ). sum( )	统计 DataFrame 中缺失值合计数
Series.value_counts( )	统计 Series 中不同元素出现的次数，在 DataFrame 中使用时，需要指定对哪一列或行使用

使用 isna( ) 函数检测缺失值，示例代码如下：

```
df.isna( )
```

检测缺失值如图 5-40 所示。

	期间	存货	货币资金	其他流动资产	短期借款	应付账款	应付职工薪酬
0	False	False	False	True	False	False	False
1	False	True	True	True	True	True	True
2	False	False	False	True	False	False	False
4	False	False	False	True	False	False	False
5	False	False	False	True	False	False	True

图 5-40　检测缺失值

在检测缺失值的基础上，通过调用 apply( ) 函数还可以进一步统计每列缺失值和非缺失值的数量。示例代码如下：

```
df.isna( ).apply(lambda x：x.value_counts( ))
```

统计数量如图 5-41 所示。

	期间	存货	货币资金	其他流动资产	短期借款	应付账款	应付职工薪酬
False	5.0	4	4	NaN	4	4	3
True	NaN	1	1	5.0	1	1	2

图 5-41　统计数量

2. dropna( ) 函数

dropna( ) 函数：删除缺失值。其基本语法格式如下：

```
DataFrane.dropna(axis = 0,how = 'any',thresh = None,inplace = False)
```

dropna( ) 函数常用参数说明如表 5-19 所示。

表 5-19　dropna( ) 函数常用参数说明

参数	说明
axis	默认 axis = 0，表示删除包含缺失值的行，axis = 1，表示删除包含缺失值的列
how	默认 how = 'any'，表示删除含有缺失值的所有行或列，how = 'all'，表示删除全为缺失值的行或列
thresh	int，保留含有 int 个非空值的行、列
subset	对特定列进行缺失值删除
inplace	默认为 False，True 表示直接在原数据上更改

示例代码如下：

```
# 使用 dropna( ) 函数在原数据上删除全为 NaN 的列
df.dropna(axis = 1,how = 'all',inplace = True)
df
```

删除缺失值如图 5-42 所示。

	期间	存货	货币资金	短期借款	应付账款	应付职工薪酬
0	1月	70000	60000	￥50000	80000.0	70000.0
1	2月	NaN	NaN	NaN	NaN	NaN
2	3月	65,000	73000	￥80000	90000.0	70000.0
4	4月	78,000	77000	￥80000	95000.0	70000.0
5	5月	80000	80 000	￥70000	90000.0	NaN

图 5-42　删除缺失值

3. fillna( ) 函数

fillna( ) 函数：使用指定的方法填充 NA 或 NaN 值。其基本语法格式如下：

```
DataFrame.fillna(value = None,method = None,axis = None,inplace = False,limit = None,
downcast = None)
```

fillna( ) 函数常用参数说明如表 5-20 所示。

表5-20　fillna( ) 函数常用参数说明

参数	说明
value	用于填充的值：数值、字符串、变量、字典、Series、DataFrame，不能使用列表
method	填充方法：{'backfill', 'bfill', 'pad', 'ffill', 'None'}，默认为None，指定填充值，pad/ffill表示用前一个非缺失值填充，backfill/bfill表示用后一个非缺失值填充
axis	填充缺失值所沿的轴，默认为None
inplace	默认为False，True表示直接在原数据上更改
limit	限制填充次数

使用 fillna( ) 函数以 0 值填充所有缺失值，示例代码如下：

```
df.fillna(0)
```

填充所有缺失值如图 5-43 所示。

	期间	存货	货币资金	短期借款	应付账款	应付职工薪酬
0	1月	70000	60000	¥50000	80000.0	70000.0
1	2月	0	0	0	0.0	0.0
2	3月	65,000	73000	¥80000	90000.0	70000.0
4	4月	78,000	77000	¥80000	95000.0	70000.0
5	5月	80000	80 000	¥70000	90000.0	0.0

图 5-43　填充所有缺失值

如果不使用 0 值填充，也可以使用 mean( ) 函数进行平均值填充。示例代码如下：

```
df.fillna(df.mean( ))
```

平均值填充如图 5-44 所示。

	期间	存货	货币资金	短期借款	应付账款	应付职工薪酬
0	1月	70000	60000	¥50000	80000.0	70000.0
1	2月	NaN	NaN	NaN	88750.0	70000.0
2	3月	65,000	73000	¥80000	90000.0	70000.0
4	4月	78,000	77000	¥80000	95000.0	70000.0
5	5月	80000	80 000	¥70000	90000.0	70000.0

图 5-44　平均值填充

从运行结果可以看出，使用 mean( ) 函数进行平均值填充时，有些缺失值并没有被填充，表明这几列数据可能并非数值类型，从而无法计算平均值。因此，在进行数据清洗的时候，还需要将数据类型进行统一，才能进行正常的数据运算分析。

4. astype( ) 函数

astype( ) 函数可以将 pandas 对象转换为指定的数据类型。其语法格式如下：

```
DataFrame.astype(dtype,copy = True,errors = 'raise')
```

astype( ) 函数常用参数说明如表 5-21 所示。

表 5-21　astype( ) 函数常用参数说明

参数	说明
dtype	数据类型：使用 numpy.dtype 或 Python 类型将整个 Pandas 对象转换为相同类型，也可以对特定列进行转换
copy	布尔值，默认为 True，表示返回一个副本

参数	说明
errors	针对数据类型转换无效引发异常的处理，默认为'raise'，表示允许引发异常，errors='ignore'抑制异常，错误时返回原始对象

比如通过使用空字符串替换上述示例各元素中的¥、空格、逗号，将"期间"设为行索引，其余数据转换为浮点数，并使用 mean( ) 函数进行平均值全部填充。

示例代码如下：

```
# 使用空字符串替换各元素中的¥、空格、逗号
df = df.applymap(lambda x:str(x).replace(' ','').replace(',','').replace('¥',''))
# 将期间设为索引，其余数据转换为浮点数
df = df.set_index(' 期间 ').astype('float')

df.fillna(df.mean( ))
```

平均值全部填充如图 5-45 所示。

期间	存货	货币资金	短期借款	应付账款	应付职工薪酬
1月	70000.0	60000.0	50000.0	80000.0	70000.0
2月	73250.0	72500.0	70000.0	88750.0	70000.0
3月	65000.0	73000.0	80000.0	90000.0	70000.0
4月	78000.0	77000.0	80000.0	95000.0	70000.0
5月	80000.0	80000.0	70000.0	90000.0	70000.0

图 5-45　平均值全部填充

缺失值处理

二、数据连接

在处理日常业务时，有时需要将不同数据表中的数据按照一定的规则进行连接，再进行数据分析。

（一）数据连接方式

数据连接必须要有关联条件，一般是指左表的主键或其他唯一约束字段（即没有重复值）与右表的主键或其他唯一约束字段相等（相同）。具体的数据连接方式主要有内连接、左连接、右连接和全连接。数据连接方式如图 5-46 所示。

图 5-46　数据连接方式

1. 内连接（Inner Join）

内连接只返回两个表中联结字段相等的行，在表中存在至少一组匹配数据时返回行，若无匹配数据，则不返回。内连接如图 5-47 所示。

ID	A	B	C
1	11	21	31
2	12	22	32
3	13	23	33

ID	D	E	F
2	42	52	62
3	43	53	63
4	44	54	64

ID	A	B	C	D	E	F
2	12	22	32	42	52	62
3	13	23	33	43	53	63

图 5-47　内连接

2. 左连接（Left Join）

左连接是以左表为基础，根据两表的关联条件将两表连接起来，返回包括左表中的所有记录和右表中连接字段相等的记录。左连接如图 5-48 所示。

ID	A	B	C
1	11	21	31
2	12	22	32
3	13	23	33

ID	D	E	F
2	42	52	62
3	43	53	63
4	44	54	64

ID	A	B	C	D	E	F
1	11	21	31			
2	12	22	32	42	52	62
3	13	23	33	43	53	63

图 5-48　左连接

3. 右连接（Right Join）

右连接是以右表为基础，根据两表的关联条件将两表连接起来，返回包括右表中的所有记录和左表中连接字段相等的记录。右连接如图 5-49 所示。

ID	A	B	C
1	11	21	31
2	12	22	32
3	13	23	33

+

ID	D	E	F
2	42	52	62
3	43	53	63
4	44	54	64

ID	A	B	C	D	E	F
2	12	22	32	42	52	62
3	13	23	33	43	53	63
4				44	54	64

图 5-49　右连接

4. 全连接（Full Join）

全连接也被称为外连接（Outer Join）返回左表和右表中所有的。满足关联条件的左右表数据相连，不满足条件的各表数据均保留，无对应数据的表内容为空。全连接如图 5-50 所示。

ID	A	B	C
1	11	21	31
2	12	22	32
3	13	23	33

+

ID	D	E	F
2	42	52	62
3	43	53	63
4	44	54	64

ID	A	B	C	D	E	F
1	11	21	31			
2	12	22	32	42	52	62
3	13	23	33	43	53	63
4				44	54	64

图 5-50　全连接

（二）数据连接函数

Pandas 提供了 merge( ) 函数和 concat( ) 函数用于数据的连接。

1. merge( ) 函数

merge( ) 函数具有连接表的功能，可以根据两张表中的公共列将数据连接在一起。其语法格式如下：

```
pandas.merge(left,right,how = 'inner',on = None,left_on = None,right_on = None,left_index = False,right_index = False,sort = False,suffixes = ('_x','_y'),copy = True,indicator = False,validate = None)
```

merge( ) 函数常用参数如表 5-22 所示。

表5-22　merge( ) 函数常用参数

参数	说明
left 和 right	表示要进行连接的两个不同的DataFrame
how	表示连接方式，有inner（内连接）、left（左连接）、right（右连接）、outer（外连接）4种，默认为内连接
on	指的是用于连接的列索引名称，必须存在于左、右两个DataFrame中。如果没有指定列索引名称且其他参数也没有指定，则以两个DataFrame列名交集作为连接键
left_on	左侧DataFrame中作为连接键的列名。当左、右列名不同但代表的含义相同时，可以使用该参数
right_on	右侧DataFrame中作为连接键的列名
left_index	使用左侧DataFrame中的行索引作为连接键
right_index	使用右侧DataFrame中的行索引作为连接键
sort	默认为True，将合并的数据进行排序，设置为False可以提高性能
suffixes	字符串值组成的元组，用于指定当左、右DataFrame存在相同列名时在列名后面附加的后缀名称，默认为（'_x', 'y'）
copy	默认为True，设置为False，可以在某些特殊情况下避免将数据复制到结果数据结构中
indicator	默认为False，是否显示每行数据的来源
validate	自动检查其合并键中是否有意外的重复项

下面以客户信息表和销售收入表进行左连接为例，如表 5-23 和表 5-24 所示。

表5-23　客户信息表

客户编码	客户名称	客户类别
1	北京斯达科技有限公司	重点客户
2	北京东方科技有限公司	一般客户
3	北京嘉华科技有限公司	重点客户
4	天津中联商贸有限公司	重点客户

表5-24　销售收入表　　　　　　　　　　　　　　　　　　　　单位：万元

客户名称	销售收入
北京斯达科技有限公司	500 000
北京东方科技有限公司	200 000
天津中联商贸有限公司	480 000

将上述表格进行左连接。示例代码如下：

```
# 导入 pandas 库
import pandas as pd
# 分别读取客户信息表和销售收入表
df1 = pd.read_excel(' 客户信息表 .xls')
df2 = pd.read_excel(' 销售收入表 .xls')
# 根据客户名称将两张表连接在一起
df3 = pd.merge(df1,df2,how = 'left',on = ' 客户名称 ')
# 查看连接后的 DataFrame
df3
```

左连接结果如图 5-51 所示。

	客户编码	客户名称	客户类别	销售收入
0	1	北京斯达科技有限公司	重点客户	500 000
1	2	北京东方科技有限公司	一般客户	200 000
2	3	北京嘉华科技有限公司	重点客户	NaN
3	4	天津中联商贸有限公司	重点客户	480 000

图 5-51　左连接结果

2. concat( ) 函数

concat( ) 函数用于沿特定轴连接两个或两个以上的 DataFrame，既可以实现横向合并，也可以实现纵向合并，并且行列索引均可重复。

concat( ) 函数支持多种数据合并方式，其基本语法格式如下：

pandas.concat(objs,axis = 0,join = 'outer',ignore_index = False,keys = None,levels = None,
names = None,verify_integrity = False,sort = None,copy = True)

concat( ) 函数常用参数如表 5-25 所示。

表5-25　concat( ) 函数常用参数

参数	说明
objs	连接对象，如 [df1, df2...]
axis	轴向，0代表上下合并（纵向拼接），1代表左右合并（横向拼接），默认为0

参数	说明
join	连接方式，分inner（内连接）和outer（外连接）两种
ignore_index	是否重建索引，默认为False
sort	默认为True，将合并的数据进行排序，设置为False可以提高性能

比如，某水果超市有两家门店，2022年12月31日公司财务人员收到这两家门店2022年全年的营业数据，如表5-26和表5-27所示。请使用纵向拼接的方式将这两家门店的营业数据合并到一起。

表5-26　1号店营业数据 　　　　　　　　　　　　　　　　　　　　　　金额单位：元

门店	期间	产品类别	销售数量/千克	单价	销售收入
1号店	2022年	葡萄	30 000	12	360 000
1号店	2022年	苹果	45 000	6	270 000
1号店	2022年	香蕉	35 000	10	350 000

表5-27　2号店营业数据 　　　　　　　　　　　　　　　　　　　　　　金额单位：元

门店	期间	产品类别	销售数量/千克	单价	销售收入
2号店	2022年	葡萄	28 000	12	336 000
2号店	2022年	香蕉	40 000	10	400 000
2号店	2022年	橙子	42 000	5	210 000
2号店	2022年	西瓜	60 000	8	480 000

示例代码如下：

```
# 导入 pandas 库
import pandas as pd
# 分别读取 1 号店和 2 号店的营业数据
df1 = pd.read_excel('1 号店营业数据 .xls')
df2 = pd.read_excel('2 号店营业数据 .xls')
# 将 2 个门店的营业数据进行总行合并
df3 = pd.concat([df1,df2],axis = 0,ignore_index = True,sort = False)
# 查看合并后的 DataFrame
df3
```

纵向拼接结果如图 5-52 所示。

	门店	期间	产品类别	销售数量	单价	销售收入
0	1号店	2022年	葡萄	30 000	12	360 000
1	1号店	2022年	苹果	45 000	6	270 000
2	1号店	2022年	香蕉	35 000	10	350 000
3	2号店	2022年	葡萄	28 000	12	336 000
4	2号店	2022年	香蕉	40 000	10	400 000
5	2号店	2022年	橙子	42 000	5	210 000
6	2号店	2022年	西瓜	60 000	8	480 000

图 5-52　纵向拼接结果

【任务实现】

一、导入Pandas库并读取"资产负债表2022.xls"

本任务使用 Pandas 的 read_excel( ) 函数读取"资产负债表 2022.xls"，首先需要导入 Pandas 库，并读取"资产负债表 2022.xls"。代码如下：

```
import pandas as pd
df = pd.read_excel(' 资产负债表 2022.xls')
df
```

读取结果如图 5-53 所示。

	证券代码	证券简称	货币资金	交易性金融资产	衍生金融资产	应收票据及应收账款	应收票据	应收账款	应收款项融资	预付款项	...	减:库存股
0	600061.SH	国投资本	5.051931e+10	4.093754e+10	3.617447e+08	5.157677e+08	NaN	5.157677e+08	NaN	1.524184e+08	...	NaN
1	300059.SZ	东方财富	4.142049e+10	1.283185e+10	NaN	7.260219e+08	NaN	7.260219e+08	NaN	1.069597e+08	...	NaN
2	000333.SZ	美的集团	8.121048e+10	2.823960e+10	4.204940e+08	2.828287e+10	5.304510e+09	2.297836e+10	1.390186e+10	2.763710e+09	...	6.094347e+09
3	600095.SH	湘财股份	1.040815e+10	8.155069e+09	NaN	9.576202e+07	1.000000e+05	9.566202e+07	NaN	5.654185e+07	...	NaN

图 5-53　读取结果

二、将缺失值填充为"0.00"

通过上述读取结果可知，数据中包含众多缺失值，即显示为"NaN"的值，因此需要将值为"NaN"的空格替换为"0.00"。代码如下：

```
df.fillna(0.00,inplace = True)
df
```

替换结果如图 5-54 所示。

	证券代码	证券简称	货币资金	交易性金融资产	衍生金融资产	应收票据及应收账款	应收票据	应收账款	应收款项融资	预付款项	...	减:库存股
0	600061.SH	国投资本	5.051931e+10	4.093754e+10	3.617447e+08	5.157677e+08	0.000000e+00	5.157677e+08	0.000000e+00	1.524184e+08	...	0.000000e+00
1	300059.SZ	东方财富	4.142049e+10	1.283185e+10	0.000000e+00	7.260219e+08	0.000000e+00	7.260219e+08	0.000000e+00	1.069597e+08	...	0.000000e+00
2	000333.SZ	美的集团	8.121048e+10	2.823960e+10	4.204940e+08	2.828287e+10	5.304510e+09	2.297836e+10	1.390186e+10	2.763710e+09	...	6.094347e+09
3	600095.SH	湘财股份	1.040815e+10	8.155069e+09	0.000000e+00	9.576202e+07	1.000000e+05	9.566202e+07	0.000000e+00	5.654185e+07	...	0.000000e+00

图 5-54　替换结果

三、按照"货币资金"进行排序

按照"货币资金"金额由大到小进行排序，并将文件重新保存为"资产负债表2022（新）.xls"。代码如下：

```
newdf = df.sort_values(by = '货币资金',ascending = False)# 按照"货币资金"金额从大到小排序
newdf.to_excel('资产负债表2022(新).xls',sheet_name = '资产负债表2022',index = False,header = True)
```

重新保存结果如图 5-55 所示。

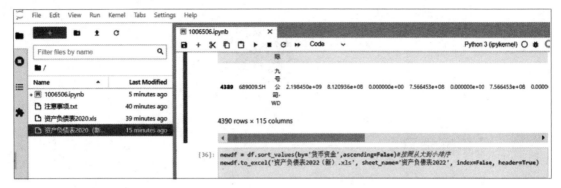

图 5-55　重新保存结果

四、读取"资产负债表2022（新）.xls"

读取"资产负债表 2022（新）.xls"，并将数据类型转化为字符串。代码如下：

```
df = pd.read_excel(' 资产负债表 2022( 新 ).xls',dtype = str)
df
```

读取结果如图 5-56 所示。

	证券代码	证券简称	货币资金	交易性金融资产	衍生金融资产	应收票据及应收账款	应收票据	应收账款	应收款项融资	预付款项	...	减:库存股
0	601318.SH	中国平安	526301000000	1231331000000	37661000000	0	0	0	0	0	...	5995000000
1	601668.SH	中国建筑	295857190000	244459000	0	192431096000	31989282000	160441814000	3788082000	42243346000	...	4204385000
2	600030.SH	中信证券	233693264600.98	419980859823.9	20157990448.68	0	0	0	0	0	...	0
3	000002.SZ	万科A	195230723369.88	170479737.23	14760989.89	3002085736.05	9662433.79	2992423302.26	0	6224750382.48	...	0

图 5-56　读取结果

【任务测试】

任务5.3测试

【拓展学习】

数据分组——groupby( )函数

groupby( )函数用于数据分组，即根据一个或多个DataFrame列名进行分组。其语法格式如下：

DataFrame.groupby(by = None,axis = 0,level = None,as_index = True,sort = True,group_keys = True,squeeze = False,observed = False)

groupby( )函数常用参数如表5-28所示。

表5-28　groupby( )函数常用参数

参数	说明
by	分类的依据，DataFrame列名
axis	默认axis=0：纵向分割，axis=1：横向分割
level	存在多层索引时，可按特定的索引层级分组
as_index	默认为True，返回以组标签为索引的对象 as_index=False：不以组标签为索引
sort	默认为True：按组键排序，设置为False可以提高性能

groupby( )函数常用的聚合函数如表5-29所示。

表5-29　groupby( )函数常用的聚合函数

函数	说明	函数	说明
count( )	计算各组元素个数	min( )	计算各组最小值
mean( )	计算组平均值	max( )	计算各组最大值
sum( )	计算组值之和	nth( )	取各组第n个值

比如，某家电专卖店 2022 年 1 季度和 2 季度的冰箱、空调和热水器进货量和销售量如表 5-30 所示，请按照产品名称进行分组，汇总计算各产品的进货量和销售量的平均值。

表 5-30　产品进货量和销售量

单位：件

产品名称	时间	进货量	销售量
冰箱	1 季度	4 500	3 300
空调	1 季度	5 800	4 580
热水器	1 季度	6 250	5 780
冰箱	2 季度	5 320	4 700
空调	2 季度	6 000	5 300
热水器	2 季度	7 580	6 850

代码如下：

```
import pandas as pd
df = pd.read_excel(' 产品进货量和销售量.xls')
df.groupby(' 产品名称 ').mean( )
```

平均值结果如图 5-57 所示。

产品名称	进货量	销售量
冰箱	4910	4000
热水器	6915	6315
空调	5900	4940

图 5-57　平均值结果

单元学习评价

按照表 5-31 数据预处理评价表的考核内容分别评价各项内容的完成度并计算得分，按考核项目的权重计算本单元的总分。

表 5-31　数据预处理学习评价表

考核项目	权重 /%	考核内容	分值	得分
知识	30	按时完成 Numpy 库认知、Numpy 数据类型、Numpy 数据类型对象、Numpy 数组对象、Numpy 数组对象属性、Numpy 创建数组、Numpy 根据已有的数组创建数组对象、ndarray 切片和操作、Numpy 算术函数、Numpy 统计函数的阅读或听讲	15	
		按时完成 Pandas 认知、Series 认知、DataFrame 认知的阅读或听讲	15	
		按时完成数据清洗、数据连接的阅读或听讲	20	
		积极参与 Numpy 数值计算、Pandas 数据结构和 Pandas 函数调用的讨论与交流活动	10	
		正确完成 Numpy 数值计算、Pandas 数据结构和 Pandas 函数调用的线上、线下测试与作业	40	
技能	50	利用 Numpy 数值计算，完成总收入的计算	30	
		利用 Pandas 数据结构完成 DataFrame 创建并通过计算直接新增列	30	
		利用 Pandas 函数调用完成数据读取、缺失值填充、排序等操作	40	
素养	20	完成本单元规定的职业素养培养基本要求	50	
		结合本单元实例，完成有关注重团结协作，坚持诚实守信等职业素养的讨论或撰写心得感悟短文	50	
总体评价			100	

数据分析与可视化

知识目标

◆ 了解 Matplotlib 的含义，熟悉 Matplotlib 的引入规则；

◆ 熟悉 Matplotlib.pyplot 模块的常用图形函数、绘制函数、颜色参数、字体设置、保存与显示图形等基本操作；

◆ 熟悉 Matplotlib.pyplot 模块绘制柱状图、折线图及饼图的常用函数及常用参数。

技能目标

◆ 能够正确进行财务数据分析及可视化呈现；

◆ 能够正确进行商务数据分析及可视化呈现；

◆ 能够正确进行金融数据分析及可视化呈现。

素养目标

◆ 通过本单元学习，在体验数据分析与可视化应用时，培养爱岗敬业、忠于职守的责任意识；

◆ 坚持守正创新，紧跟时代步伐，顺应实践发展，以满腔热忱对待一切新生事物，不断拓展认知的广度和深度，以新的理论指导新的实践。

思维导图

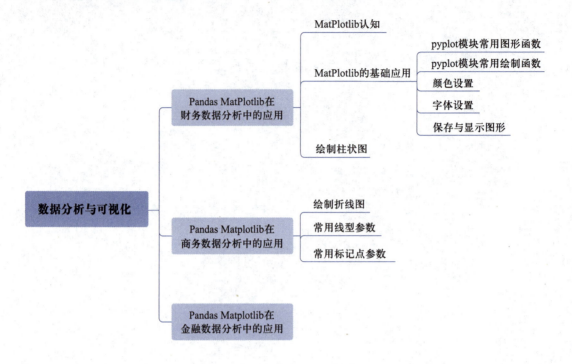

职业素养提升

强化责任意识，坚持守正创新

责任意识是责任在人头脑中的反映，是一种主观看法，是衡量人精神素质的一个重要指标。具体表现在我们自身清楚地知道责任内容、履责意义并自觉认真地尽力去完成，同时清楚地知道如果没有完成相应任务或相关规定会承担的相应结果。作为财经工作者，我们在进行各类数据分析与可视化时，应强化自身责任意识，以负责的态度对企业的财务数据、商务数据和金融数据等进行分析与可视化呈现，从而帮助信息使用者做出正确决策。

守正才能不迷失方向，创新才能把握时代、引领时代。在进行数据分析与可视化呈现时要坚持守正创新，在沿用长期使用的科学方法基础上，紧跟时代步伐，顺应实践发展，通过引进 Matplotlib.pyplot 模块等可视化方法，不断充实和完善数据分析与可视化体系，要以科学的态度对待科学、以真理的精神追求真理，不断拓展数据分析与可视化认知的广度和深度，以新的理论指导新的实践。

任务一　Pandas MatPlotlib在财务数据分析中的应用

【任务描述】

信合资产有限责任公司由于存在大量闲置资金，公司董事会决定对外投资，但不知道投资哪个行业，于是让公司财务部以流动比率为基础对各行业的偿债能力进行分析，并根据分析结果选择流动比率排名第一的行业作为拟投资行业。

财务部经理将这项工作交给小李来完成，并让小李根据行业分类表和资产负债表 2022 中的数据分析各行业的流动比率均值，并将各行业流动比率指标均值以柱状图的形式进行可视化呈现。

行业分类表

任务布置：

请通过 Python 代码编辑器计算各行业流动比率指标均值，并将各行业流动比率指标均值按照指标值由大到小进行排序，将排名前 5 的行业及对应指标值以柱状图的形式进行可视化呈现，并在此基础上以流动比率均值排名第一的行业作为信合资产有限责任公司的拟投资行业。

资产负债表 2022

【相关知识】

一、MatPlotlib 认知

Matplotlib 是 Python 的第三方模块，仅需要几行代码，就能够绘制各式各样的图形，如柱状图、折线图、饼图等。

Matplotlib 通常与 Numpy 和 SciPy（开源的 Python 算法库和数学工具包）一起使用，是一个强大的科学计算环境，有助于我们通过 Python 学习数据分析或者机器学习。

Pyplot 是 Matplotlib 中最核心的模块之一，几乎所有样式的 2D 图形都可以通过 Pyplot 子模块绘制。使用方法特别简单，使用 import 导入 pyplot 库，并设置一个别名 plt，其基本语法格式如下：

```
import matplotlib.pyplot as plt
```

二、MatPlotlib 的基础应用

（一）pyplot 模块常用图形函数

在 Matplotlib 中，大部分图形样式的绘制方法都存在于 pyplot 模块中，常用图形函数如表 6-1 所示。

表 6-1　pyplot 模块常用图形函数

图形函数	说明
plt.plot( )	折线图
plt.bar( )	柱状图
plt.pie( )	饼状图
plt.hist( )	直方图
plt.scatter( )	散点图
plt.area( )	面积图
plt.stackplot( )	堆叠图
plt.boxplot( )	箱线图

（二）pyplot 模块常用绘制函数

确定 x、y 轴的数据及绘制图类型后，即可设置图形的标题，x、y 轴的标签、刻度、范围等，最后添加图例。pyplot 模块常用绘制函数如表 6-2 所示。

表 6-2　pyplot 模块常用绘制函数

绘制函数	说明
plt.title( )	设置图像标题
plt.xlabel( )	设置 x 轴名称

绘制函数	说明
plt.ylabel( )	设置y轴名称
plt.xlim( )	设置x轴范围
plt.ylim( )	设置y轴范围
plt.xticks( )	设置x轴刻度
plt.yticks( )	设置y轴刻度
plt.legend( )	设置图例

（三）颜色设置

颜色设置方法：color = '颜色名字'，也可以通过 RGB 对应的十六进制颜色码设置颜色。pyplot 模块常用颜色参数如表 6-3 所示。

表6-3　pyplot模块常用颜色参数

color 参数设置	颜色	对应十六进制颜色码
color = 'b'	蓝（blue）	color = '#0000FF'
color = 'g'	绿（green）	color = '#008000'
color = 'r'	红（red）	color = '#FF0000'
color = 'w'	白（white）	color = '#FFFFFF'
color = 'm'	洋红（magenta）	color = '#FF00FF'
color = 'y'	黄（yellow）	color = '#FFFF00'
color = 'k'	黑（black）	color = '#000000'
color = 'c'	青（cyan）	color = '#00FFFF'

（四）字体设置

由于 Matplotlib 默认字体中没有中文，因此 Matplotlib 在默认情况下不支持中文，所以当我们使用中文做图形标签时，将会无法正常显示，通常会显示 □□。配置中文字体，可以使用下述函数语法：

```
plt.rcParams['font.sans-serif'] = ['SimHei']# 运行配置参数中的字体( font ) 为黑体( SimHei )
```

（五）保存与显示图形

保存与显示图形的函数如表 6-4 所示。

Matplotlib
初级应用

表6-4　保存与显示函数

函数	说明
plt.savefig( )	保存绘制的图形
plt.show( )	显示图形

如果要保存图片，必须在 plt.show( ) 之前调用 plt.savefig( )，这是由于调用 plt. show( ) 后会创建一个新的空白图片，在其后调用 plt.savefig( ) 将会保存新的空白图片。

三、绘制柱状图

柱状图，也称为条形图，是一种以长方形长度为变量表达图形的统计报告，由一系列高度不等的纵向条纹表示数据分布的情况，用来比较两个或者两个以上的数值。一般用 bar( ) 函数绘制柱状图。其语法格式如下：

```
plt.bar(x,height,width = 0.8,bottom = None,*,align = 'center',data = None,**kwargs)
```

bar( ) 函数常用参数如表 6-5 所示。

表6-5　bar( ) 函数常用参数

参数	说明
x	x轴数据，接收数组、列表、元组等
height	柱状的高度，即y轴数值，接收数组、列表、元组等
width	柱状的宽度，默认为0.8
bottom	设置y边界坐标轴起点
align	柱状与x坐标的对齐方式，默认值"center"，表示居中位置，align="edge"，表示边缘位置
data	可索引对象（如dict、DataFrame）
color、edgecolor (ec)	柱状填充颜色、图形边缘颜色
alpha	设置柱状的透明度，0.0~1.0之间
label	图例内容，接收字符串

例如，信合资产有限责任公司 2022 年各产品对应的营业收入如表 6-6 所示，请根据表内数据绘制各产品对应的营业收入柱状图，其中 x 轴为产品类别，y 轴为营业收入。

表6-6 各产品对应的营业收入

产品类别	财税	商贸	IT	社培
营业收入 / 亿元	15	10	13	5

示例代码如下：

```
# 引入 pyplot 模块
import matplotlib.pyplot as plt
import numpy as np
# 指定数据
x = np.array([" 财税 "," 商贸 ","IT"," 社培 "])
y = np.array([15,10,13,5])
# 设置字体、标签、标题
plt.rcParams['font.sans-serif'] = ['SimHei']# 运行配置参数中的字体（font）为黑体（SimHei）
plt.rcParams['axes.unicode_minus'] = False  # 运行配置参数总的轴（axes）正常显示正负号（minus）
plt.xlabel(' 产品类别 ')
plt.ylabel(' 营业收入 / 亿元 ')
plt.title('2022 年各产品营业收入 ')
plt.bar(x,y,width = 0.8)# 指定柱状图宽度
# 显示图形
plt.show( )
```

各产品营业收入柱状图如图 6-1 所示。

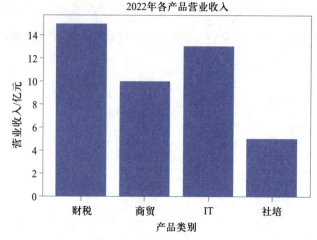

图 6-1　各产品营业收入柱状图

Matplotlib
可视化绘
图——绘制
柱状图

【任务实现】

一、导入pandas库和matplotlib.pyplot模块

本任务需要使用 pandas 库的 read_excel( ) 函数读取相关数据，并运用 matplotlib.pyplot 中的 bar( ) 函数进行可视化图形绘制，因此需要导入 pandas 库和 matplotlib.pyplot 模块。代码如下：

```
import pandas as pd
import matplotlib.pyplot as plt
```

二、读取"行业分类.xls"和"资产负债表2022.xls"

使用 pandas 库的 read_excel( ) 函数读取"行业分类 .xls"和"资产负债表 2022.xls"。代码如下：

```
df1 = pd.read_excel(' 行业分类 .xls')
df2 = pd.read_excel(' 资产负债表 2022.xls')
```

三、数据连接

由于本任务需要计算各行业的流动比率均值，"资产负债表 2022.xls"中没有各企业所属的证监会行业名称，因此需要将"行业分类 .xls"和"资产负债表 2022.xls"进行数据连接。代码如下：

```
df3 = pd.merge(df1,df2,how = 'left',on = ' 证券代码 ')
```

四、添加计算字段

由于原数据中没有"流动比率"字段，因此需要在合并后的 DataFrame 中添加"流动比率"（流动比率 = 流动资产合计 / 流动负债合计）字段。代码如下：

```
df3[' 流动比率 '] = df3[' 流动资产合计 ']/df3[' 流动负债合计 ']
```

五、计算行业均值

按照"所属证监会行业名称"进行分组，计算各行业的流动比率均值，并按照各行业的流动比率均值由大到小进行排序，选择排名前 5 的行业。代码如下：

```
df4 = df3.groupby(' 所属新证监会行业 ').mean( ).sort_values(by = ' 流动比率 ',
ascending = False).head(5)
```

六、绘制柱状图

绘制各行业流动比率柱状图。代码如下：

```
# 创建画布
plt.figure(figsize = (20,8))
# 指定数据
bar = plt.bar(df4.index,df4. 流动比率 *100,width = 0.3,bottom = 0,edgecolor = 'c',linewidth = 2)
```

```
# 设置中文字体为黑体、中文状态下正负号正常显示

plt.rcParams['font.sans-serif'] = ['SimHei']

plt.rcParams['axes.unicode_minus'] = False

# 设置 x 轴和 y 轴字体大小为 15

plt.xticks(fontsize = 15)

plt.yticks(fontsize = 15)

# 设置图形标题为"行业流动比率均值"，字体大小为 20

plt.title(" 行业流动比率均值 ",fontsize = 20)

# 设置 x 轴为"所属新证监会行业名称"，字体大小为 20

plt.xlabel(" 所属新证监会行业名称 ",fontsize = 20)

# 设置 y 轴为"流动比率"，字体大小为 20

plt.ylabel(" 流动比率 ",fontsize = 20)

# 结果输出为百分比，并保留 2 位小数，字体大小为 15

plt.bar_label(bar,fmt = '%.2f%%',fontsize = 15)

# 显示图形

plt.show( )
```

各行业流动比率柱状图如图 6-2 所示。

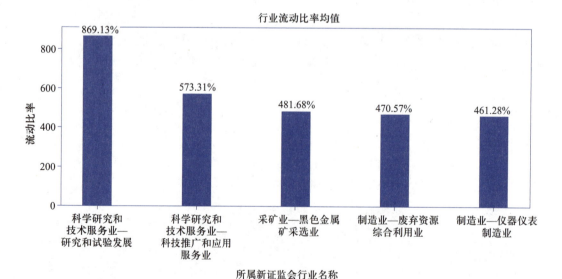

图 6-2　各行业流动比率柱状图

根据可视化结果可知，行业流动比率均值排名第一的为科学研究和技术服务业—研究和试验发展，因此从流动比率这一指标来看，建议信合资产有限责任公司可以投资科学研究和技术服务业—研究和试验发展。

【任务测试】

任务6.1测试

【拓展学习】

使用 Pyecharts 绘制柱状图

Pyecharts 是一个用于生成 Echarts 图表的类库。Echarts 是百度开源的一个数据可视化 JS 库。用 Echarts 生成的图可视化效果非常棒，为了与 Python 进行对接，方便在 Python 中直接使用数据生成图。

相比于 matplotlib 模块，Pyecharts 生成的图表可以实现动态交互的可视化效果，展示数据方便，鼠标悬停在图上即可显示数值、标签等，从而让用户了解更多数据细节。但 Pyecharts 不支持数组作图，只支持列表、元组等 Python 原生数据类型。

使用 Pyecharts 作图，首先需要导入相关内置模块。Pyecharts 的 charts 子模块包含多种作图类，比如 Bar（柱状图/条形图）、Line（折线图）、Pie（饼图）等。其次，需要添加图表基础数据，然后进行样式设置。options 模块是 Pyecharts 中最重要的模块之一，里面封装了众多关于定制图表组件和样式的配置项，配置前导入 options 模块。设置完成之后就可以渲染图表最终的呈现效果。

比如，以本任务为例，使用 Pyecharts 也可以实现绘制柱状图。代码如下：

```
# 导入 pandas 等模块
import pandas as pd # 导入 pandas 库
from pyecharts.charts import Bar # 从 pyecharts.charts 导入折线图类
from pyecharts import options as opts # 引入 pyecharts 配置项
```

```
# 读取数据

df1 = pd.read_excel(' 行业分类 .xls')

df2 = pd.read_excel(' 资产负债表 2022.xls')


# 数据连接

df3 = pd.merge(df1,df2,how='left',on=' 证券代码 ')


# 添加 "流动比率" 计算字段，并保留 2 位小数

df3[' 流动比率 ']=round(df3[' 流动资产合计 ']/df3[' 流动负债合计 '],4)


# 按照 "所属证监会行业名称" 进行分组，计算各行业的流动比率均值，并按照各
行业的流动比率均值由大到小进行排序，选择排名前 5 的行业，并保留 2 位小数。

df4=df3.groupby(' 所属新证监会行业 ').mean().sort_values(by=' 流动比率 ',ascending =
False).head(5).round(4)

df4[' 所属新证监会行业 ']=df4.index


# 实例化一个柱状图对象

bar=Bar()


# 设置 x 轴、y 轴数据

x=df4[' 所属新证监会行业 '].to_list()

y=round(df4[' 流动比率 ']*100,2).to_list()

bar=Bar(init_opts=opts.InitOpts(width='1000px',height='450px'))

bar.add_xaxis(x)

bar.add_yaxis(' 流动比率 ',y,label_opts=opts.LabelOpts(formatter="{c} %"))

bar.set_colors('blue')


# 将标题设置为 "行业流动比率均值"，居中对齐，不显示图例
```

```
bar.set_global_opts(title_opts=opts.TitleOpts(title=' 行业流动比率均值 ',pos_left='center'),
                    legend_opts=opts.LegendOpts(is_show=False),
                    xaxis_opts=opts.AxisOpts(name=' 所属新证监会行业名称 ',
name_location='center',name_gap=30),
                    yaxis_opts=opts.AxisOpts(name=' 流动比率 ',
name_location='center',name_gap=50,axislabel_opts=opts.LabelOpts(formatter="{value}
%"), interval=100))


# 使用 render() 函数生成图形（.html 文件）
bar.render(' 行业流动比率均值 .html')
# 显示图形
bar.render_notebook()
```

各行业流动比率柱状图如图 6-3 所示。

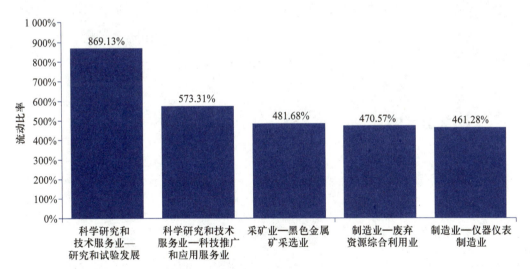

图 6-3　各行业流动比率柱状图

任务二　Pandas Matplotlib在商务数据分析中的应用

【任务描述】

信合资产有限责任公司投资了一座大型商场，商场销售的产品种类繁多，公司董事会想了解一下该商场各月的销售收入情况，以便为更好地制订相关决策提供帮助。

财务部经理从商场后台系统导出交易数据交给小李，要求小李对商场2023年1—7月各产品的销售收入情况进行统计分析。由于小李学习了Pandas Matplotlib可视化相关应用，于是便决定通过Pandas Matplotlib对该商场各产品的销售收入进行分析并以折线图的形式进行可视化呈现。

任务布置：

交易数据

请通过Python代码编辑器对该商场各产品的销售收入按照"产品编号"进行统计，并以折线图的形式按照各产品销售金额总额由大到小的顺序，选择排名前10的产品进行可视化呈现。

【相关知识】

一、绘制折线图

折线图由线条组成，plot( )函数用于绘制折线图。其语法格式如下：

```
plt.plot(x,y,scalex = True,scaley = True,data = None,**kwargs)
```

plot( )函数常用参数说明如表6-7所示。

表6-7　plot( )函数常用参数

参数	说明
x，y	表示x、y轴数据，接收数组、列表、元组等

参数	说明
scalex，scaley	是否自动缩放x、y轴，默认为True
data	可索引对象，如果给定data，则只需提供在x、y轴中绘制的标签名称，如以DataFrame中的列作为x、y轴数据
color	该参数用于设置折线颜色，接收字符串
marker	该参数用于设置折线条上标记点的样式，默认None，接收字符串
linestyle (ls)	该参数用于设置线型样式，默认实线'−'，接收字符串
linewidth (lw)	该参数用于设置线型宽度，接收数值。可缺省
alpha	设置线型的透明度，取值范围为0至1
label	图例内容，该参数用于设置线型标签，接收字符串

二、常用线型参数

常用线型参数如表6-8所示。

表6-8　常用线型参数

linestyle 参数设置	线型
linestyle = '−'	默认实线
linestyle = '−−'	虚线
linestyle = '−.'	点划线
linestyle = ':'	点状线

三、常用标记点参数

常用标记点参数如表6-9所示。

表6-9　常用标记点参数

marker 参数设置	标记点	marker 参数设置	标记点
marker = '.'	实心点	marker = '+'	加号
marker = 's'	正方形	marker = 'v'	一角朝下三角形

marker 参数设置	标记点	marker 参数设置	标记点
marker = 'o'	圆圈	marker = '^'	一角朝上三角形
marker = '*'	星号	marker = 'D'	菱形
marker = 'p'	五边形	marker = 'H'	六边形

比如，信合资产有限责任公司 2023 年 1—6 月的销售额如表 6-10 所示，请根据表内数据绘制 1—6 月份对应的销售额折线图。

表6-10　2023年1—6月的销售额

月份	1	2	3	4	5	6
销售额 / 万元	39 500	40 000	41 500	41 000	42 000	42 500

示例代码如下：

```
# 引入 pyplot 模块
import matplotlib.pyplot as plt
# 指定数据
x = [1,2,3,4,5,6]
y = [39500,40000,41500,41000,42000,42500]
# 设置标签、标题
plt.xlabel(' 月份 ')
plt.ylabel(' 销售额 / 万元 ')
plt.title('2023 年 1—6 月份销售额 ')
# 设置字体
plt.rcParams['font.sans-serif'] = ['SimHei']
# 设置颜色、线型等
plt.plot(x,y,color = 'b',ls = '-',marker = ' + ',label = ' 销售额 ')
# 显示图例
plt.legend( )
# 显示图形
```

```
plt.show( )
```

1—6月销售额折线图如图6-4所示。

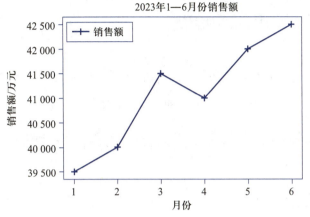

Matplotlib
可视化绘
图——绘制
折线图

图6-4   1—6月销售额折线图

图6-4运行结果中的""即为图例。当一个坐标系中有多个图形时，使用图例可以帮助用户更好地区分不同图形的含义。

【任务实现】

一、导入pandas库和matplotlib. pyplot模块

本任务需要使用pandas库的read_excel( )函数读取相关数据，并运用matplotlib.pyplot中的bar( )函数进行可视化图形绘制，因此需要导入pandas库和matplotlib.pyplot模块。代码如下：

```
import pandas as pd
import matplotlib.pyplot as plt
```

二、读取"交易数据. xlsx"

使用pandas的read_excel( )函数读取"交易数据.xlsx"，由于产品编号为数值型数据，因此需要将产品编号的数据类型转化为字符串型数据。代码如下：

```
df = pd.read_excel(' 交易数据 .xlsx')
df[' 产品编号 '] = df[' 产品编号 '].astype(str)
```

三、计算各产品销售金额总额

按照"产品编号"进行分组，计算各产品销售金额总额，并按照各产品销售金额总额由大到小进行排序，选择排名前 10 的行业。代码如下：

```
df = df.groupby(' 产品编号 ').sum( ).sort_values(by = ' 销售金额 ',ascending = False).head(10)
```

四、绘制折线图

绘制各产品销售收入折线图。代码如下：

```
# 创建画布
plt.figure(figsize = (20,8))
# 指定数据
plt.plot(df.index,df. 销售金额,
        color = 'b',
        ls = '－－',
        label = ' 销售金额 ',
        linewidth = 2,
        marker = '*')
# 设置中文字体为黑体、中文状态下正负号正常显示
plt.rcParams['font.sans－serif'] = ['SimHei']
plt.rcParams['axes.unicode_minus'] = False
# 设置 x 轴和 y 轴字体大小为 15
plt.xticks(fontsize = 15)
plt.yticks(fontsize = 15)
# 将标题设置为"各产品销售收入"，字体大小为 20
```

```
plt.title(" 各产品销售收入 ",fontsize = 20)

# 将 x 轴设置为"产品编号"，字体大小为 20

plt.xlabel(" 产品编号 ",fontsize = 20)

# 将 y 轴设置为"销售金额"，字体大小为 20

plt.ylabel(" 销售金额 ",fontsize = 20)

# 显示图例，字体大小为 15

plt.legend(fontsize = 15)

# 显示图形

plt.show( )
```

各产品销售收入折线图如图 6-5 所示。

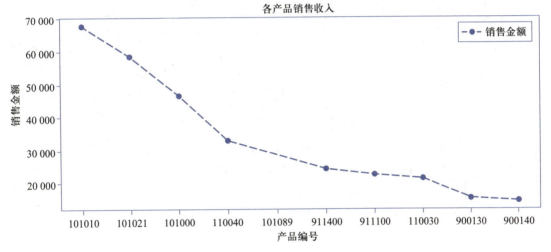

图 6-5　各产品销售收入折线图

【任务测试】

任务 6.2 测试

【拓展学习】

使用 Pyecharts 绘制折线图

以本任务为例，使用 Pyecharts 也可以绘制相关折线图，代码如下：

```python
# 导入 pandas 等模块
import pandas as pd# 导入 pandas 库
from pyecharts.charts import Line# 从 pyecharts.charts 导入折线图类
from pyecharts import options as opts# 引入 pyecharts 配置项


# 读取数据
df = pd.read_excel(' 交易数据 .xlsx')
df[' 产品编号 '] = df[' 产品编号 '].astype(str)# 将 "产品编号" 列的数据类型转换为字符串


# 按照 "产品编号" 进行分组，计算各产品销售金额总额，并按照各产品销售金额
总额由大到小进行排序，选择排名前 10 的行业，并保留 2 位小数。
df = df.groupby(' 产品编号 ').sum( ).sort_values(by = ' 销售金额 ',ascending = False).head(10).
    round(2)
df[' 产品编号 '] = df.index


# 实例化一个折线图对象
line = Line( )


# 设置 x 轴、y 轴数据
x = df[' 产品编号 '].to_list( )
y = df[' 销售金额 '].to_list( )


# 添加 x 轴和 y 轴数据
line.add_xaxis(x)
```

```
line.add_yaxis(' 销售金额 ',y)


# 将标题设置为 "各产品销售收入"，居中对齐，不显示图例
line.set_global_opts(title_opts = opts.TitleOpts(title = ' 各产品销售收入 ',pos_left = 'center'),

                     legend_opts = opts.LegendOpts(is_show = False),

                     xaxis_opts = opts.AxisOpts(name = ' 产品编号
',name_location = 'center',name_gap = 50),

                     yaxis_opts = opts.AxisOpts(name = ' 销售金额
',name_location = 'center',name_gap = 50))


# 使用 render( ) 函数生成图形（.html 文件 )
line.render(' 各产品销售收入 .html')
# 显示图形
line.render_notebook( )
```

各产品销售收入折线图如图 6-6 所示。

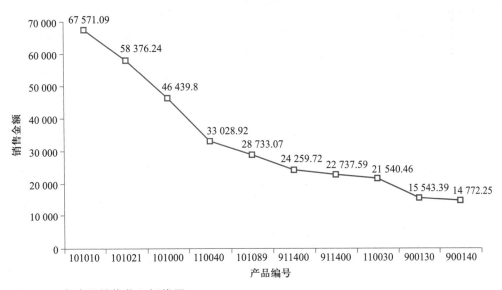

图 6-6 各产品销售收入折线图

任务三　Pandas Matplotlib 在金融数据分析中的应用

【任务描述】

信合资产有限责任公司财务部员工小李想要购买一辆汽车，但由于手中资金不足，需要寻求贷款，通过对当地某银行的了解，发现该银行对外推出了信用贷、理财质押贷、好期贷和闪电贷 4 种贷款方式，但其对哪一种贷款方式在市场上比较受欢迎不太清楚，于是便向银行询问相关贷款信息。经过沟通，银行将部分有关贷款的脱敏信息交给了小李。

小李经过了一番数据调整之后，形成了"产品分类""好期贷""理财质押贷""闪电贷"和"信用贷"5 个 Excel 文件，考虑到自己正在学习 Pandas Matplotlib 可视化的相关内容，认为可以通过 Pandas Matplotlib 对 4 种贷款产品的销售情况进行分析并实现可视化呈现。

产品分类及
各贷款产品
销售情况

任务布置：

请通过 Python 代码编辑器以"产品分类"作为统计字段，对 4 种贷款产品的销售量占比情况以饼图的形式进行可视化呈现，小李在此基础上判断应该采用哪种贷款方式。

【相关知识】

饼图用于表示不同分类的占比情况，通过弧度大小来对比各种分类，饼图通过将一个圆饼按照占比分成多个区块，整个圆饼代表数据的总量，每个区块代表该分类占总体比例的大小。

matplotlib 使用 pyplot 中的 pie( ) 函数来绘制饼图。其语法格式如下：

```
matplotlib.pyplot.pie(x,explode = None,labels = None,colors = None,autopct = None,
pctdistance = 0.6,shadow = False,labeldistance = 1.1,startangle = 0,radius = 1,counterclock =
```

True,wedgeprops = None,textprops = None,center = (0,0),frame = False,rotatelabels = False,
*,normalize = None,data = None)

pie( ) 函数常用参数如表 6-11 所示。

表6-11　pie( ) 函数常用参数

参数	说明
x	浮点型数组，表示每个扇形的面积
explode	数组，表示各个扇形之间的间隔，默认值为0
labels	列表，各个扇形的标签，默认值为None
colors	数组，表示各个扇形的颜色，默认值为None
autopct	设置饼图内各个扇形百分数格式，如'%.2f%%'（百分数保留2位小数）
labeldistance	标签位置相对于半径的比例，默认值为1.1
pctdistance	饼图百分数显示位置相对于半径的比例，默认值为0.6
shadow	布尔值True或False，设置饼图的阴影，默认为False，不设置阴影

例如，某银行各年龄段对应的存款人数如表 6-12 所示，请根据表内各年龄段对应的人数绘制饼状图。

表6-12　各年龄段对应的存款人数

年龄 / 岁	20~30	30~40	40~50	50~60
人数 / 万人	3 500	2 800	2 500	1 500

示例代码如下：

```
# 引入 Numpy 库和 pyplot 模块
import numpy as np
import matplotlib.pyplot as plt
plt.rcParams['font.family'] = ['SimHei']# 设置字体
y = np.array([3500,2800,2500,1500])
plt.pie(y,labels = ['20~30','30~40','40~50','50~60'],# 设置饼图标签
colors = ["#d5695d","#5d8ca8","#65a479","#a564c9"],# 设置饼图颜色
explode = (0,0.2,0,0),# 第二部分突出显示，值越大，距离中心越远
```

```
autopct = '%.2f%%',# 格式化输出百分比
)
# 设置标题
plt.title(' 人数占比 ')
# 显示图形
plt.show( )
```

各年龄段存款人数占比如图 6-7 所示。

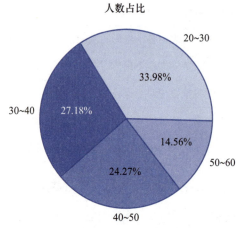

Matplotlib
可视化绘
图——绘制
饼状图

图 6-7　各年龄段存款人数占比

【任务实现】

一、导入 pandas 和 matplotlib. pyplot 模块

完成该任务，需要读取 excel 并以饼图形式进行呈现。因此需要导入 pandas 和 matplotlib.pyplot 模块。代码如下：

```
import pandas as pd
import matplotlib.pyplot as plt
```

二、读取数据并进行数据连接

使用 pandas 的 read_excel( ) 读取产品分类 .xls、好期贷 .xls、理财质押贷 .xls、闪电贷 .xls 和信用贷 .xls 数据，并进行数据连接。代码如下：

```
ProductClass = pd.read_excel(u' 产品分类 .xls').dropna( )
loanHaoQi = pd.read_excel(u' 好期贷 .xls').dropna( )
loanHaoQi = ProductClass.merge(loanHaoQi,how = "inner")
loanZhiYa = pd.read_excel(u' 理财质押贷 .xls').dropna( )
loanZhiYa = ProductClass.merge(loanZhiYa,on = ' 产品 ID',how = 'inner')
mergeLoan = pd.concat([loanHaoQi,loanZhiYa],axis = 0)
loanShanDian = pd.read_excel(u' 闪电贷 .xls').dropna( )
loanShanDian = ProductClass.merge(loanShanDian,on = ' 产品 ID',how = 'inner')
mergeLoan = pd.concat([mergeLoan,loanShanDian],axis = 0)
loanXinYong = pd.read_excel(u' 信用贷 .xls').dropna( )
loanXinYong[' 公司 id'] = loanXinYong[' 公司 ID'].astype('int32')
loanXinYong = ProductClass.merge(loanXinYong,on = ' 产品 ID',how = 'inner')
mergeLoan = pd.concat([mergeLoan,loanXinYong],axis = 0)
```

三、统计产品销售量

根据任务要求，以"产品名称"作为统计字段，统计各类产品的销售量。代码如下：

```
newmerge = mergeLoan.groupby(' 产品名称 ').count( )
newmerge[' 产品 ID']
```

四、绘制饼图

根据任务要求，进行饼图图形标题、字体、颜色及标签等设置。代码如下：

```
plt.pie(newmerge. 产品 ID,

labels = [' 信用贷 ',' 好期贷 ',' 理财质押贷 ',' 闪电贷 '],# 设置标签为 "信用贷" "好期
贷" "理财质押贷" "闪电贷"

colors = ["#d5695d","#5d8ca8","#65a479","#a564c9"],# 设置饼图颜色

explode = (0,0,0,0.2),# 第二部分突出显示，值越大，距离中心越远

autopct = '%.2f%%',# 格式化输出百分比，并保留 2 位小数

)

# 设置中文字体为黑体、中文状态下正负号正常显示

plt.rcParams['font.sans−serif'] = ['SimHei']

plt.rcParams['axes.unicode_minus'] = False

# 设置标题为 "产品销售量占比"

plt.title(" 产品销售量占比 ")

# 显示图形

plt.show( )
```

各产品销售量占比饼图如图 6-8 所示。

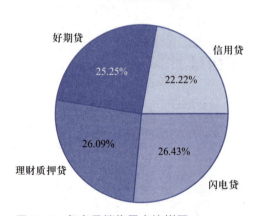

图 6-8 各产品销售量占比饼图

通过分析可知，闪电贷产品的销售量在 4 种贷款产品中占比最高，为 26.43%，因此，财务部小李可以通过闪电贷的方式筹集购买汽车的短缺资金。

【任务测试】

任务6.3测试

【拓展学习】

使用 Pyecharts 绘制饼图

以本任务为例，以"产品名称"分类统计各产品的销售量，并使用 Pyecharts 绘制各产品类别的销售量占比饼图，代码如下：

```
# 导入 pandas 库


from pyecharts.charts import Pie # 从 pyecharts.charts 导入饼图类

from pyecharts import options as opts # 引入 pyecharts 配置项


# 读取数据并进行数据连接

ProductClass = pd.read_excel(u' 产品分类 .xls').dropna()

loanHaoQi = pd.read_excel(u' 好期贷 .xls').dropna()

loanHaoQi = ProductClass.merge(loanHaoQi,how="inner")

loanZhiYa = pd.read_excel(u' 理财质押贷 .xls').dropna()

loanZhiYa = ProductClass.merge(loanZhiYa,on=' 产品 ID',how='inner')

mergeLoan = pd.concat([loanHaoQi,loanZhiYa],axis=0)

loanShanDian = pd.read_excel(u' 闪电贷 .xls').dropna()

loanShanDian = ProductClass.merge(loanShanDian,on=' 产品 ID',how='inner')

mergeLoan = pd.concat([mergeLoan,loanShanDian],axis=0)

loanXinYong = pd.read_excel(u' 信用贷 .xls').dropna()

loanXinYong[' 公司 id']=loanXinYong[' 公司 ID'].astype('int32')

loanXinYong = ProductClass.merge(loanXinYong,on=' 产品 ID',how='inner')
```

```
mergeLoan = pd.concat([mergeLoan,loanXinYong],axis=0)


# 以 "产品名称" 分组统计各类产品的销售量

newmerge = mergeLoan.groupby(' 产品名称 ').count()

newmerge[' 产品 ID']

# 将索引设置为新的一列

newmerge = newmerge.reset_index()


# 提取需要绘制的数据

labels = newmerge[' 产品名称 ']

values = newmerge[' 产品 ID']


# 创建饼图对象

pie=Pie()


# 添加数据和设置样式

pie.add('',[list(z) for z in zip(labels,values)],

        label_opts = opts.LabelOpts(formatter = '{b}:{d}%'))

pie.set_global_opts(title_opts=opts.TitleOpts(title=" 产品销售量占比 ",pos_left = "center"),

# 设置饼图标题，并居中对齐

            legend_opts=opts.LegendOpts(is_show = False))# 设置不显示图例


# 使用 render() 生成图形（.html 文件）

pie.render(' 各产品销售量占比 .html')

# 显示饼图

pie.render_notebook()
```

  各产品销售量占比饼图如图 6-9 所示。

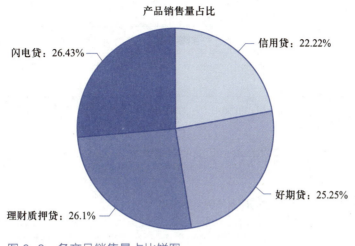

图 6-9　各产品销售量占比饼图

单元学习评价

　　按照表 6-13 数据分析与可视化学习评价表的考核内容分别评价各项内容的完成度并计算得分，按考核项目的权重计算本单元的总分。

表6-13　数据分析与可视化学习评价表

考核项目	权重 /%	考核内容	分值	得分
知识	30	按时完成MatPlotlib认知、MatPlotlib的基础应用、绘制柱状图的阅读或听讲	30	
		按时完成绘制折线图、常用线型参数、常用标记点参数的阅读或听讲	10	
		按时完成绘制饼图相关知识的阅读或听讲	10	
		积极参与Pandas MatPlotlib在财务数据分析中的应用、Pandas Matplotlib在商务数据分析中的应用和Pandas Matplotlib在金融数据分析中的应用的讨论与交流活动	10	
		正确完成Pandas MatPlotlib在财务数据分析中的应用、Pandas Matplotlib在商务数据分析中的应用和Pandas Matplotlib在金融数据分析中的应用的线上、线下测试与作业	40	

考核项目	权重/%	考核内容	分值	得分
技能	50	利用Pandas库和matplotlib.pyplot模块和plt.bar( )函数完成柱状图绘制	40	
		利用Pandas库和matplotlib.pyplot模块和plt.plot( )函数完成折线图绘制	30	
		利用Pandas库和matplotlib.pyplot模块和plt.pie( )函数完成饼图绘制	30	
素养	20	完成本单元规定的职业素养培养基本要求	50	
		结合本单元实例，完成有关强化责任意识，坚持守正创新等职业素养的讨论或撰写心得感悟短文	50	
总体评价			100	

郑重声明

高等教育出版社依法对本书享有专有出版权。任何未经许可的复制、销售行为均违反《中华人民共和国著作权法》，其行为人将承担相应的民事责任和行政责任；构成犯罪的，将被依法追究刑事责任。为了维护市场秩序，保护读者的合法权益，避免读者误用盗版书造成不良后果，我社将配合行政执法部门和司法机关对违法犯罪的单位和个人进行严厉打击。社会各界人士如发现上述侵权行为，希望及时举报，我社将奖励举报有功人员。

反盗版举报电话 （010）58581999　58582371

反盗版举报邮箱　dd@hep.com.cn

通信地址　北京市西城区德外大街 4 号　高等教育出版社法律事务部

邮政编码　100120

读者意见反馈

为收集对教材的意见建议，进一步完善教材编写并做好服务工作，读者可将对本教材的意见建议通过如下渠道反馈至我社。

咨询电话　400-810-0598

反馈邮箱　gjdzfwb@pub.hep.cn

通信地址　北京市朝阳区惠新东街 4 号富盛大厦 1 座

　　　　　高等教育出版社总编辑办公室

邮政编码　100029

防伪查询说明

用户购书后刮开封底防伪涂层，使用手机微信等软件扫描二维码，会跳转至防伪查询网页，获得所购图书详细信息。

防伪客服电话 （010）58582300

资源服务提示

授课教师如需获取本书配套教辅资源，请登录"高等教育出版社产品信息检索系统"（http://xuanshu.hep.com.cn/），搜索本书并下载资源。首次使用本系统的用户，请先注册并进行教师资格认证。

高教社高职会计教师交流及资源服务 QQ 群(在其中之一即可，请勿重复加入)：
QQ3 群：675544928　QQ2 群：708994051(已满)　QQ1 群：229393181(已满)

业财一体信息化　　财务数字化

业务财务一体化设计　企业内部控制　会计制度设计　企业财务分析　财务大数据分析

业务财务信息分析　ERP财务业务一体化　ERP沙盘　企业会计实务　企业财务会计　管理会计实务　财务决策　财务机器人应用

EXCEL财务应用　初级会计实务　　　　　　　　　　企业财务管理　出纳业务操作　财务机器人应用

大数据与会计

会计信息管理　　**大数据与财务管理**

数智化财经

会计信息系统应用　　　　　　　　　　　　成本核算与管理　行业会计比较　会计英语

企业登记注册　　　　　　　　　　　　　智能审计

商事登记实务　　　　　　　　　　　十六

财税大数据应用　　　　**大数据与审计**

纳税申报　税费计算与申报　　个人理财　　审计基础

税务业务应用　税务会计　保险实务　金融法律法规　金融服务礼仪　　财经法规与职业道德

金税业务应用　税收筹划　商业银行综合柜台业务　商业银行行务　金融服务营销　审计实务　政府会计　区块链金融

金融

证券投资实务　国际金融

专业基础课

中国会计文化　中国金融文化　　会计基础　管理会计基础

金融基础　金融科技概论　财政与金融　财经基本技能

Python财务基础　　财务大数据基础

岗课赛训

基础会计实训　　　财务会计实训

成本会计实训　　　出纳岗位实训

审计综合实训　　　税务会计实训

管理会计实训　　　会计综合实训

数字金融业务实训　会计信息化实验

高等职业教育财经类专业群

岗课赛证

智能财税　　　　　金税财务应用

财务共享服务　　　业财一体信息化应用

财务数字化应用　　数字化管理会计

智能估值　　　　　智能审计

财务机器人应用